KB061978

트라우마 대물림을 치유하는 법

트라우마 대물림을 치유하는 법

1판 1쇄 발행 2020. 9. 2.
1판 2쇄 발행 2023. 11. 16.

지은이 유명화

발행인 고세규
편집 김성태   디자인 홍세연   마케팅 이헌영   홍보 반재서
발행처 김영사
등록 1979년 5월 17일 (제406-2003-036호)
주소 경기도 파주시 문발로 197(문발동) 우편번호 10881
전화 마케팅부 031)955-3100, 편집부 031)955-3200   팩스 031)955-3111

값은 뒤표지에 있습니다.
ISBN 978-89-349-9066-6 03180

홈페이지 www.gimmyoung.com   블로그 blog.naver.com/gybook
페이스북 facebook.com/gybooks   이메일 bestbook@gimmyoung.com

좋은 독자가 좋은 책을 만듭니다.
김영사는 독자 여러분의 의견에 항상 귀 기울이고 있습니다.

이 도서의 국립중앙도서관 출판시도서목록(CIP)은 서지정보유통지원시스템 홈페이지
(http://seoji.nl.go.kr)와 국가자료공동목록시스템(http://www.nl.go.kr/kolisnet)에서
이용하실 수 있습니다.(CIP제어번호 : CIP2020033780)

얽히고설킨
아픔을 풀기 위한
가족세우기 수업

유명화
지음

트라우마

대물림을

치유하는 법

김영사

이 책을
버트 헬링거 선생님과
박이호 선생님께 바칩니다

차례

치유와 화해

미처 알지 못했던 이야기

누구나 트라우마에서
벗어나고 싶다

막내아들이 여덟 살 때 세상을 떠났다. 갑작스러운 죽음을 받아들일 수 없었다. 우리 가족은 상실감에 가슴이 무너졌다. 일상이 뿌리째 흔들리던 찰나에 가족세우기를 만났다. 인생은 삶뿐만 아니라 죽음까지 포함한다는 진리를 깨닫자 일상이 변하기 시작했다. 가족세우기를 하면서 알게 된 것은 '우리는 어느 날 하늘에서 뚝 떨어진 존재가 아니라는 것'이다. 고통을 겪으며 사람들은 자신이나 남에게 문제가 있다고 여긴다. 하지만 한 사람의 고통은 그가 속한 가족과 사회공동체의 관계 구조를 두루 살펴보아야 회복할 수 있다.

가족은 우리가 정신적으로 기대는 언덕이다. 이 언덕이 어떤 구조인가에 따라 삶이 달라진다. 심리학 세미나에서 강사가 '가족은 트라우마의 유적지'라고 말을 했을 때, 나뿐만 아니라 많은 사람이 고개를 끄덕이며 공감했다. 가족과 연결감이 없거나 고통의 대물림을 바로 알지 못하면, 다른 관계에서도 겉돌기 때문에 살기가 힘들어진다.

나는 보릿고개가 있던 때에 태어났다. 당시 우리나라는 가난했다. 내 성장기는 산업사회의 성장기와 맞물려 있었다. 나는 넉넉하게 살지 못했지만, 밥을 굶지는 않았다. 우리 부모는 일제강점기에 태어났다. 일제의 핍박 속에서 어머니와 아버지는 풀뿌리로 연명했다. 아버지는 노년에 이르러 건물주로 살만큼 경제적으로 풍족해졌지만, 유년 시절 굶주렸던 이야기를 돌아가시는 날까지 후렴처럼 반복했다. 우리의 부모와 조보모가 살았던 사회는 외세의 압박과 폭력으로 생존 자체가 위태로웠다.

생각해보면 우리의 부모나 조부모는 살 확률보다 죽을 확률이 높은 세상을 뚫고 지나왔다. 그 과정에서 상상할 수 없는 고통을 받았고, 신경계는 얼어붙었고, 인생은 트라우마의 숙주가 되었다. 무의식 속에 숨어 사는 트라우마로 인해 삶을 옥죄는 불안과 슬픔이 일어나고, 알코올의존증에 빠지거나 가정에서 폭력을 휘두르거나 스스로 목숨을 끊는 일까지 생겼다. 큰 트라우마 생존자는 치유되지 않은 상처와 아픔을 자녀에게 풀었다. 자녀는 성장하는 내내 스트레스에 시달리며 부모의 트라우마를 대물림하였다. 선대부터 이어지는 지독한 어려움 속에서도, 부모가 태어났고 우리가 태어났다. 참으로 기이하다. 나는 이 생명의 움직임에 주목하였다.

나는 다세대 대물림되는 근현대사의 비극과 기형적인 사회 현상, 조직의 문제, 개인의 불행 등의 연관성을 세우기 방법으로 연구하고 있다. 세우기 방법은 이 모든 문제를 구조적으로 보여주기 때문에 이슈들의 상관관계를 동영상 보듯이 입체적으로 인식할 수 있다. 사람들은 저마다 서로 다른 이슈를 가지고 가족세우기에 참여하지만, 존재하는 모든 것을 관통하는 생명과 사랑의 움직임을 보는 순간, 치유되고 지혜가 깨어나는 것을 경험한다.

대다수 사람은 '개인 차원에서 행복하게 살아보자'는 마음으로 가족세우기를 시작한다. 그러다 개인과 개인, 개인과 사회, 개인과 지구촌이 유기적으로 상호작용하는 것을 알게 된다. 일반적 세계관에서 보편적 세계관으로 의식이 확장되며, 내면의 평화를 회복하게 된다. 작고 사소한 개인의 변화가 가정의 변화를 이끌고, 가정의 변화가 사회의 변화를 이끈다. 이처럼 가족세우기는 개인과 사회가 안고 있는 갈등을 푸는 방법으로 유용하다.

지금 우리 사회는 광화문에서, 여의도에서, 청와대 앞에서, 다양한 집단양심이 저마다 고음을 내고 있다. 나는 이 소리가 근현대사의 얽힘이 풀리지 못해 나오는 아우성으로 들린다. 부모 세대와 윗대의 트라우마가 정화되지 않은 채, 세대에서 세대로 이어지며 우리 아이들까지 그 대가를 치르고 있다. 대물림된 개인의 고통은 사회 병리 현상이 되었다. 이제라도 세대를 통해 이어져온 국민적 트라우마를 내려놓는 작업을 범사회적으로 해야 한다. 이것이 내가 이 책을 쓴 이유다.

트라우마가 후대에 영향을 미친다는 사실을 입증한 사례들이 많지만, 정작 그 사례들은 해외 사례이기에 가슴에 와닿지는 않았다. 2001년 가족세우기가 우리나라에 도입되었지만, 우리 삶을 비춰볼 수 있는 사례가 부족하여 안타까웠다. 나는 이 책을 통해 개인과 사회가 안고 있는 많은 갈등을 풀어내고, 갈등이 내적 성장의 자원이 되는 것을 보여주려고 한다. 이 책은 그동안 가족세우기 현지화를 위해 연구했던 결과물이다.

버트 헬링거Bert Hellinger °(1925~2019) 선생님이 등장하기 이전 가족세우기는 단순한 심리치료 기법 중 하나였다. 가톨릭 성직자 출신의 버트 헬링거 선생님에 의해 발전한 가족세우기는 심리치료하는 상담사들과 완전히 다른 인식 차원을 생생하게 보여주고 경험시켰다. 나는 어떻게 하면 버트 헬링거 선생님의 지혜와 통찰을 대중에게 알릴 수 있을까 궁리했다. 그렇게 15여 년 동안 가족세우기 교수법을 개발했다. 지금은 교육생뿐만 아니라 졸업생도 연구 모임이나 지역 모임을 통해 수행과 봉사를 이어가고 있다. 연구 모임은 함께 공부했던 교육생들끼리 모여 동료 세션을 하는 것으로, 졸업 후에도 수행의 지속성을 유지하기 위한 조직이다. 지역 모임은 지역사회에서 가족세우기를 통해 관계의 어려움을 겪고 있는 사람들을 위해 봉사하는 조직이다. 이처럼 가족세우기 현지화를 통해 우리 사회의 아픔과 개인의 상처를 치유하고 성장을 이끌고 있다. 이런 발전 뒤에는 두 분의 선생님이 계

° 가족세우기 치료법을 창시한 인물로, 유럽에서 가장 혁신적인 정신치료 전문가다. 선교사 자격으로 16년간 남아프리카의 졸루족을 위해 일했다. 그 후 심리분석치료사가 되어 가족세우기를 발전시키며, 전 세계 많은 사람을 치유하고 그들에게 영감을 주었다.

신다. 버트 헬링거 선생님과 더불어 박이호°(1948~2020) 선생님
이다. 두 분을 생각하니 가슴이 먹먹하다.

　버트 헬링거 선생님은 2019년 가을에 돌아가셨다. 철학과 신
학을 공부한 그는 오랫동안 양심에 대해 연구했으며, '버트 헬링
거 방식 가족세우기'를 발전시켰다. 덕분에 가족세우기는 전 세
계에서 주목받게 되었다. 현재 많은 '세우기 촉진자'들은 가족세
우기를 원형으로 하는 조직 세우기, 관계 세우기, 일 세우기, 돈
세우기, 질병 세우기 등으로 프로그램을 확장하면서 세상에 봉
사하고 있다. 우리나라에 가족세우기를 도입한 박이호 선생님은
2020년에 돌아가셨다. 갈등, 반목, 분쟁으로 들끓는 우리 사회에
서 선생님이 하실 일이 참으로 많은데, 일찍 돌아가셔서 안타깝
다. 두 분은 떠나셨지만 언제나 가족세우기를 통해 함께 계신다
는 것을 잘 알고 있다.

가족세우기를 배운다는 것은 자기 삶의 이슈를 깨닫는 것이다.
나는 두 선생님에게 전수받은 통찰과 지혜를 독자들이 소화할
수 있도록 이 책에 잘 담으려고 노력했다.

　책이 나오기까지 도움을 주신 분들께 진심으로 고마움을 전
하고 싶다. 우리나라 사람들의 이야기가 담긴 가족세우기 사례

○　1977년 독일로 건너가 사회교육학, 사회사업학을 공부하였다. 심리치료 분야에서
　일하던 중 버트 헬링거를 만나 6년간 가족세우기를 배웠다. 2001년 귀국하여 우
　리나라에서 가족세우기를 알리는 일에 전념했다. 옮긴 책으로 《대장정》《내면의
　여행》《존재의 존중》《당연한 신비》등이 있다.

집을 내겠다고 궁리하기 시작한 지 10년이 넘었다. 그간 여러 편집자를 만난 것은 행운이었다. 전 정신세계사 대표이신 송순현 선생님께 감사드린다. 대물림을 치유하는 과정에 감동하셨다며 강의록을 책으로 만들자고 제안해주셨다. 김철호 님과 김동현 님은 조예가 깊었다. 두 분은 지식과 경험을 기반으로 다양한 아이디어를 주셨다. 책을 편집해주신 김성태 편집자님은 섬세한 피드백으로 대중과 만날 수 있는 책을 만들어주셨다. 모든 분의 노고에 감사드린다.

이 책은 여러 차례 뒤집기를 반복하면서 만들어졌다. 그 과정에서 기꺼이 독자 평가단이 되어준 교육생들의 피드백이 큰 도움이 되었다. 덕분에 책이 풍부해졌다. 마지막으로 책에 나오는 사례는 가족세우기에 참여한 의뢰인들의 이야기다. 책에 사례를 담을 수 있도록 허락해주신 분들께 허리 숙여 감사 인사를 드린다. 이 책은 수년 동안 참으로 많은 분의 도움으로 태어났다. 이 고마움을 세상에 회향한다.

잠자는 양심이 깨어나기를
아픔에서 벗어나기를

유명화

여는 글

트라우마는
내적 성장의 자원이다

2020년 상반기에 종영한 드라마 〈부부의 세계〉의 열풍이 대단했다. 주인공 부부인 선우와 태오의 '상실 트라우마'가 아들 준영에게 대물림되는 과정을 파격적인 연출로 보여주었다. 이 드라마는 배우자의 외도로 한 가정이 비극적인 결말을 맞이하고, 부모 사이에서 괴로워하던 아들이 끝내 종적을 감추는 서사를 담아냈다.

선우는 청소년기에 교통사고로 부모를 잃었다. 아버지의 외도에 충격받은 엄마가 복수하기 위해 교통사고로 동반 자살한 것이다. 이 복수의 끝에 갑자기 고아가 된 어린 선우가 있었다. 태오는 준영이 나이쯤에 아버지가 외도로 집을 나간 후 다시 만나지 못했다. 태오에게 아버지는 살아 있었지만 죽은 사람과 다름없었다.

유사한 트라우마를 가진 남자와 여자가 서로 끌려서일까. 두 사람은 상실 트라우마를 가슴에 묻어둔 채 결혼을 했다. 두 사람은 아들 준영을 키우면서 행복하게 사는 듯했다. 그러다가 준영이가 청소년기에 들어섰을 때, 태오는 급기야 아버지처럼 바람이 났다. 이후 선우는 어머니가 아버지에게 했던 것처럼 태오에게 복수를 다짐한다. 복수는 다름 아니라 태오가 아들 준영을 다시 보지 못하도록 하는 것이었다.

이것은 결과적으로 아들 준영에게 '아버지 상실 트라우마'를 대물림하는 것이다. 부부는 이혼했고 태오는 새 가정을 꾸렸다. 하지만 준영을 가운데 두고 실랑이를 벌이면서 자신들이 겪었던 혼란, 불안, 수치심 등의 트라우마를 고스란히 대물림하였다. 정신적으로 얽혀 있는 부부는 법적으로 갈라서도 각자의 길을 가지 못한다는 사실을 드라마는 생생하게 보여준다.

어쨌든 부부는 자기 방식으로 아들을 돌본다. 선우는 아들의 식사와 학원 스케줄을 챙긴다. 태오는 아들이 좋아하는 야구선수의 사인을 받은 야구 배트를 선물하고, 재혼한 가정에서 원하면 아빠와 함께 살 수 있도록 아들 취향에 맞는 방도 준비한다. 하지만 부부는 아들의 고통을 헤아리지 못했다. 자신의 내면을 직면하지 못하는 부모는 자녀의 마음도 보지 못하기 때문이다. 급기야 아들은 부모가 보는 앞에서 핸드폰을 길바닥에 버리고 홀연히 사라진다. 드라마는 아들의 행방을 묘연하게 그린 채 종영되었다. 아들을 잃고 나서야 자신의 내면을 마주하는 부부의 모습이 인상적이다.

선우는 속으로 말한다. '잘못을 되돌릴 수 있었을까.' 선우가 아들을 잃고 나서가 아니라, 부모를 잃고 나서 상실감을 직면할 기회가 있었다면 어땠을까? 사람들이 자신을 불쌍한 아이로 보앉을 때, 그들에게 보이는 이미지 대신 내면의 수치심과 상처받은 자존심을 만날 수 있었다면 어땠을까.

부모의 삶을 반복하는 것은 비단 드라마에서만 있는 일이 아니다. 우리는 무의식적으로 부모에게 매여 있으며, 이것은 부모에게 귀속되고자 하는 본능에서 기인한다. 부모의 불행을 부모의 운명이라 여기고 물러났을 때, 자식은 부모와 다른 삶을 살 수 있다.

드라마는 배우자 외도라는 자극적인 이슈를 부각했지만, 이 드라마를 이끄는 힘은 상실 트라우마의 대물림이었다. 과거에서 현재까지 우리 사회는 상실 트라우마가 대물림되고 있다. 세상이 좋아졌다고 하지만 근현대사는 상실의 연속이었다. 부모와 조부모 세대의 상실감은 정서로 대물림되어 자녀에게 이어지고 있다. 내가 가족세우기에서 본 것은 윗대에서 제외된 가족원의 의식과 정서를 똑같이 느끼는 후손이 나타난다는 것이다.

나의 문제는 나만의 문제가 아닐 수 있다. 개인의 트라우마는 '트라우마를 만들어내는 가족관계의 구조와 사회의 관습 등 집단양심'을 함께 살필 때 벗어날 수 있다. 우리 사회는 근현대사 비극의 뿌리가 깊게 잔재해 있다. 이로 인한 큰 트라우마는 세대와 세대를 거쳐 이어져오고 있다. 나의 트라우마가 부모 세대와 윗대에 걸린 트라우마의 대물림에서 비롯되었을 수도 있다는 것을 알아차리기만 해도, 트라우마를 바라보는 인식이 달라질 수 있다.

이 책은 우리가 서로 연결되어 있으며 사랑으로 상호작용하고 있음을 보여준다. 개인의 심리적 어려움을 자기 탓으로만 여겨 죄책감에 시달리기보다, 자신이 속한 공동체의 관계 구조와 다세대 대물림까지 전체적으로 보며 서로 존중하면서 홀로 존재할 수 있는 힘을 제시한다. 이 과정을 통해 부모 형제뿐만 아니라 조부모와 선조의 트라우마가 남긴 흔적을 자신의 삶에서 알아차리고, 트라우마를 성장의 자원으로 삼는 법을 알게 될 것이다. 슬픔과 아픔이 자신의 잘못이라고 자책하는 사람들, 마음의 상처를 감추는 사람들, 인간관계에 어려움을 겪는 사람들에게 도움이 될 법한 실질적인 해결책 또한 보여줄 것이다.

1부는 우리가 슬픔과 아픔을 겪는 이유를 트라우마 대물림의 관점에서 살펴보았다. 근현대사의 비극이 개인의 운명 안으로 들어와 삶이 어떻게 힘들어지는지, 부모 세대와 윗대의 트라우마와 자녀의 발달 트라우마의 상관관계를 볼 수 있도록 짧은 이야기를 담았다.

2부는 내가 어떻게 트라우마를 극복하고 성장했는지를 이야기하며, 가족세우기의 개념을 간략히 정리했다. 가족세우기를 발전시킨 버트 헬링거가 누구인지, 가족세우기의 원리가 무엇인지 알고 싶다면, 2부의 후반부를 먼저 읽는 것을 권한다.

3부는 이 책의 하이라이트다. 트라우마의 근본 원인과 구조를 이해하기 위해 가족사와 근현대사를 탐색한다. 부모·자식관계 세우기, 부부관계 세우기, 연인관계 세우기, 형제관계 세우기, 죽음, 질병, 무기력 세우기, 돈과 일 세우기, 근현대사 트라우마 세우기 등 주제별 세우기 사례를 구체적으로 담았다. 누구나 고민하는 문제들을 다룸으로써 독자들이 인생 문제를 풀어갈 수 있도록 돕고자 했다.

4부는 가족관계에서 일어난 트라우마의 악순환을 끊고, 사랑의 질서가 흐르도록 관계하는 방법을 제시했다. '세우기 언어' '명상' '관계 질서를 회복하는 움직임'은 트라우마를 실질적으로 극복하여 가족과의 연결감과 귀속감을 회복할 수 있도록 돕는다. 관계 질서를 회복하는 움직임은 알아차림을 기반으로 하는 치료법으로써 집단 작업에도 유용할 뿐만 아니라 혼자 하는 세우기에도 도움이 된다.

나는 지난 20여 년간 트라우마 치유를 위한 다양한 힐링 프로그램을 공부했다. 그중 가족세우기 프로그램은 트라우마 대물림을 생생하게 보여주었다. 트라우마는 더 이상 개인의 문제가 아니다. 가족의 문제며 나아가 사회의 문제다. 대물림되는 트라우마를 확장된 시각으로 인식만 하여도 우리는 괴로움에서 벗어날 수 있다. 이 책이 참고 버티면서 눈물을 흘리는 사람들에게 관계의 지혜를 깨우는 다독임이 되기를 바란다.

1부

슬픔과 아픔

왜 우리는

상처를 안고

살아가는가

01 우리를 옥죄는 마음

어떤 사람은 자신이 아픈지도 모르고 살아간다. 홀로 있을 땐 눈물을 쏟지만 함께 있을 땐 애써 감정을 감춘다. 불안하고 우울하며 외롭고 슬프다고 고백하면 차라리 다행이다. 마음이 아프다는 것을 알아차리고 치료하려는 사람은 건강한 사람이니까.

약에 의존하지 않고 마음을 다잡으려고 노력하지만 쉽지 않고, 약을 먹어도 슬픔이 사라지지 않아서 고통받는 사람들을 여럿 보았다. 어쩌다 우리는 아픔을 껴안고 살게 되었을까. 무엇이 마음을 괴롭히는 것일까.

인정받고 싶은 마음

정우에게 회사는 지옥이다. 새로 온 팀장이 꺼림칙하기 때문이다. 팀장이 하는 말에 분노가 치민다. 팀장의 부당한 행동에 엄청난 스트레스를 받는다. 원만한 관계를 유지하기 위해 참고 있지만 울분이 터진다. 그리고 잠들 때마다 아침이 오지 않기를 기도한다.

회사에서 정우는 팀장과 의견 충돌이 잦다. 팀장의 주장을 받아들이는 척하고 회의실을 빠져나오면 좋겠지만, 팀장에게 자신의 의견을 인정받고 싶어한다. 인정받고자 하는 마음은 자기 생각이나 존재의 주도권을 타인에게 넘기는 것이다. 무의식적으로 시원하게 팀원을 인정해주지 않는 팀장을 가해자로, 정우 자신을 피해자로 만든다. 나는 정우에게 물었다. "팀장이 그렇게 중요한 사람인가요?"

정우의 인정욕구는 대상을 가리지 않는다. 설거지를 하고 나서 아내의 칭찬을 기다린다. 아내가 수고했다는 말을 하지 않으면 섭섭해한다. 심지어 다음에는 설거지를 하지 않겠다고 속으로 다짐한다. "나, 너무 피곤해. 설거지 정도는 일상생활이니 그냥 넘어가면 안 될까? 의식적으로 하는 칭찬은 감정노동이야"라고 아내는 말하곤 한다.

사실 정우는 특목고와 서울대를 졸업한 인재이지만, 단 1번도 아버지에게 칭찬과 인정을 받지 못했다. 정우의 아버지는 교사였다. 정우가 전교 1등을 하면, 전국에서 1등을 한 아이의 이름을 들먹이며 정우의 경쟁심을 자극했다. 정우는 아버지의 인정을 받기 위해 공붓벌레로 살았다. 덕분에 성적은 우수했지만, 아버지에 대한 좋은 기억은 없다. 오히려 아버지를 자기 앞길을 막는 사람으로 보았다. 정우에게 아버지는 늘 그리운 대상이고 가까이하기엔 너무 아픈 존재였다. 아버지에게 인정받고자 하는 열망은 정서적 허기와 공허감으로 돌아왔다. 정우는 낮은 자존 감 때문에 친밀한 사람이 일상적인 거절을 해도 자신의 존재 자체를 거부하고 무시하는 것으로 여겼다.

부모는 태어나 가장 처음 맺는 관계다. 관계의 원형인 부모·자식관계에 어려움이 생기면 다른 사람들과 관계를 맺기가 어려워진다. 정우의 사례는 아버지와의 관계에서 생긴 감정이 직장 상사와의 관계로 전이된 전형적인 모습이다.

혼란스럽고 두려운 마음

대운은 여자친구에게 임신했다는 말을 들었다. 여자친구는 부모님께 말씀드리고 결혼하자고 했다. 그러나 대운은 두려움이 앞섰다. 아기를 자신의 장래를 망치는 장애물로 여겼다. 여자친구도 만나기 싫고 도망가고 싶었다.

여자친구에게 낙태하자고 했다가 헤어지자는 말을 들었다. 여자친구도 임신 사실에 당황하고 겁을 먹었지만, 결혼 여부와 상관없이 아기를 낳기로 결정했다. 태교를 위해 마음을 편안히 가지려고 임산부 요가를 시작했다. 여자친구는 대운이 어떤 결정을 하든 받아들이겠다고 했다.

서른이 넘은 대운은 자신의 정신연령이 청소년 수준이라며 자신이 지질하고 못난 사람이라고 자괴했다. 여자친구가 하자는 대로 따라가지만, 아기를 생각하면 막연히 무섭다. 또 여자친구를 임신시켰다고 부모님과 주변 사람에게 손가락질을 당할까봐 두렵다.

혼란과 두려움은 수많은 생각과 감정이 서로 엉켜 있기에 미지의 세계처럼 보인다. 자기 행동에 대한 책임을 회피하려는 마음은 미지의 세계에서 부모를 잃고 헤매는 어린아이의 마음과 같다.

상상하지 못한 일을 겪거나 계획에 없던 일이 생기면, 대운은 정신이 아득해지고 어찌할 바를 모른다. 마치 엄청나게 잘못을 저지른 사람처럼 식은땀이 흐르고 사람들이 비난하는 것처럼 느끼며 어디로 숨고 싶다. 이때 대운은 어린아이와 같다. 이런 패턴이 언제부터 시작되었는지 모르지만, 밖에서 놀다가 집에 늦게 들어올 때마다 어머니에게 혼이 나고 쫓겨났던 기억과 관계있는 것 같다.

대운의 부모님은 장사를 했다. 주로 어머니가 일을 도맡았고, 아버지는 한량처럼 살았다. 어머니의 삶은 고된 노동의 연속이었다. 어머니는 남편을 꼭 빼닮은 대운을 볼 때마다 "지 애비 닮아서…"라며 못마땅한 표정으로 혀끝을 찼다. 그럴 때마다 대운은 자신이 아무 잘못을 하지 않았는데도 주눅이 들었다.

대운의 어머니는 아들에게 남편을 투사했다. 그래서 남편에게 낼 화를 만만한 아들에게 냈다. 대운의 아버지는 마음이 유약하여 거절을 잘 못했다. 대운의 아버지가 막걸리 한잔을 얻어먹고 보증을 서는 바람에, 대운의 가족은 전세방과 월세방을 전전했다. 대운은 다락방에서 부모님이 싸우는 소리를 들으며 자랐다. 아무리 귀를 막아도 어머니의 날카로운 비명이 귀청을 찢고 들어와 온몸을 타고 돌아다녔다. 대운의 어머니는 남편 욕으로 스트레스를 풀었다. 어린 대운은 아버지가 나쁜 사람이라고 생각했다.

이제는 늙어 병원 신세를 지게 된 아버지를 간병하며 이런저런 이야기를 나누게 되었다. 어릴 적 아버지는 피난길에서 할아버지를 여의고 시신을 그 자리에 둔 채 떠나야 했다. 피난민들은 마치 한몸처럼 남쪽으로 움직였다. 어린 아버지의 눈높이는 앞사람의 허리쯤이었다. 그 사람의 허리에는 폭탄의 파편이 꽂혀 있었고, 피가 줄줄 흘렀다. 어린 아버지는 그 피난길을 가는 내내 허리에서 흐르는 피를 보면서 걸어야 했다. 공포와 굶주림에 시달렸던 아버지의 이야기를 들으며 대운은 하염없이 울었다.

대운은 자신이 겪는 감정적 혼란이 아버지의 그것과 유사하다는 사실을 알았다. 전쟁 중 겪는 트라우마처럼 큰 트라우마는 뇌의 편도체, 해마, 시상하부, 뇌하수체, 부신피질 등의 구조와 기능에 이상을 일으킬 수 있다고 한다. 아버지가 상황 파악을 못하고, 감정 조절이 안 되는 것이 '외상 후 스트레스 장애PTSD, Post-Traumatic Stress Disorder' 때문이었던 것이다. 부모의 큰 트라우마가 치유되지 않을 때 자녀의 발달 트라우마로 대물림되는 전형적인 사례다.

외롭고 슬픈 마음

수정은 가족 행사에서 제외당했다며 오열했다. 어머니가 아버지 제사에 오지 말라고 했다는 것이다. 수정은 어머니가 고졸인 동생 수진을 편애한다고 생각했다. 수정의 형제 중에 수진만 고졸이다. 어머니는 딸들에게 고등학교 졸업 후 취업을 하라고 했다. 그러나 수정은 대학에 진학했다. 수진은 어머니 말대로 고등학교 졸업 후 은행에 취직했다.

수정은 늘 외롭다. 유년 시절부터 외로웠다. 어머니가 동생만 예뻐해서 외롭다고 생각했지만, 그것도 아닌 것 같다. 몸에 밴 외로움 때문에 답답하다. 자신도 모르게 습관적으로 가슴을 두드린다.

수진도 수정과 마찬가지로 외롭다. 가족과 함께 사는데도 버림받은 기분이 들고 고독감에 사로잡힌다. 어느 날 갑자기 남편이나 자식이 사라질까봐 겁이 난다. 정확히 말하면 혼자만 남을까봐 무섭다. 여럿이 함께 있는 모임에서도 외딴섬 같다. 뼈에 사무치는 상실감과 슬픔이 아주 어릴 때부터 있었다.

때때로 비가 오는 날은 영화 속 비련의 여주인공처럼 창밖을 보면서 하염없이 눈물을 흘린다. 그런 날은 하루 종일 쓸쓸하고 우울해 아무 일도 하지 못한다. 외로움이 덮칠 때 몸의 감각에 집중한다. 깊은 고독감이 가슴에서 느껴질 때 그 통증을 따라간다. 가슴 중앙의 복장뼈에서 송곳으로 후벼파는 듯한 통증을 발견했다. 억울하고 분할 때 복장이 터진다며 두드렸던 가슴 중앙에 위치한 바로 그 뼈다.

통증에 집중하니 징용에 끌려간 증조할아버지 이야기가 떠올랐다. 얼굴도 뵌 적이 없는 증조할아버지가 내면의 상으로 그려지자, 온몸의 뼈마디가 시렸다. 뼛속에 스민 냉기와 고독한 마음은 징용에 끌려가 행방불명된 증조할아버지를 기억하는 마음의 작용이 아닐까 싶다.

부차적 느낌은 윗대에서 대물림된 느낌으로, 원래 항상 있었던 것처럼 일상을 지배한다. 이 정서는 세대를 넘어 부모에게서 넘어왔기 때문에 자녀는 부모와 유사한 정서를 갖는다. 특히 부모나 조부모가 전쟁으로 가족을 잃었거나 굶주림에 시달려서 생긴 큰 트라우마는 한 세대에서 해결하기 어려워 여러 세대를 통해 정화해야 한다.

위 세 사례는 인물도 상황도 고민도 다르지만, '정서 대물림'이 문제일 수 있다. 우리를 옥죄는 마음의 습관을 정화하지 않으면 후대의 부차적 느낌으로 넘어간다. 부모의 마음 습관이 자녀에게 대물림되는 것이다. 안정적인 상황에서 불안감을 느끼거나 눈물을 흘릴 상황이 아닌데도 울어야 할 것 같은 기분이 들거나, 우울한 일이 없는데도 우울하거나 화날 일이 없는데도 분노에 차 있는 등 특정한 감정에 사로잡히는 것은 부차적 느낌에 빠진 상태일 수 있다.

02 그물처럼 얽힌 관계들

부모에게 대물림된 마음은 여러 세대와 그물처럼 얽혀 있다. 그 마음은 편안함과 불편함으로 구분된다. 도덕적 집단양심에 머물 때 우리는 평온을 느끼고, 그렇지 않을 때 거리낌을 느낀다. 대물림에 의한 집단양심은 무의식적이기에 인식하기 어렵다. 안전한 환경 속에서 가족의 축복을 받으며 태어나, 부모와 전문가의 지원과 사랑 아래서 자란 아이가 불안감에 시달리는 이유는 무엇일까?

상류층 가정의 아이들을 돌보는 가정교사로 일했던 지인이 있다. 아이들이 유학 갈 때까지 돌봐주기로 했지만, 도중에 일을 그만두었다. 자신의 신념과 상류층 가정의 신념이 충돌하여 마음이 불편하다고 했다.

"그 집 아이들은 손톱을 물어뜯는 습관이 있어요. 그래서 공부를 시작할 때 마음을 가라앉히고 집중할 수 있도록 명상을 10분씩 시키고 있었지요. 그런데 아이들 어머니가 명상을 못 하게 하는 거예요. 기독교 집안이라 명상은 불교 신자들만 하는 거라고 생각한 것 같아요. 아이들 어머니는 눈을 감고 앉아 있는 것에 뭔지 모를 거리낌이 있었던 거죠.

아이들 어머니는 아이들에게 잠깐의 휴식도 허락하지 않았습니다. 어머니 자신이 그렇게 성장했어요. 그녀의 친정어머니 역시 그녀에게 쉴 틈을 주지 않고 무언가를 계속 학습하게 했던 거지요.

40대가 된 아이들 어머니도 손톱을 물어뜯습니다. 손톱을 물어뜯는 아이들의 습관을 바꾸기 위해 심리치료를 받게 했지만, 당연히 소용없었지요. 상담을 받아야 할 사람은 어머니 본인인데, 스스로 자신의 마음을 들여다보려는 의지를 기대하기 어려웠어요. 얼마 전 연락이 와서 그 집에 갔더니, 가정교사가 적응을 못 해 다섯 번째 바뀌었다고 하더라고요."

"나는 바담 풍 해도 너는 바람 풍 해라"라는 속담이 있다. 이는 자녀 문제로 걱정이 많은 부모가 자식에게 보이는 태도다. 손톱을 물어뜯는 모자처럼 가족의 구조적 얽힘과 역학관계를 알면 속담처럼 되지 않을 것이다.

자녀가 부모와 똑같이 사는 것은 도덕적 집단양심의 작용이다. 자녀는 부모처럼 살 때 도덕적으로 옳고 좋은 사람이 된다고 인식하며 편안함과 귀속감을 느낀다. 반면 부모와 다르게 살 때, 제외될까 하는 두려움과 죄책감을 느낀다. 이것은 무의식적으로 일어난다.

그래서 부모와 똑같이 살려는 집단양심을 통해 가족각본은 후대로 대물림된다. 가족각본이란 드라마 시나리오처럼 관계 패턴, 언어 패턴, 플롯과 결말 등을 만들어가는 생각과 신념과 관점이 담긴 삶의 도식이다.

'가만히 있으면 안 돼. 뭔가를 해야 돼' '되는 일이 없어' '죽고 싶어' 등의 생각이나 '슬픔과 상실감, 외로움과 두려움, 분노와 울분' 등의 감정들에 자주 사로잡히는가? 그렇다면 가족각본을 살펴보라. 가족공동체의 해결되지 않은 과제가 후대로 넘어가서 생긴 무의식적 움직임이다.

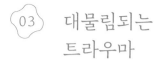

03 대물림되는
트라우마

과학자들은 트라우마가 대물림되는 증거를 생물학적으로 밝혀
내고 있다. 미국 뉴욕 마운트시나이 의과대학 정신의학과 교수
레이철 예후다Rachel Yehuda의 연구팀은 트라우마 대물림은 인간
이 수정되기 이전에 이루어진다고 밝혔다. 할머니가 우리 부모
를 임신한 지 5개월째가 되면, 태아인 부모의 몸에 훗날 우리가
될 난자의 전구세포precursor cell, 정자의 전구세포가 생기기 때문
이다.

　이것은 나, 부모, 조부모, 3대가 동일한 생물학적 환경을 공유
한다는 의미다. 레이철 예후다는 트라우마가 있는 어머니의 자
녀가 대조군 아이들에 비해 트라우마 진단을 받을 가능성이 세
배 더 컸다고 했다.°

° 　마크 월린Mark Wolynn, 《트라우마는 어떻게 유전되는가》, 정지인 옮김, 심심,
　2016, 45쪽~52쪽 참고.

선희는 성공한 아버지 덕에 부잣집 딸로 풍족하게 살았다. 유능한 남자와 결혼하여 딸을 낳고 부족함 없이 살다가 난치병에 걸렸다. 딸을 키우기 힘들었던 선희는 중학교에 다니던 딸을 호주로 유학 보내고 제주도에서 요양을 했다.

유학 간 딸은 적응을 잘했다. 성적도 우수했다. 그동안 선희의 병세도 나아졌다. 고등학생이 된 딸이 방학을 맞아 귀국했다. 가족 모두 모여 식사를 하면서 오붓한 시간을 보냈다. 그런데 호주에서 딸을 돌보는 매니저 얘기를 하자, 딸이 울분에 찬 목소리로 욕을 하기 시작했다. 딸은 눈물을 흘리며 눈언저리를 손으로 찍어 눌렀고 말을 잇지 못했다. 놀란 선희가 딸을 데리고 치유센터에 왔다.

게슴츠레한 눈으로 의자에 반쯤 기대앉아 무기력하게 말하는 딸은 얼이 나간 사람처럼 보였다. 내가 딸에게 매니저가 어떻게 대했는지 물었더니 "감시당했다"는 말을 여러 차례 반복했다. '감시'라는 말은 어린아이의 삶과 거리가 있는 단어다.

그래서 선희에게 가족사에 감시당한 사람이 있냐고 물었다. 선희는 그런 사람이 없다고 고개를 가로저었다. 지금은 다른 매니저가 딸을 돌보고 있으며, 전 매니저와도 처음에는 잘 지내다가 언제부터인가 관계가 틀어졌다는 말을 숨도 쉬지 않고 이어갔다. "사실관계 따져서 어디에 쓰려고요? 상처받은 아이의 마음과 마주하기 힘드세요?"라고 하자 그제야 말을 멈추었다.

잠시 후 선희는 할아버지 얘기를 꺼냈다. "할아버지와 할아버지 형제가 좌익 활동을 하셨어요. 할아버지가 할아버지의 형과 친구들이 월북할 때 금전적인 도움을 주셨답니다. 그 일로 오랫동안 감옥에 있었다고 해요. 이념 갈등이 심했던 시대였기 때문에 할아버지는 출옥 후에도 오랫동안 감시를 당했습니다. 할아버지는 고문 후유증으로 많이 편찮으셨습니다. 아무 일도 할 수 없었던 할아버지는 초등학교 다니는 아버지를 남의 집 머슴으로 보내려고 했대요. 아버지는 부잣집 아들로 살다 남의 집살이를 하게 되어 자존심이 상했대요. 그래서 학교를 그만두고 시장에서 닥치는 대로 돈 되는 일을 하면서 가장 노릇을 했답니다. 그렇게 해서 지금의 사업체를 일군 거지요."

선희는 과거 시대적 아픔이 할아버지의 운명이 되었고, 이것이 딸에게 연결되어 있을 것이라고 상상한 적이 없다며 놀랐다. 난치병으로 고생하는 자기 자신, 멀리 타국으로 떠나보낸 딸, 딸을 감시하는 매니저 등의 역학관계를 보며 삶의 패턴이 대물림되는 무의식에 놀라워했다.

후대로 대물림되는 가족의 해결되지 못한 과제는 한 세대가 소화하기 어려운 큰 트라우마가 대부분이다. 부모는 큰 트라우마로 인해 내적으로 심각한 스트레스를 받으며 살아간다. 부모의 무의식적인 긴장은 가정의 분위기를 얼어붙게 한다. 자녀는 살얼음판 같은 가정에서 알 수 없는 스트레스를 받으며 성장한다. 긴장과 스트레스가 누구에게는 질병으로, 정신장애로, 관계의 어려움 등으로 나타난다. 현상적으로 나타나는 트라우마 대물림이다.

김 목사는 큰 트라우마가 있는 가정에서 성장했다. 전쟁 트라우마에 의한 가정 폭력 대물림을 기도로 끊어보겠다는 김 목사의 노력은 눈물겨웠다.

"어머니는 작은 소리에도 벌벌 떨며 쪼그라지는데, 아버지는 그런 어머니에게 큰소리를 치고 행패를 부리며 때렸어요. 나이가 들어서 힘이 빠지면 나아질 줄 알았는데 아니었어요. 아버지를 생각만 해도 골치 아픈데, 지금은 남동생까지 가정 폭력을 저질러요. 올케가 이혼하겠다고 합니다."

김 목사의 아버지는 베트남에 참전했다. 아버지를 용서하기 위해 목사가 되었다는 김 목사는 아무리 기도를 해도 용서가 안 된다며 괴로워했다. 김 목사는 아버지 손에 죽은 사람들의 대역과 눈을 맞추고, 아버지를 살인자 자리에 두고 물러서는 가족세우기를 했다. 치유 과정에서 김 목사의 대역이 "기도를 하면서 전쟁에서 있었던 나쁜 일들을 없던 일로 만들려고 해요"라고 말했다. 김 목사는 대역의 말을 듣자 얼굴을 붉히며 부끄러워했다. 아버지의 비극을 기도로 좋게 만들어주고 싶어하는 속마음을 알아차렸기 때문이다. 김 목사는 아버지를 상상하며 아버지의 대역에게 큰절을 올리고 나서 내게 작은 목소리로 물었다. "저는 할 수 없는 일을 왜 이렇게 하려고 애쓸까요?"

내가 말했다. "사랑을 보세요. 아버지가 행복하게 살길 바라는 아버지에 대한 딸의 사랑을 보세요. 수많은 사람을 죽일 수밖에 없었던 상황 속에서 아버지는 얼마나 괴로우셨을까요. 상상할 수 없는 힘이 전장을 덮쳤기에 모든 사람은 다른 생명감을 가지고 살아야 했을 겁니다. 거기에서 아버지가 다르게 살 수 있었 겠어요?" 그러자 김 목사는 두 손으로 가슴을 부여잡고 흐느끼 며 머리를 숙였다. 아버지의 운명을 도덕적으로 판단했던 자신 의 불손에 가슴 아파했다.

가족세우기를 통해 전쟁 때 있었던 일들이 현재의 가족에게 어떤 결정적인 영향을 주는지 볼 수 있다. 전쟁 트라우마가 있는 가족은 폭력이나 무기력증, 불안과 우울 등을 겪는다. 김 목사는 '아버지가 당신의 운명에 서고, 딸인 자신은 아버지의 운명에 고 개 숙이고 물러서야 한다'라는 사실을 인식했다. 아버지를 덮친 거대한 운명에 누구도 개입할 수 없으며, 누구의 위로도 필요치 않다는 것을 알았다. 아버지는 자신의 운명에 설 때 자존심을 지 킬 수 있다. 딸인 김 목사는 아버지의 큰 운명에 외경심을 품고 물러섰다. 김 목사는 아버지의 운명에서 풀어져 자유로움을 느 꼈다.

04 한국인의 한恨과 집단 트라우마

"국민보도연맹사건이 어머니뿐만 아니라 제 인생까지 뒤틀어 놓았어요. 우리 가족의 구조를 보니, 제가 어머니의 남편 노릇을 하며 살았더군요. 아버지는 이혼도 하지 않고 다른 여자와 자식을 낳고 살았어요. 독신이라고 속이고 결혼을 네 번이나 했답니다. 어머니는 제게 기대었고, 저는 배다른 동생까지 챙기며 우리집 해결사 역할을 하느라 너무 괴로웠습니다.

제가 치유 과정에서 발견한 것은 어머니가 아버지에게서 외할아버지 모습을 무의식적으로 찾았다는 겁니다. 그러니 아버지에 대한 어머니의 심리적 관계가 남녀관계일 리가 없는 거지요. 아버지가 다른 여자에게 가는 것이 이해가 되기도 합니다. 하필 왜 내 인생에 이런 일이 일어났는지 화가 납니다. 국가 폭력이 우리 가족을 엉망으로 만들었습니다. 제 운명이 한스럽고 화가 납니다."

봉희 외할아버지는 봉희 어머니가 두 살이었을 때 행방불명되었다. 국민보도연맹사건에 연루되어 생사를 확인할 수 없었

한국인의 한과 집단 트라우마 37

다. 그래서 집을 나간 날짜에 제사를 지낸다. 봉희의 어머니와 외할머니는 오랜 기간 빨갱이로 몰릴까봐 외할아버지의 행방에 대해 알아볼 엄두도 내지 못한 채 숨죽여 살았다.

어머니가 평생 무겁고 침울한 감정에 빠져 살았기에 어머니의 기분을 전환해주기 위해 봉희는 명랑하고 발랄하게 행동했다. 그런데 알고 보니 조증이었다. 어머니에게 물려받은 우울감을 직면하기 힘들어, 겉으로만 밝게 살았던 것이다.

조부모나 부모가 살았던 근현대사의 트라우마는 어린 자녀에게까지 고스란히 대물림되어 신경계를 긴장시킨다. 그래서 나는 여러 세대를 포함한 전 가족을 가슴에 품고 작업을 한다. 그래야 과거의 비극에 대한 어설픈 판단과 평가 없이 있는 그대로 받아들이는 겸허심을 배울 수 있다.

가족세우기를 촉진하면서 봉희처럼 근현대사의 아픔을 삶에서 절절하게 겪고 있는 의뢰인을 많이 만났다. 나는 우리 부모와 조부모가 살았던 시대가 궁금해 3년 정도 근현대사 공부를 했다. 2년간은 역사책을 토대로 인물과 사건 순으로 공부했고, 3년 차에 그동안 공부한 곳을 탐방했다. 역사의 현장은 가는 곳마다 피눈물이 흘렀으며, 유족들이 토해놓는 이야기는 큰 트라우마의 특징을 모두 담고 있었다.

유족에게 트라우마 치료를 받은 적이 있는지 물었다. 대부분 트라우마 치료를 받아보라는 권유를 받았지만, 실제로 트라우마 치료를 받지 못했다고 했다. 나는 유가족을 위한 트라우마 대물림

작업을 해드리겠다고 약속했다.

2017년 6월 근현대사 공부방에서 6·10민주항쟁° 30주년을 기념하며 민주화운동이 일어났던 현장을 답사했다. 6·10민주항쟁의 명소인 명동성당과 향린교회에 이어 남영동으로 향했다. 박종철기념관은 경찰청 인권센터 안에 있었다. 이곳이 바로 과거 박종철 열사가 물고문 받다가 죽음에 이른 남영동 대공분실이었다. 우리는 박종철 열사의 친구인 김학규 박종철기념사업회 사무처장의 안내를 받아, 인권을 유린하고 존재를 말살하도록 설계된 건물을 둘러보았다. 대공분실은 건물의 구조 자체가 고문 기구였다. 일본 순사가 독립운동가를 고문하던 기술을 그대로 전수받은 군사독재 시절의 경찰이, 민주화운동 인사를 어떻게 고문했는지 시설물들을 통해 알 수 있었다. 박종철 열사가 물고문 받았던 509호 취조실은 화장실 사용까지 외부에서 볼 수 있었다. 수치심을 느끼게 하는 구조로 신체적 폭력뿐만 아니라 정신적 폭력까지 저절로 느끼게 했다. 설명해준 김 사무처장 역시 민주화운동을 하다가 체포되어 물고문을 받았다고 했다.

내가 트라우마에 대한 얘기를 하며 물에 대한 공포가 없는지 물었다. 김 사무처장은 이발소에서 있었던 이야기를 했다. 이발사가 머리를 감겨주었을 때 숨을 쉬지 않는 자신을 발견했다고

○ 1987년 6월 10일부터 6·29선언이 있기까지 약 20일 동안 계속된 민주화운동이다. 박종철 열사는 박종운 선배의 행방을 추궁당하며 전기고문과 물고문을 받다가 죽음에 이르렀다. 박종철 열사의 죽음은 범국민적 항쟁으로 향하는 불씨가 되었다.

했다. 이발소는 엎드리는 자세로 머리를 감겨주는데, 이 자세가 물고문 받을 때의 자세와 같아서 그는 무의식적으로 숨을 참았다. 미용실은 천장을 향하고 누워서 머리를 감겨주어 좋지만, 이발비가 이발소보다 비싸다고 그가 말하며 웃었다. 그러면서 세월이 흘러 이제는 과거사에서 자유로울 줄 알았는데 몸은 여전히 그 충격을 기억한다며, 민주화운동에 참여했다가 고문받았던 분들의 치료가 필요하다고 했다.

근현대사의 비극적인 장소를 찾아다니며 안타까운 마음을 느낀 곳 중 하나가 여수다. 다른 곳은 역사적 비극을 기억하고 추모하고 반성하는 기념관에 관련 자료들을 상세하게 보관하고 있지만, 여순사건°의 유적지에는 묘지, 표지판, 비석 등이 전부였다. 처음 여순사건 희생자 위령비에는 희생자들의 이름이 새겨있었다고 한다. 그랬더니 유족들이 "그럼, 우리가 빨갱이란 말이야!"라며 민원을 넣어 비석에 새겨진 이름을 모두 지웠다고 한다. 현재는 비석 중앙에 말줄임표가 찍혀 있을 뿐이다. 여전히 연좌제의 악몽이 우리를 옥죄고 있는 현실이 안타까웠다.

° 1948년 10월 19일 전라남도 여수에 주둔하고 있던 국방경비대 제14연대에 제주 4·3사건(군경에 의한 제주도민학살사건)을 진압하라는 명령이 하달되자, 동족을 학살할 수 없다고 생각한 지창수 하사관과 일부 군인들 그리고 이에 동조한 여순 주민들이 일으킨 사건이다. 이 사건으로 여순 일대 수많은 민간인이 진압군에 의해 학살되었다.

여순사건, 제주4·3사건°, 국민보도연맹사건 등은 국가에 의한 민간인 학살이다. 국가의 존재 목적이 무엇인지, 경찰과 군인은 누구를 위해 존재하는지 묻지 않을 수 없다. 억울하고 분한 감정과 비밀스러운 일들이 해소되지 않고 대물림되는 것은 사회 이슈이기도 하지만 개인의 운명에 관한 문제다. 민간인을 학살한 경찰과 군인뿐만 아니라 학살당한 양민들 모두 우리 어머니, 아버지, 할머니, 할아버지이기 때문이다. 죄를 묻는 것도 필요하지만, 씻을 수 없는 상처를 남기는 일이 다시는 일어나지 않도록 사회 구조와 체제를 바로 보는 인식의 눈이 필요하지 않을까.

　　위안부 할머니의 인생 여정을 그린 다큐멘터리 영화 〈어폴로지〉는 가해자와 피해자가 마주했을 때 어떤 일이 벌어지는지를 보여준다. 피해자 길원옥 할머니는 직접 일본 사람들을 만나 강연을 했다. 피해자인 길 할머니와 눈을 맞추고, 할머니의 이야기에 귀 기울인 일본인은 눈물을 흘리며 참회했다. 그들은 길 할머니의 고통에 깊이 공감하며 함께 아파했다. 피해자와 가해자가 함께 우는 것은 서로에 대한 겸손이다. 이때 아무도 공격하지도 받지도 않는다. "너희가 저지른 끔찍한 일을 보라" 하고 말하는 것과 전혀 다르다. 이러한 평화운동은 각계각층에서 꾸준히 이어

○　1947년 3월 1일을 기점으로 제주도에서 1948년 4월 3일 발생한 소요 사태 및 1954년 9월 21일까지 발생한 무력 충돌과 진압 과정에서 주민들이 희생당한 사건이다. 미군정기에 발생하여 대한민국 정부 수립 이후에 이르기까지 7년간 이어지며 인명 피해가 극심했다.

져야 한다.

반갑게도 학계에서 조심스럽게 연구를 진행하고 있다. 일본과 한국에서 가족세우기 연구를 하고 있는 선문대학교 오규영 교수는 한일 위안부 문제에 도움이 되고자 '가해자와 피해자를 위한 조직 세우기'를 진행하였다. 연구에서 위안부 할머니 대역은 어떤 잘못을 하지 않았음에도 죄의식이 느껴졌다고 했다. 이들은 성적 수치심과 가족의 거리낌으로 어디에도 속하지 못했다. 공동체에서 제외당하는 것은 2차적인 상처가 된다. 국가와 위안부 할머니 가족과 국민이 위안부 할머니 아픔에 진정으로 슬퍼하면서, 위안부 할머니를 존재했던 그대로 존중하며, 위안부 할머니가 국민의 한 사람으로 또 가족의 일원으로 귀속될 때, 비로소 아픔이 조금씩 나아질 것이다.°

우리 사회가 한마음으로 위안부 문제에 관심을 갖고 일본의 진정한 사과를 받기까지 뒷심이 되어주어야 한다. 그런 의미에서 광복절 등의 국가 행사에 위안부 할머니를 초대하고, 대통령이 직접 허리 숙여 인사하며, 그분들이 우리 사회의 일원으로서 존중받고 가슴의 한을 풀 수 있는 기회를 자주 마련해주어야 한다.

이 연구에서 인상적인 것은 '위안부 소녀상'의 위력이다. 위안부 소녀상은 일본인이 무슨 짓을 했는지를 직면하게 하는 역할을 했다. 버트 헬링거가 독일인의 금기를 건드릴 때마다 맹공

° 오규영, 〈가해자와 피해자를 위한 조직세우기 - 한일 위안부 문제를 중심으로〉, 한국예술치료학회지, 제17권 2호, 2017, 67쪽~85쪽 참고.

격을 받았던 것처럼, 소녀상은 일본인의 만행을 뒤돌아보게 하는 역할을 하기에 곳곳에서 수난을 받고 있어 안타깝다. 소녀상은 여성 인권과 인류의 보편적 가치를 보여주기에, 존재 자체만으로도 의미가 크다.

이것은 보편적 가치를 일상의 삶으로 가져오는 방법이다. 보편성은 우리 내면의 사랑을 자극한다. 나는 가족세우기를 통해 우리가 내면의 사랑과 접촉할 때 비로소 갈등이 회복되는 것을 경험한다. 우리 사회 구성원이 이러한 경험을 지속적으로 한다면 분명 우리 사회가 한 단계 도약할 수 있을 것이다.

2부

가족세우기 테라피

얽히고설킨

트라우마를

푸는 법

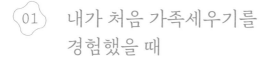

01 내가 처음 가족세우기를 경험했을 때

나는 꾸준히 마음공부를 했다. 나쁜 마음을 정화하고 착하게 살면 행복할 줄 알았기 때문이다. 그러나 내 삶은 내가 계획한 대로 흐르지 않았다. 착하게 살아도 불행한 사건은 끊이지 않았으며 어려움이 많았다. 아들을 하늘로 떠나보내고 가슴을 앓았다.

아픔을 치유하고 내적 통찰과 성장을 하는 데 가족세우기가 큰 역할을 했다. 가족세우기 세미나에 참여한 모든 사람은 동시에 깨어나는 효과를 경험한다. 가족세우기란 무엇일까? 어떤 사람에게 가족세우기가 필요할까? 가족세우기가 필요한 상황을 다양한 사례로 설명하며 가족세우기에 대해 낱낱이 설명하고자 한다.

2003년 5월 셋째 아들이 교통사고로 갑자기 세상을 떠났다. 겨우 여덟 살이었다. '착하게 살고자 노력했는데, 왜 나에게 이런 일이 일어나는 거지!' 한동안 멍하니 지냈다. 그러다 이상한 일이 일어났다. 임신해서 아기를 낳고 싶은 환상에 시달렸다. 자식을 먼저 하늘로 보낸 부모 모임에서 많은 어머니가 비슷한 생각에 시달린다는 것을 알게 되었다. 그들도 나처럼 '아기를 낳으면 죽은 아이가 다시 돌아올 것'이라는 망상에 빠졌다고 했다. 실제로 아기를 낳아 그 아기에게 죽은 아이의 이름을 지어주고, 돌 선물로 죽은 아이가 쓰던 은수저를 준 사람도 있었다. '헉, 존재가 다른데. 어찌….' 소름이 돋았다.

정신을 차리고 보니 하얗고 맑았던 첫째 딸의 피부에 화농성 여드름이 퍼졌다는 사실을 알아차렸다. 온몸이 벌겋게 부풀어 있었다. 둘째 아들의 눈은 불안으로 떨며 초점이 없었다. 둘째 아들은 막내아들과 함께 놀러 나갔다가 동생의 사고를 목격했다. 둘째 아들은 틈만 나면, 막내가 사고 났을 때 사고 현장에 가까이 있었던 아빠에게 얼마나 신속하게 알렸는지 설명을 반복했다. 동생의 죽음을 막지 못했다는 죄책감에 시달리는 것이 분명했다. 남편은 집 안에 걸려 있던 막내아들의 사진을 모두 치우고, 다른 지역으로 이사하겠다며 살던 집을 헐값에 내놨다.

상실로 인한 쇼크는 금방 추스를 수 있는 것이 아니었다. 살아 있는 두 아이 역시 돌봄이 필요한 어린아이였기에, 나는 어머니로서 힘을 내야만 했다. 아이들과 눈을 맞추면 누가 먼저랄 것도 없이 굵은 눈물방울이 바로 떨어졌다. 남편은 아예 눈을 맞추는 것조차 피했다. 가족 모두에게 상실감 치유가 필요했다. 애도하는 방법이 있다면 배워야 했다.

그러던 어느 날, 한 교육기관에 일하러 갔다가 안내장 거치대에

꽂힌 팸플릿 한 장이 눈에 띄었다.

'가족세우기.'

팸플릿 상단에 크게 쓰인 '가족세우기'라는 다섯 글자를 보는 순간 심장이 벌렁거렸다. '운명적 얽힘을 풀다'라는 부제목은 더 내 마음을 끌어당겼다. 가족의 이른 죽음, 질병, 이혼, 관계의 어려움 등 한결같이 비극적이고 불행한 삶의 현안들이 쓰여 있었던 것으로 기억한다.

가족세우기는 성공과 행복, 풍요와 여유, 사랑과 존중, 충만과 연결을 촉진하는 프로그램이다. 아무리 어려운 문제를 가지고 있어도 가족세우기를 통해 궁극적인 평온과 사랑의 연결을 경험할 수 있다. 아마도 내가 상실 치유에 대한 프로그램을 찾던 중이었기에 그렇게 생각했던 것 같다.

'가족세우기'라는 말 때문인지 가족 모두 참여해야 한다고 생각했다. 가족이 총출동하여 세미나에 도착하니 낯선 사람들이 20명 정도 둘러앉아 있었다.

"어린아이는 가족세우기에 참여할 필요 없어요." 가족세우기 촉진자인 박이호 선생님이 우리 아이를 보더니 사무실에 가서 놀라고 했다. "어린아이라도 형제의 죽음에 대한 애도가 필요하지 않을까요?"라고 묻자, 박 선생님은 일말의 망설임도 없이 "부모가 정신 차리고 살면 애들은 염려할 것이 없어요"라고 했다.

촉진자의 관점이 흥미로웠다. 특히 '정신 차린다'는 말이 신선하게 들렸다. 진짜 정신이 차려지는 기분이 들었다. 흔하게 쓰는 말인데도 다르게 들리는 것이 인상적이었다. 센터장이 우리 아이들을 사무실로 데려가자 가족세우기 세션이 시작되었다.

촉진자는 가족세우기를 하고 싶은 사람들에게 손을 들라고 했다. 몇몇 사람이 손을 들었다. 그중에 내 남편이 끼어있었다. 아무것도 모르면서 손을 번쩍 든 남편이 용사처럼 보였다. 가족세우기는 한 사람씩 돌아가면서 진행되었다. 이슈가 있는 사람은 의뢰인 자리에서 자신의 현안을 세 문장 이내로 짧게 말했다. 몇 사람이 하고 나서 드디어 남편 차례가 되었다.

남편이 의뢰인 자리에 앉았다.

"막내아들이 사고로 세상을 떠났어요."

촉진자는 가족을 세우라고 했다. 남편이 참여자 중에서 여자 두 명과 남자 두 명을 뽑아, 여자 편과 남자 편으로 분리해서 마주보게 세웠다. 아들과 남편이 한편이고, 나와 딸이 한편이 되어 대치하는 형국으로 보였다. 적대적 관계를 떠올렸다.

'아! 저런 모습으로 가족을 대하는구나.' 남편이 세운 가족의 모습을 보면서 남편의 관계 패턴을 떠올렸다. 남편의 자식 차별은 유난스러워 누구라도 알 수 있었다. 남편은 유독 아들을 편애하고, 딸을 차별했다. 그런 모습을 볼 때마다 가부장적 의식을 법률처럼 지키는 친정아버지를 떠올렸다. 그래서 평소 나는 딸이 상처받을까봐 항상 신경을 썼다.

잠시 아무 말 없이 바라보던 촉진자가 내게 가족을 다르게 세우고 싶냐고 물었다. 나는 남편이 세운 가족 대역들을 종렬로 다시 세웠다. 내 뒤에 남편, 남편 뒤에 첫째 딸 대역을 세웠다. 시선은 같은 방향이었다. 첫째 딸 대역 뒤에 둘째 아들 대역을 세웠지만, 둘째 아들 대역의 시선은 반대 방향으로 향했다. 세워놓고 보니 드라마에서 본 적이 있는 장면이었다. 마치 어릴 때 보았던 〈전설의 고향〉에 나오는 저승사자에게 끌려가는 사자들의 행렬처럼 보였다. 내가 세운 가족 구조는 누가 봐도 죽음을 암시하였다. 나는 죽음과 연결되어 있었다. 가족을 세우는 것만으로도 문제가 명백히 보였다.

촉진자는 막내아들 대역과 사고를 낸 운전자 대역을 추가로 세웠다. 막내아들 대역이 운전자 대역 옆으로 이동했다. 내 대역의 시선이 아들 대역을 따라가다 운전자 대역에게서 멈추었다. 내 대역과 운전자 대역이 눈을 깜빡이지 않고 쳐다보았다. 두 사람은 어떤 움직임도 없이 서로 깊게 연결되어 있었다. 그 고요한 연결감이 나에게 전해졌다.

아득한 공간에 머물러 있는 기분이었다. 세션이 끝난 이후에도 약간 어리둥절한 상태가 이어졌다. 그렇다고 정신 줄을 놓은 것은 아니었다. 오히려 전에 경험해본 적 없는 어색한 명료함을 느꼈다. 고요한 느낌에 매료되었지만 '이 깊은 느낌은 뭐지?'라는 의문이 들었다.

'저 사람을 이런 마음으로 대해도 되나?' 운전자 대역을 보며 생각했다. '미운 마음이 들어야 정상적인 것 아닌가?' 감정의 동요가 일어나지 않는 것이 이상했다. 한동안 침묵 속에 있었다. 일생에서 이런 경험은 처음이었다.

세션이 끝나고 쉬는 시간에 운전자 대역을 섰던 분이 다가와 나에게 말했다. "제가 사고를 낸 운전자 대역으로 섰을 때, 선생님의 가족 같은 느낌이 들었어요. 저 같으면 원망하는 마음이 앞섰을 것 같은데 어떻게 이럴 수 있는지 신기하네요. 아주 감동적인 순간이었습니다."

나 역시 알 수 없는 감동이 밀려왔고, 어리둥절한 마음이 공존했다. 겨우 여덟 살에 죽어야 했던 아들의 운명을 붙잡고 씨름했던 나를 가만히 감싸는 깊은 울림이 어색했다. 이 느낌이 어디서 비롯된 것인지 궁금했다. 고요한 역동은 나를 한동안 심연으로 데려다주었다. 마음공부를 하면서 오랫동안 심리치료를 받았지만, 그곳에서는 한 번도 느끼지 못한 생경한 경험이었다.

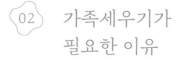

가족세우기가 필요한 이유

가족세우기 경험자들은 이구동성으로 우리나라 사람이라면 모두 가족세우기가 필요하다고 말한다. 일제강점기의 굶주림과 억압, 한국전쟁의 공포와 상실, 독재자의 폭력과 학살 등 우리 사회를 휩쓸었던 큰 트라우마가 우리에게 대물림되어 삶을 어떻게 옥죄는지 생생하게 보고 깨닫게 하기 때문이다.

근현대사의 비극은 먼 과거의 선조가 겪었던 옛이야기가 아니다. 바로 우리의 어머니, 아버지, 할머니, 할아버지가 받았던 신체적 · 정신적 외상이다. 우리네 할머니는 굶주린 기억 때문에, 밥상을 차려주고 많이 먹으라고 재촉하고 먹기 싫다고 하면 국에 밥을 말아 억지로 입에 떠 넣어주었다. 먹을 것이 풍족한 세상에 살면서도 언제 굶을지 모른다는 할머니의 강박은 외상 후 스트레스 장애 때문일 것이다.

가족세우기가 삽시간에 전 세계로 퍼진 것은 20세기 아픔과 고통이 우리나라뿐만 아니라 지구적으로 일어났기 때문이다. 전 세계는 세계대전의 쇼크가 대물림되어 21세기의 불행으로 되풀

이되고 있다. 한 세대에서 소화하기 힘든 트라우마는 후대로 내려오기 때문이다. 수 세대가 운명적으로 얽히고설켜 부모·자식 관계의 아픔으로 나타나기도 한다. 이러한 배경을 구조적으로 보여주는 것이 가족세우기다.

특히 수 세대에 걸쳐 이어지는 고통을 구조적으로 보고 시대적 상황이 부모와 내 운명에 미치는 영향을 인식함으로써, 부모에 대한 갈망을 내려놓고, 존재 그대로를 받아들이는 과정을 통해 참으로 경이로운 겸손을 배운다. 가족세우기를 알면 누구를 탓하지 않으면서 삶의 뿌리는 단단해지고 인간관계는 성숙해진다.

마음의 응어리가 풀린다

어릴 때부터 아버지는 "맏딸은 살림 밑천"이라며 나에게 맏딸 역할을 세뇌했다. 어머니는 늘 바빴기 때문에 누구라도 집안일을 도와야 하는 형편이었다. 자연스럽게 나는 동생들을 돌보고 살림을 열심히 거들었다. 하지만 고등교육의 기회는 남동생들에게만 허락되었다. 부모님은 나를 가족을 위한 공공재처럼 사용하려고 했다. 보상 없는 노동과 희생을 당연시하는 가족문화에 당황하고 좌절감을 느꼈다. 심리적인 부담과 의무감이 내면 깊이 자리했고, 나는 나 자신을 억압했다.

가부장적인 아버지에게 남존여비는 가훈과 같았다. 아버지는 뉴스에서 사회적으로 높은 지위를 갖게 된 여성이 나오면 "세상에 망조가 드니 계집년이 설치는군!"하며 욕을 해댔다. 아버지가 그럴 때마다 여자들은 열등한 존재이고, 여자인 나 자신이 뭔가 잘못된 존재처럼 여겨졌다. 아버지는 딸과 아들, 장남과 차남을 차별했다.

부모님 행동이 부당하다고 생각했다. 속으로는 분하고 억울하다고 아우성쳤지만, 감히 말을 꺼내기 어려웠다. 혹여 소리 내어 울기라고 하면 "니 애미가 죽었어? 애비가 죽었어?"하며 핀잔을 들었다. 그래서 나는 슬픔을 안고 안전한 내면으로 들어가 상상 놀이를 했다. 그렇게 스스로 위로했다. 그러나 내면아이는 여전히 소리 죽여 울었다. 심지어 말할 때도 울었다. 그럴 때마다 부모님은 우는 소리 낸다고 야단쳤다.

가족세우기를 하고 나서 알게 되었다. 부모님은 부모의 죽음 앞에서나 잠깐 울 수 있는 급박한 세상에서 살아남은 생존자라는 것을. 그러니 가슴에 얼마나 많은 아픔과 슬픔이 있었겠는가. 내 울음소리는 당신의 상처를 건드렸고 눈물을 자극했을 것이다.

어머니는 폭압적인 아버지를 무서워했다. 그러면서 아버지에게 수동적으로 저항했고 동시에 동조했다. 우리 형제는 부모에 의해 가족 내 서열이 얽혔고, 이에 따른 생활양식이 익숙하게 되었다. 심리 공부를 하면서, 아버지가 당신의 열등감을 사회적 약자인 여자에게 투사한 것을 알게 되었다. 아버지의 자식 차별과 여성 비하는 평생 계속되었고, 어머니가 이에 동조하는 가족문화가 만들어졌다. 아버지는 맏아들을 지원하고, 어머니는 작은아들을 지원하고, 딸인 나는 제외하는 형태로 자리잡았다.

어릴 때 남동생들은 나를 누나로서 존중하고 잘 따랐다. 우리 형제는 태어난 순서대로 생명 질서에 맞는 심리적 서열에 따라 유대감을 가졌다. 그러나 자식을 차별하는 부모님의 생활양식이 내면화되면서 형제관계가 변했다.

우리 부모님은 보약을 좋아했다. 어느 해부터 가을이 되면 거실 한구석에 보약 네 박스가 나란히 놓여 있었다. 어머니, 아버지, 아들 두 명의 보약이었다. 나는 보약을 물끄러미 쳐다보았다. 가족 중 어느 누구도 보약 다섯 박스가 있어야 한다고 생각하지 않는 것이 슬펐다.

어느 날이었다. 모처럼 한우 갈비가 밥상에 올라왔다. 막냇동생이 갈비를 뜯으면서 "엄마가 요리한 갈비가 더 맛있어! 지난주에 갔던 그 식당 정말 맛없었어!"라고 말했다. "외식했었어?" 내가 묻자 갑자기 분위기가 싸해졌다. 어머니와 첫째 남동생이 막냇동생에게 눈총을 쏘기 시작했다. 막냇동생은 당황하여 어쩔 줄 몰라했다. 아버지는 난처한 표정으로 "왜 명화에게는 말 안 했어?"라고 화살을 어머니에게 돌렸다. 어머니는 "명화는 집에 없었어"라고 얼버무렸다. 어머니에게 "외식한다고 얘기를 좀 해주지!"라고 한마디를 더했다. 이 분위기를 촉발한 막내가 부담스러웠는지 횡설수설하며 말을 막았다.

부모님의 편견도 억울했지만, 고등교육을 받은 동생들조차 누나가 지속적으로 제외된 것에 어떤 의구심 없이 부모와 같은 행동을 한다는 것이 마음 아팠다. 내가 가족세우기의 핵심 개념을 잘 배울 수 있었던 것은 우리 가족의 이해할 수 없는 집단행동의 배경 때문이다.

공동체에서 누군가를 제외시키면 나머지 구성원들은 더 깊이 결속하고 유대감을 갖는다. 하지만 제외된 사람은 외로움과 좌절로 스트레스를 받는다. 이러한 집단행동은 가족공동체뿐만 아니라 모든 집단에서 어렵지 않게 볼 수 있는 장면이다. 학교의 한 교실에서 몇몇 아이가 특별한 이유 없이 한 아이를 왕따를 시키고, 대부분 아이는 이것을 방관한다. 직장의 한 부서에서 어떤 직원이 특별한 이유 없이 의도적으로 누군가를 따돌리고, 나머지 직원들하고만 친하게 지낸다. 다른 직원들도 조직 안의 이상 기류를 눈치채지만, 자기 문제가 아니기 때문에 신경 쓰지 않는다. 이러한 일은 공동체에 귀속되고자 하는 욕구와 제외에 대한 두려움이 관계 속에서 투사되기 때문에 일어난다. 관계를 어렵게 하는 무의식적인 투사는 원가족의 운명적 얽힘에서 시작하여 사회 조직으로 확장된다. 운명적 얽힘은 무의식 영역에서 일어나기에 인식하기 어렵다. 이해하기 힘든 삶의 주제나 가족의 집단행동, 특히 부모의 비상식적인 행동들을 이해하는 데 가족세우기의 도움이 컸다.

'나는 어찌하여 가족에게서 제외되었는가?'라는 주제와 관련된 가족세우기 세션에서 내 대역의 시선은 바닥을 향했다. 대역의 시선이 바닥으로 향한다는 것은 죽은 사람과 연결되어 있음을 상징한다.

내게는 죽은 동생이 세 명 있다. 태어난 지 3개월 만에 백일해(경련성 기침을 일으키는 어린이의 급성 전염병)로 죽었다는 여동생은 아주 예뻤다고 한다. 어머니는 어차피 자식을 잃을 팔자라면 못생긴 내가 죽고, 예쁜 동생이 살았으면 좋았을 것이라고 말했다. 나는 어린 시절 내내 3개월 살다가 죽은 여동생과 비교당하느라 몹시 서러웠다.

죽은 여동생 대역이 바닥에 누웠다. 내 대역은 여동생 옆자리로 시선을 옮겼다. 낙태당한 동생이 생각났다. 초등학교 4학년 때 학교를 마치고 대문을 들어서자마자 어머니는 외출복을 입은 채 나를 기다리고 있었다. 어머니는 내 손에 들려 있던 가방을 낚아채듯이 받아 마루에 던져놓고 대문을 나섰다. 나는 아무 영문도 모르고 어머니 손에 이끌려 택시를 탔다. 어머니의 분위기가 심상치 않아 어디 가냐고 물어볼 엄두를 내지 못했다. 택시가 선 곳은 병원이었다. 당시 의료보험이 적용되지 않던 때라서 서민에게 병원의 문턱은 아주 높았다. 어지간하면 걸어서 이동하던 시절에 택시로 이동한 것도 이례적이다. 나는 어머니가 죽을병에 걸렸다고 생각하여 가슴을 졸였다. 병원에 들어서자 어머니는 내게 의자 한쪽에 조용히 있으라고 하더니 어디론가 사라졌다. 한참 지나자 어머니가 두 손으로 아랫배를 감싼 채 구부정한 모습으로 나타났다. 나중에 그 병원이 산부인과라는 것을 눈치챘다. 그러나 아무 말도 하지 않았다. 낙태당한 동생 대역을 눕혔다.

내 대역은 또 그 옆자리로 시선을 옮겼다. 유산된 동생이 떠올랐다. 초등학교 6학년 때 있었던 일이다. 오후 수업시간에 갑자기 첫째 동생이 교실에 들어왔다. 동생이 담임 선생님에게 뭐라고 말을 했다. 나는 배구공을 가지러 들어온 줄 알았다. 예전에도 우리 반 배구공을 빌려가곤 했기 때문이다. 그런데 갑자기 동생이 울기 시작했다. 깜짝 놀랐다. 선생님의 표정이 어두워지더니 내게 빨리 집에 가보라고 했다. 동생과 집으로 향해 전력질주를 했다. 내가 금방 지쳐버리자 동생이 내 가방을 들고 뛰었다. 가방이 없으니 동생과 속도가 맞았다. 집에 도착하니 피 묻은 기저귀와 수건이 대야에 산처럼 쌓여 있었다. 나는 기저귀를 빨고 어머니를 돌봤다. 그러나 어머니의 하혈은 멈추지 않았다. 한동네에 살고 있는 외할머니를 모셔왔다. 내가 하던 일을 외할머니가 했고, 나는 어머니에게 죽을 쑤어 먹였다. 아버지는 지방에서 일을 했기 때문에 집에 없었다. 전화기가 없던 시절이기도 했지만, 어머니 생명이 위급한 지경인데 누구도 아버지에게 연락하지 않았다. 며칠 후 집에 돌아온 아버지는 어머니와 외할머니에게 언성을 높였다. 아버지가 화내는 것을 듣고 나서야 '왜 그때 병원으로 가지 못했을까?' 하는 생각을 했다. 유산된 동생 대역을 눕혔다.

내 영혼은 부모를 대신하여 죽은 동생들과 사랑으로 공명하고 있었다. 내 대역은 죽은 동생들 곁에 섰다. 맞은편에 부모님과 남동생 두 명이 한 몸뚱이처럼 붙어 있었다. 아버지 대역은 놀란 눈으로 죽은 동생들을 보았고, 어머니 대역은 누워 있는 동생들을 외면했다. 남동생 대역들은 부모 대역의 움직임을 주시했다.

자신의 죽은 자녀를 보지 않는 어머니를 향해, 나는 바닥에 엎드려 "비테, 비테, 비테"라고 간곡히 말했다. 가족세우기가 우리나라에 알려지기 시작할 무렵에는 세우기 언어를 독일어로 하였다. '비테bitte'는 '제발, 부디'라는 말로 번역된다. 가족세우기 언어는 몸속 깊은 곳을 어루만지고 풀어주는 효능이 있다. 그냥 단지 '비테'라고 했을 뿐인데 목소리가 떨리고 온몸에서 땀이 흘렀다. 엎드렸던 바닥은 내가 흘린 눈물과 콧물, 땀으로 흥건했다. 딸로 태어나면서부터 쌓이고 쌓였던 응어리진 한이 녹아내렸다.

온몸을 감싸고 있던 열감이 식을 무렵, 머리를 들어보니 어머니와 아버지 대역이 죽은 동생들을 만나고 있었다. 우리 형제는 여섯 중 셋은 살았고, 나머지 셋은 죽었다. 나는 첫째이고, 둘째는 죽은 여동생, 셋째는 아버지의 편애를 받는 장남이고, 넷째는 어머니의 사랑을 독차지한 차남이며, 그 아래 죽은 다섯째와 여섯째가 있다.

아버지는 장남에게 더 많은 교육의 기회와 경제적 지원을 아끼지 않았다. 아버지의 바람대로 장남은 수많은 도전을 통해 집안의 영웅이 되었다. 위화감이 느껴질 정도의 경제력과 사회적 지위를 성취했다. 동생을 보고 있으면 학벌이 높아지고 돈이 많아진 아버지를 보는 것 같다. 나와 막내도 각자 자기 분야의 전문가로 자수성가했다. 부모님은 돌아가시고, 부모님의 차별이 만든 상처 난 형제애가 유산으로 남겨졌다. 집안에 행사가 있어 얼굴을 보게 되면 서로 서먹하고 가까이 있으면 아프다.

그래서 동생들을 만날 때 심리적 경계를 아주 크게 그린다.

큰 경계 안에서 내 왼편에 다섯 명의 동생들이 있다고 생각한다. 생사의 경계 없이 살아 있는 동생뿐만 아니라, 죽은 형제들까지 가슴에 품으면 기이하게도 관계하기가 한결 편안해진다.

나는 가족세우기를 통해 부당한 차별과 서러운 과거를 과거에 두고 물러서서, 지금 여기에 있는 그대로를 받아들이는 법을 배웠다. 이 태도를 갖기까지 참으로 지난했다. 이제 과거는 과거에 두고 현재의 평화에 있어도 된다고 나 자신을 토닥인다. 가슴의 뻐근함과 목구멍에서의 울렁거림을 자각하면서 내면의 슬픔을 느낀다. 그렇게 나를 애도했다. 과거의 모든 것이 온전했음을 축복하며 마음으로 물러선다. 지금의 내가 있음은 과거가 있기 때문이고, 나는 지금 이대로의 내가 좋다.

이따금 슬픔에 목이 메일 때가 있다. 그럼 정신 차려 집중하고 숨을 쉬며 정화되길 기다린다. 또 슬픔으로 목이 메이면 정신 차려 집중하고 숨을 쉬며 정화되길 기다린다. 이렇게 내 운명에 서서 내 출생과 한계를 받아들인다. 내가 어떻게 살아왔든, 현재 어떻게 살고 있든, 나라는 존재 자체로 의미 있음을 깨달았다.

내가 내 운명에 선 것처럼 동생들도 각자의 운명에서 자기에게 맞게 세상에 봉사하고 있음에 고맙다. 그리고 있는 그대로를 축복한다. 나는 단지 부모님의 자녀 중 첫째로, 또 동생들의 첫째 누나로 존재할 뿐이다. 어떤 기대나 의도 없이 더 큰 생명의 차원에서 우리는 각자의 자리에서 서로 연결되어 있음을 본다. 조금 멀리 떨어져 있을 때 평화롭기에, 가까이 가지 않는 사랑을 사랑하고 존중한다. 나는 '가족은 어떠해야 한다'는 내면의 상을 이렇게 넘었다. 그래서 서먹한 관계에 맞게 지내도 괜찮아졌다. 그것이 우리 형제에게 맞는 관계이기 때문이다.

트라우마 대물림을 알면 삶이 성장한다

살아오면서 가장 힘들었던 것은 불안증이었다. 어릴 때부터 지속되었던 차별과 소외로 인한 불안과 두려움 때문이라고 여겼다. 나이를 먹는다고 마음이 치유되는 것은 아니었다. 결혼 생활과 아이들 양육으로 삶은 더 복잡해졌다. 어른이 되어도 불안증은 잦아들 기미가 보이지 않았다. 큰 난리가 난 것처럼 심장이 두방망이질을 치면서 가슴에 쪼개질 듯한 통증이 일었다. 처음에는 심장병인 줄 알고 병원에 갔다. 의사들은 신경성이니 운동을 하라거나 편히 쉬라고 했다. 병원에서 도움을 받지 못하자 대체의학과 명상을 공부했다. 몸이 조금 안정되면서 마음에 병이 깊다는 것을 깨달았다. 이후 심리치료를 받으면서 심리학을 공부했다. 정서적으로 안정되는 듯했지만, 심리적인 통증은 여전했다. 게다가 오랫동안 상담을 받다보니 어떤 상담 기법을 내게 적용하는지 금방 알아차렸다. 나중에 상담사가 내 인식의 폭 안으로 들어오는 바람에 상담 프로세스를 앞질러 갔다. 심리치료를 그만둔 후 스스로 치유했다.

호흡과 함께 가만히 불안을 따라가면, 저 멀리 태곳적 어둠으로 빨려 들어간다. 생명의 끝과 시작이 일어나는 곳, 이 세상과 저 세상이 교차하는 그 지점에서 불확실성과 두려움이 만나면, 과거의 일이 현재 일어나는 것처럼 느껴진다.

지금 생각해도 어머니의 비명은 끔찍했다. 아버지 손에 쥔 휘어진 연탄집게는 무기 같았다. 동네 아저씨들이 아버지를 에워쌌고 어머니는 도망갔다. 놀라서 우는 동생들을 앞집 양 씨네가 데려갔다. 나도 어린아이였는데, 왜 나를 그 무시무시한 현장에 두고 동생들만 데려갔는지 지금도 의문이다. 어머니와 동생들은 모두 피신했고 살기등등한 아버지를 사람들은 멀리서 지켜보고 있을 뿐 가까이 오지 않았다. 단지 나만 얼어붙은 채 아버지 곁에서 아버지의 일거수일투족을 보았다. 괴괴한 공기 속에서 시간이 얼마나 지났는지 모른다. 아버지는 내게 어머니를 찾아오라고 했다. 어린 나는 아버지에게 어머니를 같이 찾자고 했다. 아버지 손을 잡고 어머니를 찾으러 동네를 돌아다녔다. 물론 어머니가 절대 갈 일 없는 곳으로 함께 다녔다. 한참 걸으니 아버지를 덮친 나쁜 기운들이 사라졌고, 아버지는 평상시 모습으로 돌아왔다. 나는 아버지를 집으로 안전하게 모셨고, 이불을 깔고 잠을 잘 수 있도록 도왔다.

일상으로 돌아간 아버지는 새벽부터 밤늦게까지 가족을 부양하기 위해 일을 했다. 그러나 아버지의 폭력은 잊을 만하면 한 번씩 나타났다. 그럴 때마다 아버지의 눈이 돌아가는 것을 관찰할 수 있었다. 아버지는 어떤 특별한 힘에 이끌려 움직이는 것처럼 보였다. 나중에 내게도 그런 힘이 작용하는 것을 알아차렸다.

그것은 엄청난 분노로 표출되었지만, 가슴 깊은 곳에는 상상할 수 없는 비통과 절망이 흥건하게 고여 있었다. 나는 가족세우기를 하면서 아버지에게서 비탄을 넘겨받은 사실을 알았다.

가족세우기 세션에서 아버지 대역은 바닥을 두리번거렸다. 아버지 대역은 "피비린내가 진동해요. 살아 있는 사람을 찾고 있어요. 혼자만 살아남은 것 같아요"라고 말했다. 세션을 마친 후 아버지에게 연락해 한국전쟁 때 어떻게 지냈는지를 물었다.

"죽창을 들고 다니는 사람들을 보면 너무 무서웠지. 그때는 모두 제정신이 아니었어. 나는 어렸기 때문에 참전하지 않았지만, 큰형님은 국군으로 참전했지. 큰형님 목숨이 얼마나 질긴지 대대원이 다 죽고 혼자만 살아 돌아오셨어. 근데 바로 다른 부대로 전출시켜 도로 전장으로 보내진 거야. 전쟁이 끝나고 나서야 집으로 돌아오셨지. 참으로 모진 세월이여. 그 험한 곳에서도 살아 돌아온 양반이 차에 치여 다리가 그렇게 될 줄 누가 알았겠어."

어린 시절 첫째 큰아버지가 의족을 하고 걷는 뒷모습을 보면서, 동네에 살던 상이군인(전투나 군사상 공무 중에 몸을 다친 군인)을 떠올렸던 기억이 난다. 둘째 큰아버지도 군인이었는지 궁금했다. 아버지는 갑자기 눈시울을 적시더니 입을 앙다물었다. 그러곤 한참 후에 입을 뗐다.

"작은 형님도 군대 갈 나이는 아니었어. 그냥 길거리에서 인민군에게 잡혀 끌려갔는데, 한여름에 끌려갔다가 찬바람 부는 동짓달에 도망쳐 왔는데, 그 추운 날 끌려갈 때 입던 모시 적삼을 그대로 입고 있더라고. 다 해진 모시 적삼 구멍마다 이가 새까맣게 들어차 있고, 비쩍 말라서 뼈만 앙상한 게 가뜩이나 큰 눈이 움푹 들어가 차마 눈 뜨고 볼 수 없을 지경이었는데, 사지에서 무슨 꼴을 당했는지 그렇게 속절없이 갔으니, 에이 더러운 세상이야."

둘째 큰아버지는 자살하였다. 전쟁 트라우마로 정신적 고통이 많았던 듯하다. 어릴 때 둘째 큰아버지가 집에 왔다 가면 아버지는 어머니에게 화를 냈다. 자잘한 분란을 일으키는 둘째 큰아버지 때문에 어머니는 스트레스를 많이 받았다.

아버지는 자살을 남사스럽게 생각했기 때문에 자세히 얘기하는 것을 꺼렸다. 하지만 아버지의 상실감이 온몸으로 나에게 전해졌다. 아버지와 나는 이야기를 몇 마디 나누지도 않았지만 뼈가 녹아내리는 슬픔을 함께 느꼈다. 아버지는 형들의 고통에 깊이 공명하고 있었다. 나 역시 부모의 운명이 내면으로 들어와 있다는 것을 아주 생생하게 경험했다. 큰아버지들이 무슨 일을 겪었는지 세세히 알 수 없지만, 그분들의 고통이 내 몸의 감각과 의식의 혼란으로 나타났던 것이 아닐까 싶다. 한 세대가 소화하기 버거운 큰 트라우마는 유전자와 일상을 통해 자녀의 발달 트라우마가 된다.

내가 아버지에게 아홉 살 때 있었던 어머니 폭행 사건과 살인적인 분노에 대해 이야기를 꺼냈다. 아버지는 당시 왜 그랬는지 당신도 잘 모르겠다고 했다. 그러면서 "미안하다. 내가 너한테 잘

못한 것이 많아, 내 가슴이 아프구나" 하며 눈물을 흘렸다.

내 나이 아홉 살 때 우리 집 마당에서 겪었던 전쟁의 괴괴한 기운은 전쟁이 없는 지금도 느낄 수 있다. 큰 교통사고 현장이나 재해 현장, 전쟁영화 또는 전쟁이나 학살 관련 이슈를 다루는 가족세우기 장에서도 똑같이 감지한다. 아이러니한 것은 어머니 아홉 살에 한국전쟁이 터졌다는 사실이다. 어머니가 피난을 가거나 굶주린 것은 아니었지만, 전쟁 내내 음산한 기운에 짓눌려 늘 무섭고 불안했다고 했다.

아버지의 폭력으로 어머니는 큰 충격을 받았다. 어머니는 자살하기로 결심했다. 내가 학교에 간 사이, 네 살이었던 막냇동생을 재우고 대문을 나서는 순간, 막냇동생이 잠에서 깨어나 자지러지게 울면서 맨발로 뛰쳐나와 어머니의 발목을 붙잡고 몸부림쳤다. 어머니는 울부짖는 어린 동생을 보고 다시 살기로 했다. 어머니는 그때 일을 회상하면서 막냇동생의 행동이 참으로 기이하다고 했다. 온 영혼을 다해 어머니를 지키려 했던 어린 동생의 사랑을 생각하면 지금도 목이 멘다.

어릴 적 집안 분위기는 줄타기를 하는 것처럼 아슬아슬했다. 어머니는 끊임없이 아버지 욕을 했다. 아버지가 무섭고 위험한 존재로 보였다. 약한 어머니를 보호해야 한다는 강박증 때문에 청소년기에는 어머니를 대신하여 아버지에게 볼멘소리를 하거나 싸우려고 대든 적도 있었다.

가족세우기를 공부하면서 '인간의 삶을 이해하려면 집단 문화가 만든 규범이나 도덕, 정의를 넘어서는 인식이 필요하다'는 것이 가장 인상 깊었다. 부모와 자녀가 사랑으로 연결되는 지점은 생명 질서 안에서 가능하다. 나는 부모의 운명에서 물러서는 태도를 견지했다. 그럼에도 어머니는 여전히 내게 아버지 욕을 하면서 이런저런 하소연을 했다. 어머니는 아버지를 깊이 사랑하면서, 사랑 대신 미움을 나누느라 헤어지지도 못했다. 어머니는 스스로 당신 삶의 주제를 직면했었어야 했다.

하루는 어머니에게 전화가 왔다. 늘 하던 대로 아버지 욕을 했다. 내가 어머니에게 가족세우기 세션을 해주겠다고 제안했다. 어머니는 흥미롭다는 듯이 응했다.

　"어머니가 아버지와 어떤 관계를 맺고 있는지 내면의 상을 검사해볼까요?"

　"그래, 해봐!"

　"아버지를 상상해보시고요. 아버지 옆에 누가 있나요?"

　"네가 있지!"

　"헉! 저라고요? 그럼, 어머니는 어디 계시나요?"

　"나는 네 아버지 뒤에 있지?"

　"헉! 부부가 같은 서열인데, 어째서 어머니는 아버지 옆에 저를 세우고, 아버지의 부모 자리에서 아버지를 돌보려고 하시나요?"

　"야! 네 아버지 들어온다."

　어머니는 뭔가 뜨거운 것과 맞닥뜨렸는지 급하게 전화를 끊었다. 그 후 한동안 어머니 목소리를 들을 수 없었다. '딸인 나를 아버지 옆자리에 두다니! 어머니의 원가족사에 무슨 일이 있었던 걸까?' 어머니 내면의 상은 다세대의 운명적 얽힘을 보여주는 가족 구조라서 실로 충격적이었다. 주로 근친상간 등의 친족 성폭행이나 모녀관계가 연적 관계로 치환될 때 나타나는 상이다.

이와 관련하여 가족세우기를 했을 때, 내 대역과 어머니 대역은 한편이 되어 아버지 대역에게 주먹다짐을 했다. 아버지 대역은 모녀의 공격에 끄떡하지 않았다. 어머니 대역은 내 대역을 아버지 대역에게 떠밀며 좀 더 가까이 가서 주먹질을 하도록 부추겼다. 나는 마치 어머니의 아바타처럼 보였다. 내 대역은 혼란스러워하며 아버지에게 다가갔다. 아버지 앞에 서자 어머니 눈치를 보며 주먹다짐하는 시늉을 몇 차례 하더니, 그 자리에 철퍼덕 주저앉아 울음을 터뜨렸다. 내 대역이 아버지 앞에서 주저앉아 엉엉 울 때 나도 감정이 북받쳤다. 그런데 대역처럼 큰 소리 내 울고 싶은데 울어지지가 않았다. 감정이 메말라 흐르지 않았다. 속에서 계속 치받치는데 녹아 흐르지 않으니 나중에는 숨 쉬기가 어려웠다.

"아버지 당신은 크시고 저는 작습니다. 당신은 주시고 저는 받습니다."

촉진자의 말을 따라하자 나를 덮고 있던 거품이 사라지면서 몸이 작고 가벼워졌다. 목구멍이 촉촉해지면서 말라 있던 감정이 끈적끈적해지더니 조금씩 녹기 시작했다. 엉겨붙은 생각들이 함께 흘러갔다. 겨우 숨통이 트였다.

"어머니 저는 단지 당신의 딸입니다. 저를 당신의 딸로 보아주세요."

내가 촉진자의 말을 따라하자 내 대역이 장에서 빠져나왔다. 어머니와 아버지 대역이 서로 마주보았다. 어머니 대역은 아버지 대역에게 도끼눈을 뜨고 덤볐다. 금방이라도 육탄전이 벌어질 것 같았다.

촉진자가 외가와 친가 조부모 대역을 세우자, 어머니와 아버지는 자신의 부모 대역을 향했다. 아버지 대역이 할아버지 대역을 보자 그 자리에 얼어붙은 채 숨죽여 울었다. 아버지 대역은 어린아이의 표정을 지었다. 아버지의 표정은 내 얼굴에서도 자주 보았던 표정이었다. 내 안의 슬픔과 서러움은 어쩌면 아버지의 슬픔과 서러움을 넘겨받은 정서 대물림이었는지도 모르겠다.

아버지는 세 살 때 할아버지를 여의었다. 할머니는 아버지를 데리고 재혼을 했다. 일제의 수탈이 극에 달했고, 민초들은 풀뿌리로 연명하던 시절이니, 생존을 위해 홀아비와 재혼한 것이다. 할머니는 두 번째 남편과의 관계에서 두 아들을 낳았다. 아버지는 바쁜 할머니 대신 동생들을 업어 키웠다. 할머니의 두 번째 남편은 할머니와 자기 사이에서 낳은 아들들만 학교를 보냈다. 아버지는 학교 다니는 동생들을 부러워했다. 그사이 첫째 큰아버지가 결혼을 하자, 할머니는 아버지를 큰아버지에게 보냈다. 아버지는 신혼부부 사이에서 천덕꾸러기로 소년기를 보냈다.

아버지는 술을 드시면 "아버지가 살아 계셨다면 지금 이렇게 살지 않았을 텐데…"라고 푸념했다. 가끔 눈물을 흘리면서 "아버지 얼굴을 모르니 꿈에서 만난들 알아볼 수 있을까"라며 할아버지에 대한 그리움을 표현했다.

생각해보면 아버지의 유년기와 청소년기와 청년기는 사회적으로 굶주림과 결핍, 공포와 불안, 상실의 연속이었다. 아버지는 그 지난한 세월을 뚫고 살아냈다.

아버지의 원가족 세션에서 아버지 대역은 할아버지 대역을 바라보며 꼼짝 못 한 채 눈물만 뚝뚝 떨어뜨렸다. 모진 세월 보호자 없이 살아야 했던 어린 아버지의 고통과 설움이 그대로 전달되었다. 나는 아버지를 향해 이마를 바닥에 대고 엎드렸다. 애통함이 온몸에 녹아내렸다.

"아버지, 당신의 운명에 동의합니다. 당신께서 사신 그대로에 동의합니다. 당신께서 그러하셨기에 저는 지금의 제가 되었습니다. 존재했던 그대로 존재하는 그대로에 동의합니다. 저는 이제 당신에게서 오는 힘을 받습니다. 그리고 제게 필요한 것들을 합니다. 당신은 크시고 저는 작습니다. 고맙습니다."

촉진자의 말을 따라하자 마음이 조금 진정되었다. 얼굴을 들어보니 어느새 아버지 대역이 할아버지에게 안겨 있었다. 촉진자는 나를 데리고 형태장 속으로 들어갔다. 할머니를 중심으로 좌우에 할아버지들이 서 있었다. 나는 친할아버지보다 할머니와 두 번째 결혼한 할아버지가 눈에 들어왔다.

원망하는 마음을 알아차렸다. 두 번째 할아버지를 향해 "우리 아버지도 학교에 보내주지. 왜 숙부만 학교에 보냈나요?"라고 따지고 있었다. 두 번 결혼한 할머니를 못마땅하게 여기는 것을 알아차렸다. 촉진자가 어떻게 알았는지 두 분을 향해 고개를 숙이라고 했다. 그리고 두 번째 할아버지를 향해 가족세우기 언어를 따라했다.

"당신은 제 할머니의 두 번째 남편입니다. 제 생명과는 관계없지만 그럼에도 제가 잘 되는 것은 모두 당신 덕분입니다. 저를 축복해주세요."

할머니에게도 말했다. "당신의 재혼을 축하드립니다."

마음이 한결 가벼워졌다. 촉진자는 내게 아버지에게 다가갈 수 있냐고 물었다. 하지만 발이 떨어지지 않았다. 한참을 아버지를 보며 눈물만 흘렸다. 내가 흐느끼자 아버지에게 뭘 잘못했냐고 촉진자가 물었다.

청소년기에 아버지에게 울며불며 자식 차별의 부당함을 호소하며 대든 적이 있다. 당시 시험 기간이어서 밤늦게까지 공부하고 있었다. 아버지가 내 방문을 열더니 "계집이 공부해서 장관이 될래? 차관이 될래? 저것이 사내로 태어났어야 하는데…" 하며 혀를 차면서 전등을 껐다. 내가 밤에 공부하면 전기세를 더 내야하니까 아깝다고 했다. 아버지가 내 방에서 나가자마자 그동안의 설움이 복받쳤다. 그래서 아버지에게 가서 큰소리로 따졌다. 아버지는 당황했다. 아마도 내가 억울해한다는 것을 상상해본적이 없었던 것 같았다. 여자는 한글을 읽을 정도의 교육이면 충분하고, 남자가 시키는 대로 순종하면서 아무 말 없이 사는 존재인 줄 알았던 것 같았다.

아버지가 나를 때리며 집을 나가라고 했고, 나는 짐을 쌌다.

짐이라고 해봐야 당장 입을 옷가지 몇 벌뿐이었다. 나는 책가방에 옷 몇 벌을 넣고 현관문을 나섰다. 어머니는 시끄럽다며 얼른 나가라고 부추겼다. 그때 시간이 새벽 두 시였다. 아버지는 현관문을 열고 나가는 나를 잡아끌면서 말리지 않는 어머니를 비난했다. 아버지는 어머니가 나를 방에 끌어다 재우고 아버지를 위로하길 바랐던 것 같다. 그러나 어머니는 가부장제를 수호하고 동조했기에, 자율적으로 행동하기 어려웠을 것이다.

아버지는 여성을 하찮게 여겼다. 그래서 여자인 내가 공부하는 것이 가당치 않다고 여겼다. 또 대학에 가겠다고 할까봐 공부를 열심히 하는 것도 부담스러워했다. 딸은 시집가면 남이라고 생각했고 투자가치가 없다고 여겼다. 그러면서 당신들의 보험과 연금이 되길 바라는 계산법 때문에, 내 인생은 참으로 고단했다. 그러나 단단했던 아버지에 대한 내면의 상은 대역의 말에 녹아내렸다.

아버지 대역은 안타까운 눈으로 나를 쳐다보며 "저는 딸을 너무 사랑합니다. 딸을 안아주고 싶습니다"라고 말했다.

아버지 대역의 말을 듣자 내 속에 있던 뭔지 모를 감정의 벽이 와르르 무너졌다. 뻣뻣하던 다리가 흐물흐물해지더니 굳은 무릎과 고관절이 부드러워져 걸을 만했다. 나는 천천히 아버지를 향해 걸어가 안겼다. 조부모 세 분도 나를 감싸주었다. 아버지 대역의 몸과 내 몸에서 미세한 떨림이 일어났다. 소리 없는 눈물과 열기가 우리를 감싸 안아주었다.

세션 다음 날 아침, 잠자리에서 눈을 떴을 때 날이 훤히 밝았다. 그때 갑자기 아버지가 했던 말이 떠올랐다. 언젠가 아버지는 내게 "아침에 눈을 떴을 때 날이 훤히 밝으면 나는 깜짝 놀라 정신이 번쩍 들어. 날이 이렇게 밝도록 내가 잠을 자다니. 게으르면 안 되지. 처자식을 굶기면 안 되지. 내가 날이 밝도록 잠을 자다니. 이러면 안 되지"라는 말을 했었다.

가슴속 깊은 곳이 찌릿했다. 아버지에게 미안하고 고마웠다. 아버지와의 연결감 회복은 아버지를 향했던 모든 유감을 작고 부차적인 것으로 만들었다. 마음의 변화라는 것이 신묘할 따름이다.

인간관계의 근원을 알게 된다

나는 사람들과 친해지는 것이 어려웠다. 모임에서 사람들과 어울리지 못했고 관계가 겉돌았다. 사람들과 함께 있어도 혼자 딴 세상에 있는 것 같았고, 투명한 벽이 관계를 가로막고 있어 은둔자 같은 기분에 휩싸일 때가 많았다. 누군가 친절하게 대해주면, 그 따뜻한 감각이 좋으면서도 생소해서 어쩔 줄 몰랐다. 따뜻함과 친밀함 대신 거부당하고 버려지는 긴장감이 내 몸을 지배했던 것 같다.

관계의 어려움이 부모와의 애착 문제에서 왔다고 여겼다. 부모와의 관계가 모든 관계의 원형이기 때문이다. 애착 이론을 공부하며 부모를 재판했다. 마치 부모가 내 인간관계의 어려움을 제공한 원인처럼 생각했다. 반면 아이들에게 무슨 문제가 '생기면 내가 잘못 키워서 그런가' 죄의식에 시달렸다.

그런데 자세히 보니 부모 역시 나와 유사한 문제를 겪고 있었다. '우리 어머니 아버지가 나를 잘못 키워서 그래'라고 치부하기에는 부모도 조부모에게서 태어나 어린 시절을 거쳐 내 부모가 되었다는 사실을 간과할 수 없었다.

조부모 역시 증조부모에게는 어린아이였고, 그들의 양육 환경은 일제강점기와 전쟁으로 공포와 굶주림이 일상이었기에 살기가 불안했을 것이다. 이렇게 부모나 조부모는 공포, 억압, 상실의 시대에 태어나 우리가 상상할 수 없는 지난한 인생을 살았다. 이렇게 보면, 우리의 인간관계는 삶의 여러 가지 이슈와 수 세대의 현안들이 복합적으로 중첩되어 내밀하게 얽히고설킨 결과의 한 측면이라는 것을 알 수 있다.

선대의 처참한 환경에서 오는 트라우마는 무의식과 신경계를 숙주 삼아 후대로 유전되니, 어떤 측면에서 가족은 삶의 원천이면서 동시에 트라우마의 유적지다. 세상의 많은 가정이 아들딸 낳고 잘 사는 평범하고 단란한 가정으로 보이지만, 그 속에 사는 가족원은 밀착관계이거나 단절관계 속에서 고통을 겪는다.

나 역시 평범해보이는 가정에서 자랐지만, 정서적으로는 고아였다. 정서적으로 늘 허기졌기 때문인지, 아무리 먹어도 배가 고팠다. 부모화를 강요하는 부모의 기대에 가랑이가 찢어질 것 같았다. 그렇다고 '무슨 엄마 아빠가 저래!' '어떻게 엄마 아빠가 나한테 이럴 수 있어!'라고 퉁치기에는 부모도 당신의 운명에서 자유롭지 못했다는 것을 직면해야 했다. 우리는 태어날 때 우리 부모의 인생도 시작되었다고 착각한다. 부모에게도 어린 시절이 있었고 부모의 삶에 영향을 주는 많은 것이 있었다는 것을 볼 수 있다면, 우리가 상상하는 대로 부모가 살 수 없었다는 것을 알게 된다.

가족세우기를 통해 분명히 알 수 있는 것은, 부모의 운명에 대해 판단하고 평가하는 사람을 보면 그의 자녀 역시 그가 부모에게 하는 것과 똑같은 행동을 한다는 것이다.

딸이 중학교 다닐 때 일이다. 딸은 집에 있으면 답답하다고 했다. 그러더니 귀가 시간이 점점 늦어졌다. 내가 통행 금지 시간을 정하니 딸이 내게 몹시 분노하며 대들었다.

딸이 답답하다고 했던 시기에 나 역시 화병으로 숨쉬기가 힘들었다. 나는 청소년기에 딸과 유사한 경험을 했다. 사춘기 시절 어머니는 내게 감당이 안 된다며 하소연했다. 어머니, 나, 딸로 이어지는 분노의 감정과 부모의 권위가 상실되는 패턴은 대를 이어 흐르고 있었다. 부모가 권위를 상실하면 가장 힘든 사람은 자식이다. 나는 살기등등한 분노 패턴을 풀기 위해 가족세우기 세션을 했다.

나는 나와 부모 대역을 세웠다. 살인적인 분노가 어느 쪽에서 오는 것인지 알아보기 위해서였다. 내 대역은 어머니를 향했다. 어머니 세대, 할머니 세대, 증조할머니 세대, 모계를 종렬로 세웠다. 내 대역이 윗대로 거슬러 올라갔다. 내 대역은 증조할머니 세대에서 걸음을 멈추었다. 증조할머니는 바닥을 보았다. 촉진자는 증조할머니 앞에 한 사람을 눕혔다. 증조할머니는 어떤 죽음에 대해 가슴 아파했다. 촉진자는 남자를 추가로 세웠다. 내 대역은 그를 주시했다. 그는 사시나무 떨듯 떨고 있었으며 매우 고통스러운 모습이었다. 나는 그가 할아버지로 보였다.

윗대에서 어떤 사건이 벌어졌는지 모르지만, 깊은 원한이 풀리지 않은 채 6대째 대물림되고 있다는 것을 볼 수 있었다. 나는 내면에서 일어나는 분노의 강렬함이 윗대에서 오는 원한의 힘과 유사함을 체험했다. 어머니의 좌절감이나 나와 딸의 분노는 윗대에서 넘겨받은 느낌이었다.

나는 세션 내내 세포 하나하나가 눈물과 콧물과 땀으로 녹아내리는 경험을 했다. 극심한 아픔과 슬픔이 느껴졌다. 몸속에 숨겨진 고통이 녹아내리는 통증을 느꼈다. 동시에 고마움과 가벼움도 느꼈다. 나는 운명에 저절로 고개를 숙였다. 기꺼이 받아들이는 태도가 일었다. 돌이켜보면 내가 그때 할 수 있던 것은 오직 받아들이는 것뿐이었다.

그 세대에서 무슨 사건이 벌어졌는지 모르지만, 그 깊은 원한은 풀리지 않은 채 분노와 살기가 되어 6대째 정서 대물림되고 있다는 사실은 분명했다. 그 세대에서 오는 힘은 너무나 강렬했다. 내 세포 하나하나가 눈물과 콧물과 땀으로 녹아내렸다. 극심한 고통이 느껴졌다.

막내아들이 주검이 되어 관으로 들어갈 때 느꼈던 고통과는 완전히 달랐다. 그때는 가슴과 몸이 갈가리 찢어지는 고통을 느

껐다면, 가족세우기 장에서는 몸속에 숨겨진 고통이 녹아내리는 통증을 느꼈다. 몸은 너무나 고통스러운데 신기하게도 그저 감사한 마음이 올라왔다. 나는 운명에 저절로 고개가 숙여졌다. 기꺼이 받아들이는 태도가 일었다. 돌이켜보면 내가 그때 할 수 있는 것은 오직 받아들이는 것뿐이었다.

세션 후에 촉진자는 명상을 했다. "우리는 이제 모든 한국의 어머니들을 바라봅니다. 수 세대를 거쳐, 모든 어머니에게 어떤 일이 일어났는가를 바라봅니다. 어머니들이 남자들과 무슨 경험을 했는가를 봅니다. 모든 어머니가 어떠하셨든 그분들을 통해서 생명은 계속 흘렀습니다. 세대를 넘어 우리에게 왔습니다. 이제 어머니가 우리를 위해 무엇을 했는가 봅니다. 아버지를 향한 어머니의 사랑을 봅니다. 우리 생명은 거기서 시작됐습니다. 어떤 힘이 그분들을 남자와 여자로 만나게 했고, 배 속에 있는 아기를 느끼며 생각하게 했습니다. 어머니는 아기인 우리를 기대와 두려움을 가지고 기다렸습니다. 우리가 태어났을 때 우리를 안고 젖을 먹이고 사랑으로 눈을 맞추고 업어 키우셨습니다. 그러나 어머니도 친정에 운명적으로 얽혀 있었기에 어려움이 많았습니다. 그럼에도 생명의 흐름은 틀린 것이 없었습니다. 더할 것도 뺄 것도 없이 온전하게 흘렀습니다. 우리는 어머니를 통해 온전한 생명을 받았고 조상들도 다 그렇게 받았습니다. 우리도 부모로서 자녀에게 생명을 줍니다. 모두는 생명에 봉사했습니다. 살아 계신 그대로 생명에 봉사하고 있습니다. 이제 우리 마음을 열어 어머니를 통해 온 생명을 넘어 모든 생명이 있게 한 힘을 봅니다.

그리고 어머니 안에 이미 존재하는 그 힘을 동시에 봅니다. 이 힘은 어디에도 없고 오직 어머니 안에서만 볼 수 있습니다."

어떤 운명적 사건이 있었기에 내가 이 땅에 왔으며, 그 생명이 나를 통해 흐르는 것이다. 어머니 대역과 마주섰을 때, 그는 눈물을 흘리며 나를 안아주었다. 한동안 깊은 위로를 느꼈다. 내가 충분한 느낌을 받자, 어머니 대역이 나를 뒤돌아 세워 등을 살짝 밀었다. 나는 어머니를 떠나고 싶지 않았지만, 어머니는 등을 살살 밀며 앞으로 가라고 손짓을 했다. 어머니를 떠나려니 죄책감이 들었다. 무겁게 발걸음을 떼었지만, 어머니와 멀어질수록 몸과 마음이 가벼워졌다. 나는 어머니를 어머니 운명에 두고 물러섰다. 등 뒤에서 오는 무한한 축복을 느꼈고, 그저 고마움으로 감개무량했다.

세션이 끝나고 나서 사람들이 내게 힘이 느껴진다고 했다. 살기殺氣는 사람들이 내게 함부로 침해하지 못하게 하는 보호 에너지임을 자각했다. 땅에서 오는 지지감이 발바닥에서 강하게 느껴졌고, 살기는 창조적 움직임으로 작용했다.

가족세우기 세션을 마치고 집에 가니 딸이 나를 기다리고 있던 눈치였다. 나는 머뭇거리며 내게 오는 딸을 안아주었다. 딸은 "엄마, 미안…" 하고 말했다. 딸은 내 품 안에서 흐느꼈다. 내가 처음 가족세우기를 했을 때, 촉진자가 "부모가 정신을 차리고 살면 아이들은 걱정할 것이 없다"라고 했다. 나는 가족세우기를 공부하는 내내 부모의 얽힘이 풀리면 자녀도 고통에서 자유로워지는 동시성을 경험했다.

어머니에게 갔다. 딸처럼 변화가 있지 않을까 기대했다. 어머니는 여전했다. '어머니는 어머니의 원가족에 귀속되기 위해 그렇게 살아야 되는가보다'라고 생각했다. 어머니가 다르게 살길 바라는 내 마음을 알아차리며 따뜻하게 어루만졌다.

'네, 어머니, 당신의 원가족을 향한 당신의 사랑을 사랑하고 존중합니다. 저는 더 이상 관여하지 않습니다. 물러섭니다. 당신은 그렇게 사셔도 저는 아이들과 행복하게 삽니다.'

2014년 어머니가 지병으로 위독해졌다. 나와 형제들은 호스피스 병동이 있는 병원 1인실로 어머니를 모셨다. 어머니는 의료진의 극진한 보살핌을 받았다. 덕분에 일 년 정도 더 사셨다.

"명화가 누구예요?"

간병인이 내게 물었다.

"제가 명화인데요."

"어머니가 8시쯤 주무시는데요. 딱 8시 30분만 되면 잠꼬대를 하는데 큰소리로 두 사람을 불러요. '오빠'하고 '명화'요. '명화야, 명화야' 하도 애절하게 불러서 누군지 궁금했어요."

나는 오빠가 궁금했다. 어머니는 첫째이기 때문에 오빠가 없다. 내가 어머니에게 어떤 오빠냐고 묻자 잘 모른다고 했다. 어머니가 매일 밤 꿈속에서 나와 오빠를 애타게 만나고 싶어 한다는 간병인의 말을 들을 때, 마음속 고름을 짜내는 것 같았다.

어머니는 눈 감고 잠이 들어야 내게 어머니로 존재할 수 있는가 보다. 어떤 상이 어머니를 사로잡아 돌아가시는 날까지 나와 어머니 관계를 방해했는지 모르겠지만, 그 모든 것들은 2015년 5월에 어머니가 돌아가시면서 추억이 되었다.

이제 나는 가슴에서 어머니를 만난다. 내 가슴의 공간은 초등학교에 입학한 지 얼마 안 되는 따뜻한 봄날이다. 동생들을 데리고 나를 마중나온 젊은 어머니가 나무 그늘에서 내가 오는지 목 빼고 바라보는 모습이 보인다.

어머니를 발견한 여덟 살의 나는 "엄마!" 하며 신발주머니를 흔들며 뛴다. 어린 동생들도 나를 보자 "누나!" 하며 나를 향해 뛴다. 우리는 중간에서 만나 서로 부둥켜안는다. 동생들은 내 신발주머니를 서로 들겠다며 실랑이를 한다. 내가 작은동생에게 신발주머니를 주고 큰동생에게 책가방을 주니, 둘은 마치 초등학생이 된 것처럼 폼을 잡는다. 어머니에게 다가가자 책가방과 신발주머니를 받아준다. 홀가분해진 나와 동생들은 폴짝폴짝 뛴다.

다른 상도 있다. 가족세우기 세션 장면처럼 어머니와 내가 일정한 거리를 두고 서로 바라본다. 더 이상 가까워지지 않는 거리에서 알 수 없는 아픔과 먹먹한 슬픔이 둘 사이를 채우고 있다. 아마도 어머니에게 다가가지 못하는 것은 더 이상 아프고 싶지 않아서인지도 모르겠다. 어머니와 가까워질수록 알 수 없는 슬픔으로 고통스럽다.

그런 감각을 느낄 때마다 원가족의 운명적 얽힘을 뒤로 하고, 지금 여기로 오는 작업을 한다. 이 작업에서 언제나 어머니는 나를 축복으로 떠나보낸다. "잘 살아라." 어머니의 짧은 인사가 등에 닿을 때, 가슴속에 아릿하게 박힌 통증을 알아차린다.

"네, 어머니. 저 여기서 조금 더 살다가 당신께 가겠습니다. 당신은 당신인 그대로 제 어머니이십니다. 당신은 주시고 저는 받습니다. 당신께서 어떻게 사셨든 존재했던 그대로에 동의합니다. 이제, 당신은 저에게서 자유롭습니다. 저는 당신에게서 오는 힘으로 어떤 것을 하겠습니다. 고맙습니다." 나는 스스로 어머니의 운명에서 물러서는 겸손을 훈련한다.

한 세미나에서 지인을 만났다. 거의 10년 만이었다. 그는 나를 한참 만에 알아봤다. "성형수술 했어요?" 그는 웃으며 농담을 했다. 오랜만에 만나는 사람들은 내 변한 모습에 찬사를 아끼지 않았다. 인간관계도 편안해졌다. 모임에서 누군가 내게 말을 걸지 않아도 연결감을 가지고 편안하게 있을 수 있게 되었다. 전에는 가만히 있어도 불편하고 어떤 행동을 해도 불편했다. 화병이 사라지면서 들뜬 목소리가 잦아져 조용히 대화를 나눌 수 있게 되니 이제는 즐겁다.

인간관계와 의사소통을 잘할 수 있는 근원적인 힘은 어디에서 올까. 우리가 부모의 사랑으로 생겼고, 부모가 우리를 낳아 자녀로 받아들였으며, '먹이고 입히고 기르신 사랑을 받아들이는 것'에서 온다. 이 받아들임이 다른 모든 관계를 위한 첫 번째 관문이다. 우리가 자녀로서 부모에게 "당신은 생명을 주시고 저는 생명을 받습니다"의 받아들임을 통과하면 부모를 떠나 다음 관계로 향할 수 있다. 성인기에 발생하는 문제 대부분은 부모와의 관계에서 받아들임이 완성되지 않았기 때문에 일어난다.

두 번째 대표적인 관계는 사랑의 관계다. 이성관계든 동성관계든 다 해당된다. 일반적으로 사랑하는 남녀는 개인적 성향과 각자의 원가족 이슈 등으로 복잡하게 얽힌다. 이들이 함께 두 번째 관문을 통과하려면 부모와 배우자를 혼동해서는 안 된다. 대부분 상대에게 거는 기대는 자신의 부모에게 받지 못한 사랑이다. 부모를 받아들임이 완성되지 못하면 관계에 어려움이 생긴다. 아내는 남편에게 좋은 아버지를, 남편은 아내에게 좋은 어머니를 갈망하기 때문이다. 자신의 부모와의 관계가 온전하게 완성될 때 비로소 남녀가 행복하게 만날 수 있다.

부모는 주고 자녀는 받는 '주고받기'는 다음 세대를 잇는 '수직적 생명 질서'다. 수직적 생명 질서는 세대를 통해 흐르는 사랑의 질서로써, 부모·자식관계에서 흐른다. 부모는 그의 부모에게 생명을 받고 자녀에게 준다. 부모의 자리는 위에 있으며 자녀의 자리는 아래에 있다. 마치 물이 위에서 아래로 흐르는 것과 같다.

남녀관계는 본질적으로 서로 없는 것을 동시에 주고받는 수평적 생명 질서를 따른다. 인간관계 역시 주고받음으로 관계를 조절한다. 이 주고받음이 잘 안 되는 사람은 부모와의 주고받음을 완성해야 한다.

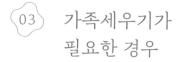

03 가족세우기가
필요한 경우

가족세우기를 경험한 사람들은 고민이 있다고 하면 "세워봐"라는 말부터 한다. 가족세우기는 돈 문제, 가족 간의 갈등, 우울, 분노, 폭력, 자폐, 정신분열, 해리장애, 자살 충동 등 삶의 가벼운 문제부터 생사까지 다양한 문제를 치유하는 효과적인 방법이다. 우리 사회의 병리 현상이나 개인의 어려움은 언제나 다세대적으로 연결되어 있기에 맥락적인 인식이 필요하다. 가족세우기는 부모와 윗대의 아픔을 내 아픔으로 가져와 눈 감아버리는 사랑에서 깨어나, 지금 여기에서 행복하게 살 수 있도록 돕는다.

부모와 서먹하고 행복하지 않은 경우

효진은 부모와 거리를 두고 산다. "사람들은 저를 부러워해요. 우리 집안은 대대로 부자였고 믿음의 가정을 이루며 잘 살았거든요. 부모님 사이도 좋고 저를 잘 키워주셨어요. 저는 말썽을 피운 적도 없고 학교 성적이 좋아 집안의 자랑이었기 때문에 늘 사랑과 지지 속에서 살았어요. 그런데 이상하게 부모님과 서먹하고 행복하지 않아요. 어른들이 웃으며 다리 밑에서 주워 온 딸이라고 했을 때 거짓말인 줄 알면서도 철석같이 믿고 싶을 정도로 외로움과 소외감을 느꼈어요. 부잣집 아들인 아빠는 미인대회 출신인 엄마와 결혼을 했고 저는 엄마를 닮았어요. 회사에서 인기도 많고 어디를 가든 사람들은 저와 친하게 지내고 싶어해요. 그런데 친한 사람이 없어요. 게다가 마흔이 넘도록 연애를 못 해봤어요. 연애하려고 노력했지만, 교제 기간이 6개월을 넘긴 적이 없어요. 저는 경계 밖에 홀로 있는 사람 같고 늘 긴장 상태입니다. 외로움 때문에 사람들 속에 섞여 있지만, 마음의 교류가 일어나지 않습니다. 부족한 것이 없는 환경 속에서 저는 왜 이렇게 살까요?"

효진의 할아버지는 두 집 살림을 했다. 그 시대에는 사회적으로 중혼이 허용되었기 때문에, 효진의 할아버지처럼 돈이 많은 사람은 부인을 여럿 두었다. 첫째 부인인 효진의 할머니는 효진의 아버지와 살았고, 할아버지는 둘째 부인과 자녀를 낳고 살았다. 효진은 할아버지의 둘째 부인과 자녀를 무시하고 제외했다.

아이러니하게도 효진은 아버지의 둘째 부인의 딸이다. 효진의 아버지는 효진의 어머니와 외도를 했다. 효진의 아버지는 효진을 임신하자, 첫째 부인과 이혼했다. 효진은 자신이 둘째 부인의 딸이라는 것을 부끄럽게 여긴다는 사실을 인식했다.

효진은 '제외하면 제외당한 사람과 똑같은 마음으로 산다'는 것을 깨달았다. 또 여러 여자들과 바람을 피는 할아버지와 아버지를 혐오하는 마음을 알아차렸다. 효진은 남성성의 원형인 아버지를 하찮게 여기니, 남자와의 연애가 안 될 수밖에 없다는 것을 통찰했다.

병순에게는 트라우마가 있다. "저희 집은 종갓집입니다. 엄마는 딸 셋을 낳았지만, 아들을 낳기 위해 애를 쓰셨죠. 저는 있으나 마나 한 셋째 딸입니다. 남존여비사상이 뼛속 깊이 박힌 할머니와 부모님은 막내 남동생에게 온갖 정성을 쏟았지요. 저는 차별에 대한 저항으로 중학교 때 유서를 써놓고 집을 나갔다가 밤늦게 돌아왔어요. 하지만 식구들은 내가 나간 줄도 모르더군요. 화가 나서 유서를 쓰레기통에 버리고 잠을 잤습니다. 며칠 후에 이 사실을 알게 된 언니가 가족에게 말을 했지만, 누구도 관심을 보이지 않았습니다. 엄마는 종부 역할과 밥벌이를 하느라 손톱이 자랄 새가 없었습니다. 그렇게 모은 우리의 등록금을 아버지가 도박 자금으로 몰래 쓰려고 훔쳐 달아났습니다. 그런 일이 있으면 엄마는 영락없이 딸들을 때렸습니다. 온몸에 보라색 멍이 들어 학교에 가지 못할 정도였습니다. 엄마에게 딸은 화풀이 대상이었습니다. 세월이 흘러 제 딸이 딸을 낳았습니다. 저와 엄마는 머리카락이 하얀 할머니가 되어 같이 늙어가고 있습니다. 그런데 엄마와의 관계에서 제 마음은 여전히 매를 맞던 어린아이 시절에 머물러 있습니다. 저는 교육도 많이 받고 교장으로 은퇴한 사람이지만, 엄마에 대한 미움과 차별에 대한 서러움이 가슴을 꽉 채워 잠을 잘 수 없을 정도로 답답합니다. 이제 내려놓고 싶습니다."

병순의 할아버지는 월북했다. 아버지는 엘리트였지만 월북한 할아버지 때문에 연좌제에 걸려 취직을 할 수 없었고 하는 일마다 실패했다. 외할아버지는 한국전쟁 때 인민군에게 부역했다는 이유로 국군에 의해 생매장당했다. 외할머니는 충격을 받아 정신이상이 되었고 어느 날 강에 빠져 실종됐다. 어린 어머니는 돌봄을 받지 못한 채 굶주렸다. 친척들이 외가의 재산을 나눠 가졌고 어머니를 고아원으로 보냈다.

병순의 사례처럼 한 세대가 겪었던 전쟁으로 인한 폭력과 공포, 상실과 굶주림 등의 충격은 다음 세대까지 대물림되기도 한다. 한 세대의 큰 트라우마가 그들의 자녀에게 발달 트라우마로 전이되는 것이다. 병순의 딸은 출산 후 "나는 아무 말을 하지 않는 엄마가 정말 무서웠어요. 잘못했을 때 혼났으면 시원하게 풀렸을 텐데, 압박감이 너무 힘들었어요"라고 말했다.

병순은 그제야 자신의 어머니는 물리적인 폭력을 썼고, 자신은 정신적인 폭력을 휘둘렀다는 사실을 인식했다. 부모에게 저항하며 부모와 다르게 살겠다고 다짐했지만, 부모와 다르게 살지 못했다. 결국 정화되지 않은 상처는 다음 세대로 넘어간다는 사실을 병순은 깨달았다.

평상시 화병으로 살기등등하거나 자녀 양육이 버겁다면, 부모와의 관계가 어떠한지 살펴보길 바란다. 부모에게서 오는 생명의 힘을 온전히 받을 때 자녀 양육이 수월해지고, 삶의 환경이나 조건이 어려워도 그것이 존재를 훼손하지 않는다는 것을 알게 된다.

인간관계가 어려운 경우

가족세우기는 갈등관계 속에 숨겨진 사랑을 보여준다. 특히 부모와의 관계는 인간관계의 원형이기에 가족관계가 풀리면 인간관계가 동시에 풀린다. 왕따나 은따, 피해의식이나 죄의식에 시달리는 사람들은 가족세우기를 통해 관계 역학을 보고 풀어내는 과정에서 새로운 인식이 일어난다.

미애는 인간관계로 힘들어한다. "저는 인간관계가 어렵습니다. 회사나 모임에서 누군가가 제게 먼저 인사를 하면 기분이 좋지만, 다른 사람에게 먼저 인사를 하면 기분이 상합니다. 나와 속닥거리는 것은 좋지만, 내가 아닌 다른 사람들이 서로 속닥거리면 왕따를 당한 것 같아 불안하고 다시는 그와 대면하고 싶지 않습니다. 밥 먹을 때나 차 마실 때 나를 빼놓고 가면, 그날은 온종일 우울합니다. 또 여럿이 밥을 먹으면 내가 밥값을 낼 때가 많고, 밥값을 낼 때마다 우월감을 느낍니다. 나눠내기로 하고 일단 내 카드로 결제하고 나서 밥값을 달라는 말을 못 합니다. 사람들이 얼마냐고 물으면 "아, 됐어"라고 쿨하게 답하지만, 속으로는 돈이 아깝다고 생각합니다. 저는 왜 이렇게 유치할까요? 성숙한 어른으로 살고 싶습니다."

미애는 직원들이 밥 먹을 때나 차 마실 때 자기만 빼놓고 가는 바람에 속상하다. 그룹에서 다른 사람들이 서로 친한 모습을 보면 자신을 무시한다고 인식했다. 그녀는 세션을 통해 모든 사람에게 중요한 사람으로 인정받고자 하는 욕구를 보았다.

"저는 왜 이렇게 인지 왜곡이 심할까요?" 그녀는 사람들이 자신을 우선 챙겨야 하고, 자신에게 먼저 인사를 하지 않으면 의기소침해지면서 자신을 무시한다는 생각의 고리들을 인식했다. 자신이 다른 사람보다 크게 느껴지는 거대한 자아감은 '저는 그렇게 중요한 사람이 아닙니다'라는 가족세우기 언어를 통해 바람이 빠지는 듯했다.

효진, 병순, 미애의 공통점은 심리적 서열이 실존적 서열과 다르다는 것이다. 이들은 심리적으로 자기 자리에 존재하는 대신 부모나 선대의 서열로 올라가 조상의 비극적인 운명을 풀어 행복하게 해주려고 했다. 이것을 자녀의 '눈먼 사랑'이라고 한다. 눈먼 사랑이란 할 수 없는 일을 하려는 무의식적인 움직임이다. 가족세우기는 무의식적인 역동을 생생하게 보여주는 방법이기 때문에, 눈먼 사랑의 움직임을 인식할 수 있다. 우리가 배워야 할 것은 부모를 부모의 운명에 두고 물러서는 겸손이다. 이 겸손은 부모를 등 뒤에 둠으로써, 우리를 앞으로 가게 하는 힘이다.

운명적 얽힘으로 고통스러운 경우

미애는 직장뿐만 아니라 가족 안에서도 제외당한다고 했다. 가족을 세웠을 때 그녀의 대역은 부모의 윗대로 올라가 증조할아버지 옆에 섰다. 내가 누가 제외되었냐고 묻자 아들을 낳지 못한 증조할아버지의 첫째 부인을 기억했다. 증조할아버지의 첫째 부인은 시어머니인 고조할머니에 의해 아들을 낳지 못했다는 이유로 딸을 남겨둔 채 쫓겨났고 후에 자살했다. 증조할아버지의 첫째 부인의 딸인 고모할머니는 미애를 유난히 예뻐했다. 고모할머니는 미제 장사를 했기 때문에 가족 행사 때 만나면 미제 초콜릿과 사탕을 챙겨주었다.

미애의 증조할머니는 둘째 부인으로 들어와 미애의 할아버지를 낳았다. 하지만 증조할아버지의 마음은 첫째 부인에게 있었다. 미애의 증조할머니는 아들을 낳았음에도 남편의 사랑을 받지 못했다. 증조할머니는 남편의 심리적인 부재를 아들과의 밀착 관계를 통해 충족했다. 이러한 관계 패턴은 대물림되어 미애의 어머니 역시 아들을 남편 삼아 살고 있다. 미애의 남동생은 결혼할 기회가 몇 번 있었지만, 번번이 실패했다.

가족세우기 세션을 하면서 미애는 자신이 증조할아버지의 첫째 부인과 동일시되었다는 것을 알아차렸다. "당신은 증조할아버지의 첫째 부인입니다. 당신의 비극으로 제가 태어났습니다. 제가 잘 되는 것은 당신 덕분입니다. 저를 축복해주세요."

미애 대역이 서 있던 자리에 제외되었던 증조할아버지의 첫째 부인이 섰다. 그러자 가족원들이 각자의 자리를 찾아 섰다. 미애도 자신의 자리에 섰다. 가족공동체가 한 호흡으로 움직이는 모습을 볼 수 있었다.

운명적 얽힘의 대물림은 세 가지로 확인할 수 있다. 공동체 구성원들이 존재하는 그대로 귀속되는지, 각자가 서열에 맞는 자리를 차지하는지, 부모에게서 오는 운명을 판단 없이 받아들이는지를 알아차리는 것이다.

지금은 상상할 수 없는 일이지만, 1990년대 초까지만 해도 아들을 낳지 못하는 며느리는 죄책감과 열등감에 시달렸다. 훨씬 이전 조선 시대 며느리들은 '칠거지악七去之惡'°이라는 규범으로 이혼을 당했다. 칠거지악을 내세워 며느리를 내쫓으면, 누구하나 뭐라고 하는 사람이 없던 것은 그 공동체를 결속시켰던 관습이었고, 그 관습이 구성원들의 도덕적 집단양심으로 작용했기 때문이다.

현 시대에는 악습이라고 할 수 있는 비도덕이, 과거 시대에는 너무나 당연한 사회 규범이었고, 모든 사람이 지키는 도덕적 양심이었다. 미애의 고조할머니는 가부장 공동체를 유지하기 위해 양심의 거리낌 없이 아들을 낳지 못한 며느리를 내쫓았다. 누군가를 제외하면서 당연하다고 여기며 떳떳한 적이 있는가? 사회 규범이나 관행 그리고 도덕적 양심은 절대 불변의 진리가 아니라, 시대와 문화에 따라 지속적으로 변화하고 발전하는 사람의 의식일 뿐이다.

° 조선 시대에는 부부의 이혼 사유를 아내의 칠거지악으로 규정했다. 아들을 낳지 못하는 것, 부정한 행위, 시부모를 잘 섬기지 못하는 것, 수다스러움, 도둑질, 질투, 나쁜 병을 허물로 여겼다.

부부·연인관계가 어려운 경우

연인관계는 인간관계 중에서 가장 친밀한 관계이며 큰 행복감을 느끼게 한다. 그런데 남녀가 함께 살면 왜 힘들어질까? 핵심은 각자 속한 공동체가 달랐기 때문이다. 신혼집에는 신혼부부와 그들의 부모까지 여섯 명이 산다는 말이 있다. 신혼부부는 자신의 원가족의 생활양식을 가지고 새로운 가정을 꾸린다. 서로 낯선 생활 습관 때문에 흥미롭기도 하지만 당황스럽기도 하다.

부부가 원가족에서 온 자신의 생활양식을 고집하지 않고, 상대에게 원가족의 생활양식에서 오는 습관을 고쳐야 한다고 강요하지 않으면서, 새 가정의 상황에 맞는 질서를 만들어간다면 어떨까? 그런데 이것이 생각보다 어렵다. 부부는 자신의 부모에 대한 충성심 때문에 무의식적으로 부모가 살았던 방식대로 살려고 하기 때문이다. 그래서 원가족의 생활양식을 포기하거나 바꿔 새로운 질서를 만드는 것에 거리낌을 느낀다.

부부가 가정을 꾸릴 때 남녀로서 갖는 내밀한 관계에 부모나 다른 사람들은 제외되어야 한다. 남녀가 이루는 가정의 경계 밖에 머물러야 부부관계가 보호되기 때문이다. 미애의 세션에서 고조할머니는 가부장 가족체제를 유지하기 위해 아들을 못 낳은 첫째 며느리를 내쫓았다. 미애의 증조부는 첫째 부인에 대한 연민 때문에 둘째 부인과 남녀로서 친밀한 관계를 맺지 못했다. 이 사건은 둘째 부인이 남편 대신 아들과 심리적으로 남녀관계를 맺어 후세대의 운명적 사건이 되어 불행이 대물림되었다.

미애 고조할머니의 공동체 유지를 위한 선한 마음은 집단양심에서 온 것이다. 양심은 우리 내면에서 균형 감각 기관처럼 작용한다. 공동체의 가치나 규범을 어기면 양심의 거리낌과 죄책감으로 불편해진다. 이는 공동체에서 제외당할까 봐 두렵기 때문이다. 우리는 공동체에 귀속되기 위해 공동체가 정한 도덕과 규범에 맞게 행동하며 안심한다. 미애의 증조부와 고조모는 가부장 공동체의 관행을 이행함으로써 귀속감을 가졌다. 이것은 도덕적 집단양심의 기능이다. 거리낌 없는 양심으로 증조부와 고조모의 모자관계는 더 깊은 결속을 갖고, 가부장 공동체에 대한 충성으로 귀속감을 갖는다. 이러한 집단양심의 사랑은 제한적이기에 제외되는 사람들이 있다. 미애의 사례에서 볼 수 있듯이, 가부장 공동체에서 아들을 낳지 못하는 며느리는 제외되었다.

지금은 아들을 낳지 못한다고 쫓겨나는 며느리는 없다. 이처럼 양심은 시대, 문화, 공동체에 따라 다르게 발전한다. 그러므로 부부 각자가 원가족의 양심을 자원으로 삼아 자신들의 상황에 맞는 양심을 개발하는 것이 좋다.

형제관계가 꼬인 경우

병순의 부모는 아이들이 어렸을 때부터 "종산宗山 땅도 아들 것이고, 시골 땅도 아들 것이고, 시골집도 아들 것이고, 서울 아파트도 아들 것이고, 모든 재산이 아들 것"이라고 했다. 병순은 어렸기 때문에 그 말이 무슨 의미인지 몰랐다. 부모가 모두 돌아가시자 상속 문제로 갈등이 일어났다. 남동생이 장손이라는 것을 앞세워, 남은 재산을 모두 가지려고 했기 때문이다. 그러나 병순 자매들은 남동생이 결혼할 때 재산의 절반 이상을 상속받았기 때문에 남은 재산은 나누자고 했다. 상속은 법대로 이루어졌고 이후 남동생은 누나들과 의절했다.

병순의 사례처럼 부모가 평소 장자나 특정 자식에게 더 많은 재산을 상속하려거나 장자 스스로 더 많은 재산을 상속받아야 한다고 주장하는 등 상속 문제로 가족세우기를 하는 경우가 있다. 가족세우기에 참여한 장자들은 대를 잇는 권리가 자신에게 있으며, 자신은 다른 형제들보다 고귀하며 특별한 위계를 가졌다는 표상을 가지고 있었다. 그래서 태어난 순서대로 자기 자리를 차지하는 형제 서열을 무시했고, 자신이 첫째 자리를 차지해야 한다고 여겼다. 게다가 자신과 견해를 달리하는 형제는 무례하며 자신을 무시한다고 생각했다. 이처럼 여러 형제 중의 한 사람으로 있지 않은 장자는 서열에 대한 비질서적인 상으로 인해, 형제관계에서 기대가 좌절되고 자존심에 상처를 입었다. 이러한 장자의 태도는 유산 상속 과정에서 형제 갈등의 요인이 되었다.

가부장 가족체제에서의 장남 우대 문화뿐만 아니라, 형이 장애를 가지고 있었기 때문에 동생 역할이 컸다든지 아니면 경제적으로 넉넉한 동생이 집안 대소사를 챙겼다든지, 또는 형제 중 누군가가 어릴 때 죽었거나 입양 보내는 바람에 가족 안에서 제외당하는 등, 형제 갈등은 다양한 사건들이 얽히고, 형제의 서열이 뒤엉키면서 일어난다.

외부적인 어떤 제한이나 강요가 없는데도, 어릴 때부터 부모를 책임져야 할 것 같은 강박증이나 막내인데도 맏이처럼 행동해야 할 것 같은 기분을 갖는 것은 운명적 얽힘으로 일어나는 무의식적인 가족 역동이다. 이들은 윗사람처럼 행동하며 집안 대소사에서 맏이 역할을 하며 누나나 형을 무시하는 등 가족관계의 어려움을 겪는다.

부모의 원치 않는 임신으로 태어났거나, 차별을 받은 자녀의 경우 '손해를 봤다'는 상을 가지고 있어 부모에게 유산으로 보상받으려는 욕구가 있다. 이것은 부모의 돌봄과 관심이라는 심리적 욕구를 물질적 유산으로 대신 충족하려 하기 때문이다.

사회적으로 성공하여 어떤 권력이나 경제력을 가진 동생이 첫째 자리를 차지하려고 할 때, 형제 사이에서 분란이 일어나기도 한다. 형제관계는 각자가 사회적으로 어떤 지위에 있든 가족 내 서열을 존중할 때 원만해진다.

의사결정이 어려운 경우

효진은 파격적인 스카우트 제의를 받았다. 그러나 선뜻 결정을 내리지 못했다. 세션에서 너무나 많은 의도와 느낌, 여러 가지 희망과 소원들이 골안개처럼 자욱하게 엉겨 있음을 알아차렸다.

효진은 마음먹었던 것들을 하나씩 내려놓는 작업을 지속하였고, 인식의 움직임이 일어났다. 효진이 깨달은 것은 결정적인 순간에 치고 나가지 못하는 패턴이 인생 전반에 흐르며 그것은 자신의 출생을 비관하기 때문이라는 사실이었다.

결정 장애나 선택 장애가 있다고 말하는 의뢰인에게 어떠할 때 결정하기 어려운지 물으면, 선뜻 대답을 못하고 머뭇거리는 모습을 본다. 이들은 현안의 유기적 관계를 보지 못하고, 효진처럼 뭉뚱그린 덩어리로 보며 막막하고 혼란스러워했다.

인생이란 선택과 결정의 연속이다. 결정 장애가 있는 사람들은 사안이 조건과 환경 속에서 어떻게 상호작용하는지를 보지 못한다. 내면에서 현안 해결을 위한 수단과 목적이 얽히고 표면적인 손익 계산을 따져 결정한다. 그러나 영혼은 그 결정에 동의하지 않는다. 그래서 혼란스럽고 어떻게 해야 할지 모른다. 가족세우기는 일에 대한 다차원적인 상호작용과 그 전체가 향하는 방향을 보여준다.

결정은 영혼을 이끄는 전체의 움직임과 같은 방향일 때 이해타산을 넘는다. 이직이나 진로 결정뿐만 아니라 이혼 같은 큰 결정 앞에서 혼란스러울 때, 가족세우기를 통해 영혼이 움직이는 방향을 볼 수 있다. 현상학적인 방법을 통해 우리는 우리를 이끄는 어떤 힘을 발견할 수 있다.

죽음·불임·정신질환·난치병·희귀병으로 고통받는 경우

가족세우기의 백미는 삶뿐만 아니라 죽음도 생명에 속한다는 내용을 깨닫는 것이다. 죽음에 대한 상상을 내려놓고, 죽음이 생명에 어떻게 봉사하는지를 보는 사람은 삶이 죽음을 통해 완성되는 것을 알게 된다. 나는 죽음을 생명 순환의 과정으로 받아들이는 경험을 했다. 죽음이나 질병 등의 세션에서 생과 사에 대한 사건을 있는 그대로 직면하자, 내면의 상실감이 사라졌다. 깊은 평화 속에서 슬픔과 맞닿는 경험은 존재 그대로를 받아들이는 놀라운 경험이었다.

임신중절의 충격이 있거나, 화날 일이 없어도 분노에 차 있거나, 무언가에 중독되어 있거나, 무기력하거나, 멍하거나, 어딘가로 떠나고 싶거나, 들뜨고 불안정하고 우울한 감정에 사로잡힌 사람들에게는 상실 치유가 필요하다.

가족세우기는 병을 치료하는 의술이 아니다. 단지 병을 유발하는 기본적인 역학관계를 보면서, 자신의 상황이나 질병을 이해할 수 있도록 돕는다. 치유 효과는 가족세우기의 결과로써 경험하는 것이지 목표는 아니다. 특히, 난치병 환자들은 많은 경우 엄마를 향해 있다. 건강한데도 아이를 갖기 힘든 부부나, 가족 중 자폐나 정신분열 등을 가진 사람들이 있거나, 의처증이나 의부증으로 고통받는 사람에게 가족세우기는 도움이 될 수 있다.

가족세우기는 무엇이고
어떻게 진행되는가

"쓰러진 우리 가족을 바로 세운다고요?"

부부 갈등으로 세미나에 참여한 교육생이 가족세우기 공부
하러 간다고 나설 때, 여섯 살인 딸에게 들은 말이다. 부부 갈등
을 온몸으로 느끼는 딸은 가족을 쓰러진 환자처럼 연상한 것 같
다. 가족세우기라는 말을 처음 들은 사람들은 흔히 여섯 살 아이
가 상상하듯 소위 비정상적이고 문제가 있는 가족을 정상으로
만드는 것을 연상한다. 나는 이런 말을 들을 때마다 가족치료 교
재에 나오는 순기능 가정의 항목이 떠오른다. 지구상에 순기능
가정을 유지하면서 생을 마감하는 집안이 얼마나 있을까?

우리가 교재에 나오는 정상적인 가족의 모습으로 살려면, 가
족이 속한 사회가 전쟁이나 폭력이 없는 안전한 생존을 보장해
야 한다. 또한 공정한 기회가 주어지고, 차별 등의 억울한 일이
없는 문화가 형성되어야 한다. 부모가 트라우마나 지속적인 스
트레스 상황에 노출되면, 자녀의 성장 발달 과정에서 트라우마
로 대물림되기 때문이다. 발달 트라우마는 생활 속에서 일어나

기에, 가족원이 원하는 것들을 편안하게 표현하고 가볍게 결정할 수 있는 경제적 자유와 서로의 욕구를 알아주고 이해할 수 있는 공감 능력을 지녀야 교과서에 나오는 가정을 유지할 수 있다.

가정은 개별 조직이 아니다. 가정은 주변 환경과 사회 변화에 유기적으로 상호작용하는 동시에 부모와 조부모, 증조부모 등 여러 세대의 삶이 한 가정에 대물림되어 만들어지는 생명 역동의 현장이다. 가족세우기는 상상이 아니다. 인생의 실상을 생생하게 인식함으로써 가정과 가족원이 저마다 특별한 삶의 조건과 운명 속에 있음을 받아들이고, 그것을 성장의 자원으로 활용할 수 있도록 돕는다.

버트 헬링거의 가족세우기

가족세우기는 다양한 심리치유 기법 중 하나다. 가족세우기는 독일 출신 신학자이며 상담사였던 버트 헬링거에 의해서 세계적인 심리치료 기법이 되었다. 가족세우기의 독일어 표기는 'Familienaufstellung'이다. 독일어 'Familien'은 '가족'이란 뜻이며, 'Aufstellung'의 사전적 의미는 '세우기, 설치, 설립, 배열, 배치' 등이다. 우리나라에서 사용하는 '가족세우기'라는 이름은 독일어 직역 표현으로, 2001년 우리나라에 가족세우기를 알렸던 박이호 선생님에 의해 정해졌다.

가족세우기의 영어 표기는 'Family Constellation'이다. 영어

'Family'는 '가족'이란 뜻이며, 'Constellation'의 사전적 의미는 천문학에서 '별자리, 성위星位, 성운星運' 등이다. 별들이 질서 정연하게 원형적 질서 아래 배열된 모습°은 가족공동체 구성원이 누구도 제외되지 않은 채 존재하는 그대로 자기 자리를 지키는 모습과 같다. 태양 — 지구 — 달이 각각 자기 자리에서 공전과 자전으로 상호작용하듯이, 가족의 구성원이 출생 순서에 따라 서열에 맞게 자기 자리를 지키며 귀속감과 연결감을 가질 때 가족공동체는 행복하고 평화롭다.

1990년대 독일에서 버트 헬링거의 가족세우기는 '운명적 얽힘을 풀어 가족과의 깊은 연결을 회복하는 과정'을 보여주며 사회운동으로까지 확산되었다. 전국에서 세미나가 열릴 정도로 붐이 일었으며, 세계대전의 대물림으로 고통받던 수많은 독일인이 가족세우기를 통해 치유받았다. 버트 헬링거는 가족세우기와 함께 성장했으며 '영적양심'에 대한 통찰에 이르렀다. 영적양심은 도덕적 집단양심을 초월하여 인식하는 현상학적 통찰에 의해 발견되었다.

　　그는 이러한 통찰을 거침없이 말하다 '나치의 종자'라고 손가락질을 당했다. 그가 방송에서 "히틀러는 천국에 있습니다"라고 한 것이다. 버트 헬링거는 이미 영적양심이 기능하는 비이원적

○　태양계는 항성인 태양과 그 가까이부터 수성, 금성, 지구, 화성, 목성, 토성, 천왕성, 해왕성이 구심력과 원심력을 통해 서로 영향을 주고받으며 존재하고 있다.

인식 세계에 도달한 것이다. 영적양심은 옳고 그름, 좋고 나쁨, 가해자 피해자, 살인자 희생자 등의 이원성 넘어 모든 것이 하나로 연결되어 움직이는 유기일원적 세계관이다.

수많은 사람을 학살한 독일인은 죄의식의 대물림으로 고통받고 있다. 그들이 유대인 이야기를 기피하는 것 역시 죄책감을 자극하기 때문이다. 자신의 죄책감을 히틀러에게 투사하는 독일인은 히틀러를 제외시키며, 그가 지옥에서 죗값을 치러야 도덕적 양심이 편안하다. 그런데 그가 천국에 있다고 하니 도덕적 양심의 가책을 느끼는 것이다.

버트 헬링거는 독일 사회의 수많은 금기를 건드리며, 독일인의 도덕적 집단양심을 긁는 사건들을 연거푸 터뜨리며 독일 사회를 뒤집어놓았다. 심리치료 분야의 혁명가로 인정받으며 전국에서 운동처럼 번지던 '가족세우기 세미나'는 일제히 취소되었다. 사회적 비난에도 버트 헬링거는 나치 시절의 일들이 현재의 가족에게 어떻게 결정적인 역할을 하는지 지속적으로 보여주었다. 독일인은 가해자와 피해자가 함께 귀속된다는 새로운 통찰에 충격을 받았으며 피해자의 아픔을 보기 시작했다.

버트 헬링거가 독일에서 수난을 당하는 동안, 전 세계에서 그를 주목했다. 그의 책°은 많은 나라에 번역 출간되었으며, 그와 세미나를 하려면 최소 2년 이상을 기다려야 했다. 2019년 9월 생

° 국내에서 번역 출간된 버트 헬링거의 책으로 《대장정》《이뤄지는 생각들》《존재의 존중》《내면의 여행》《당연한 신비》《순수 이야기》《커플 치유》 등이 있다.

을 마칠 때까지 그는 지구촌 구석구석을 다니며 전쟁과 고문, 학살과 고통, 갈등과 분열이 있는 곳에 사랑과 평화를 심었다. 그는 가해자를 제외하지 않을 때 내면의 평화가 오며, 영혼으로부터 변화가 시작된다고 했다. 가족세우기 참여자는 내면의 방어벽이 녹아 흐를 때 사랑으로 연결된다는 버트 헬링거의 말을 생생하게 체험했다. 독일 가정은 절반 이상이 가족세우기를 했다고 한다. 지역의 평생교육원에서 가족세우기 교육을 하기 때문이다.

수많은 나라에서 촉진자들이 활동하며 가족세우기는 큰 영향력을 발휘하고 있다. 이처럼 가족세우기에 열광하는 이유는 가족, 돈, 사업, 일, 대인관계, 질병, 정신질환까지 인간사에서 일어나는 대부분의 이슈를 다루기 때문이다. 또한 가장 궁극적인 주제인 삶과 죽음, 다세대의 운명적 얽힘 등 여러 세대의 대물림까지 총망라해서 다차원적으로 풀어내기 때문이다.

버트 헬링거는 대혼란기를 거치면서 마치 내면의 잠자던 거인이 깨어난 것처럼 도약을 이루었다. 현상을 있는 그대로 인식하는 그의 태도는 가족세우기에서 영적양심이라는 고양된 의식의 차원으로 소개되었다. 가족세우기 세션에서 영적양심에 머물 때, 우리는 존재하는 그대로 제외되지 않으면서 귀속감을 갖는다. 존재하는 그대로 존중하는 내면의 태도에서 우리는 깊은 평화와 연결감을 경험한다. 이때 제외했던 내면에서 가해자와 화해가 일어나면서 가해자와 피해자를 포함하여 그 모든 것을 이끄는 힘에 내맡기는 겸손을 경험한다. 동시에 우리는 저 깊은 곳에서 어려움을 이겨낼 수 있는 지혜를 알아본다. 버트 헬링거는 '2008년 한국 국제 가족세우기 워크숍'에서 가족세우기의 발전된 모습 두 가지를 보여주었다.

첫째는 '가족'라는 단어를 빼고 '세우기'라고 한 것이다. '버트 헬링거 방식 가족세우기' 창시자가 스스로 가족치료 범주를 넘어서서 상당히 포괄적인 요법으로 가족세우기가 진화했음을 선언하였다. 현재 세우기는 다양한 문제들의 근본 원인을 생생하게 보여줌으로써 문제 해결의 실마리를 보여주고 있다. 특히 세우기는 기업조직을 활성화하고 중요한 의사결정을 돕는 조직세우기로 확산되고 있다. 실제로 BMW, IBM 등은 갈등이 있을 때 조직세우기 코칭법을 사용했다. 조직 세우기, 관계 세우기 등은 가족세우기와 더불어 사용되는 세우기의 확장형 프로그램이 되었다.

둘째는 '영과 함께 가는Gehen mit dem Geist 가족세우기'다. 영과 함께 가는 가족세우기는 자녀와 부모, 조부모 등 3대를 세우는 심리치료와는 완전히 새로운 차원이었다. 당시 사례자는 자폐 청년이었다. 장장 두 시간에 걸쳐 20명의 대역이 참여하였으며 여러 세대를 걸쳐 폭력적인 것들이 많았음을 보여주었다. 장이 한참 흐른 뒤에 청년의 대역은 살인자에게 다가갔다. 살인자가 청년 대역의 머리를 쓰다듬었다. 버트 헬링거는 의뢰인을 장안으로 데려왔고 살인자 대역에게 의뢰인을 안으라고 했다. 의뢰인은 살인자 대역의 가슴에 안겨 두 시간가량 누워 있었다. 그동안 일어나려고 발버둥쳤지만, 여러 사람이 안전하게 붙잡고 있었기 때문에 일어날 수 없었다. 버트 헬링거는 이것을 '꼭 잡는 치료'라고 했다.

자폐의 특징 중 하나는 의사소통 장애다. 그런데 일정 시간이 지나자 청년은 "놔줘! 약속할게! 도와줘! 부탁해! 언제까지 이렇게 있을 거야! 도와주세요!" 등 의사 표현을 하기 시작했다. 세미나 홀은 아주 컸지만 모든 사람은 그가 외치는 말을 또렷이 들을 수 있었다. 세션을 마치고 자리로 돌아온 청년은 얼굴과 몸이 전체적으로 이완되어 완전히 다른 사람으로 보였다. 도저히 풀릴 것 같지 않은 중첩된 얽힘이 녹아 사라진 공간에 깊은 평온이 흘렀다. 치유가 살인자를 통해 오는 것을 볼 수 있었던 감동적인 세션이었다.

가족세우기는 체험 중심 실천철학을 기반으로 지속 발전하였다. 버트 헬링거는 마지막으로 "가족세우기는 자립했다Familienaufstellung hat sich verselbstaendigt"라고 선언했다. 가족세우기가 심리치료의 벽을 넘어 행복하게 살기 위한 인류 보편적인 실천철학으로 발전했음을 만천하에 공표하였다. 이러한 진보의 시작은 양심의 기능에 대한 통찰에서 출발했다. 도덕, 양심, 죄책감은 철학 분야의 큰 주제였다. 버트 헬링거는 철학으로 존재하던 양심을 현상학적으로 인식할 수 있도록 보여주었고, 우리를 체험시켰으며 깨달음으로 이끌었다.

철학에서의 양심

인류의 양심이 관념으로 발달하기까지 오랜 세월이 걸렸다. '양심'은 독일어로는 'Gewissen'이다. '함께 안다'는 것을 의미한다. 이 말은 그리스어의 'συνείδησις'와 라틴어의 'conscientia'에서 유래했다. 따라서 '양심'이라는 말은 '함께'라는 공동체적 요소와 '안다'라는 인지적 요소로 구성되어 있다. 즉 양심은 공동체 구성원이 공유하는 도덕규범을 뜻한다. 그렇기 때문에 해도 되는 것과 하면 안 되는 것의 여부를 '안다'는 것이다.

키케로Marcus Tullius Cicero(B.C.106~B.C.43)는 양심이 신적인 권위를 갖는 것으로 이해했다. 바울서신(신약성경에서 바울이 쓴 열 세 편의 편지를 통틀어 이르는 말)에서의 양심은 인간 내면의 본질적인 판단 기관으로 기능하는 것을 의미한다. 교부철학에서는 양심을 신의 소리라고 했으며, 중세철학은 인간이 선을 실현해야 한다는 의미의 근본양심에 대해 언급하였다.

본래 주어진 어떤 것으로 상정되었던 양심이 19세기 철학자 루트비히 포이어바흐Ludwig Andreas von Feuerbach(1804~1872)와 프리드리히 니체Friedrich Wilhelm Nietzsche(1844~1900)에 의해 심리적으로 연관성이 있음이 언급되기 시작했다. 드디어 집단양심이 인간의 삶에 어떤 영향을 미치는지에 대한 철학적 논의가 시작된 것이다.

포이어바흐는 양심이 신이나 자연에 의해 부여된 타고난 것도 아니며, 오히려 상당한 노력을 통해 배우고 익혀진 것의 산물이라고 했다. 포이어바흐는 양심이 공동체를 안전하게 유지하기 위해 어떻게 기능하는지를 명백히 보았다. 그는 공동체가 관습이나 문화를 만들어 구성원의 행동 규범의 기준으로 삼는 것을 알았다. 공동체 구성원들이 공동체 안에서 지켜야 할 도덕적 판단 기준에 맞게 행동했을 때 귀속감과 안전감을 느꼈고, 이를 어길 때 죄책감에 시달린다는 심리적 기제를 파악했다. 그는 이렇게 발달한 양심이 부모에게서 자녀에게로 정서적으로 대물림되는 심리적 연관성에 대해 언급했다.

한편 니체는 인간 공동체를 양심의 기원으로 보았다. 양심은 주 양육자나 우리가 속한 공동체의 지도자 등 생존을 돌보던 사람들이 규칙적으로 요구했던 모든 것이다. 양심의 원천은 권위에 대한 믿음이다. 따라서 양심은 인간의 가슴속에 있는 신의 목소리가 아니라 인간 속에 있는 몇몇 인간들의 목소리°라고 했다.

니체가 양심을 인간 속에 있는 몇몇 인간들의 목소리라고 규정한 것은 유년기 권위자가 정한 기준으로 내면화하는 과정을 통해 발달하기 때문이다. 여기서 권위자란 부모, 스승, 국가, 종교 등이다. 이 권위자의 위상은 기존의 전통과 윤리적 규범을 대변하는 자리다. 그래서 양심은 개인이 어떤 시대와 지역과 문화권에 사느냐에 따라 달라질 수 있고, 가치 평가가 다를 경우 상이

°   양대종, 〈도덕적 양심의 기원에 대한 고찰〉, 니체연구 23권, 한국니체학회, 2013, 179쪽~210쪽 참고.

한 충돌을 야기할 수 있다. 한 문화권에서 칭송되는 행위가 다른 문화권에서는 질책을 받고 양심의 가책으로 연결될 수 있다는 것이다.

가족세우기에서의 양심과 도덕과 죄책감

부모 대다수가 자녀에게 "내가 시키는 대로 해라"라고 교육한다. 부모의 의도대로 하는 자녀는 착하고 좋은 아이이며 도덕적이다. 당연히 부모에게 귀속감을 갖는다. 아이가 부모 말을 듣지 않고 자기 의지대로 하려고 하면, 부모는 자녀에게 못돼먹었다며 양심의 거리낌 없이 벌을 준다. 벌을 받는 아이는 죄책감을 느끼고 자신이 나쁜 사람이라며 양심의 가책을 느낀다. 이렇게 부모는 아이를 도덕으로 통제한다.

가족세우기는 양심이 가족관계에 어떻게 작용하는지를 현상적으로 보여준다. 생생한 체험을 통해 인간의 양심이 내재적으로 주어진 것이 아니라 공동체의 결속과 유지를 위해 역사 속에서 만들어진 어떤 것이며, 타인의 시선이라는 사회성을 중심으로 발달하였음을 자명하게 깨닫게 한다. 도덕적 양심은 내면에서 대상을 맞다 틀리다, 좋다 나쁘다로 경계를 짓고 분리한다. 관계 속에 사는 우리는 경계가 분명해야 안정감을 느끼고, 공동체의 경계 안에 귀속되어야 좋은 사람이라는 도덕적 인식을 한다. 심장이 온몸으로 혈액을 보내는 기관인 것처럼 양심은 내면의 도덕을 감지하는 기관이라는 것이 철학자들에 의해 밝혀졌으며, 우리는 가족세우기를 통해 관계 속에서 기능하는 양심을 볼수 있다. 그러면 양심의 세 가지 차원을 알아보자.

① 개인양심

우리가 신념에 차서 뭔가를 할 때 개인양심으로 한다고 생각하지만, 그 신념의 모태는 우리가 속한 집단에서 추구하는 가치나 규범이다. 사실 알고 보면 내 양심은 내가 속한 집단의 양심이다. 그러므로 개인이 가지고 있는 선악에 대한 가치 판단이나 편견, 관념, 도덕은 개인이 속한 집단의 양심에 근거한다.

양심은 내면의 균형감으로써 거리낌과 거리낌 없는 느낌으로 인식된다. 이는 생존을 위한 감지다. 공동체의 규범을 어겨 양심의 거리낌이 느껴지면, 죄책감과 함께 제외될 것에 대한 두려움을 느끼게 된다. 우리가 인정받고 귀속되려는 것은 생존을 위한 본능이기 때문이다. 그래서 우리는 집단에서 요구하는 규범을 지키며 살려고 노력한다.

② 집단양심

도덕은 '자기의 행위에 대한 시비선악是非善惡의 판단 기준'이다. 도덕적 집단양심은 그 사회의 여론과 관습, 관점과 관념, 신념과 행동 준거가 되는 규범의 총체로써 공동체 구성원 간의 관계를 규정한다.

존재를 '좋은 사람'과 '나쁜 사람'으로 분류하는 도덕주의자는 '착한 편은 살 권리가 있고, 나쁜 편은 살 권리가 없다'고 여긴다. 이런 도덕주의자는 세상을 이끄는 근원적인 힘 위에 군림하며, 자신의 도덕적 양심대로 세상이 굴러가야 한다고 주장한다. 우리가 도덕적 집단양심에 얽매이면, 나와 다른 생각이나 행동 양식을 틀리거나 나쁘다고 판단하며 제외하기에, 작은 사랑으로 관계한다.

가족세우기는 이 점을 분명하게 보여주며 우리가 어떻게 살 때 행복한지를 깨닫게 한다. 공동체는 사고방식과 생활양식을 부모 세대에서 자녀 세대로 이어간다. 이 생활양식은 지역마다 다르며 대물림을 통해 공동체의 다세대가 생존을 위한 결속을 다지는 방식이다. 한 구성원이 다르게 행동한다면 다른 구성원들은 그에게 무의식적으로 거리낌을 느낀다. 심지어 공동체를 해치는 위험한 인물로 인식하여 적대시하거나 제외한다. 제외당하는 사람은 야생동물이 득시글거리는 원시 밀림으로 추방당하는 것 같은 공포를 느낀다. 그러기에 공동체 구성원들은 공동체가 요구하는 도덕을 양심으로 받아들여 같은 방식으로 생각하고 같은 방식으로 살아간다. 이것은 도덕적 집단양심의 기능으로써, 새로운 인식을 받아들이고 다른 차원의 어떤 통찰을 눈감게 한다.

또한 우리는 집단양심을 내세워 우리와 다른 견해를 가진 사람이나 집단을 거리낌 없이 제외하면서 자신이 더 우월하다고 여긴다. 이렇게 도덕적 집단양심은 다른 사람이나 다른 집단이 자신과 대등한 권리가 있다는 것에 동의하지 않는다. 도덕적 집단양심에 얽매인 사람들은 정의를 앞세워 업신여기고 심지어 처단해야 한다고 여기며 관계를 완전히 끊는다. 우리가 도덕적 집단양심에 얽매이면 더 큰 공동체 의식을 갖기 어렵다.

③ 영적양심

버트 헬링거는 가족세우기를 통해 도덕적 집단양심의 시비선악을 넘어, 모든 것이 어떠하든 전체에 봉사하는 것을 관찰했다. 도덕 뒤의 숨은 잔혹한 폭력도 전체에 봉사한다는 영적인 관점을 현상학적으로 인식한 것이다. 나는 아들의 죽음을 받아들이는 과정에서 우리의 생각이나 인식 작용을 초월하는 힘을 보았다. 이 전체를 이끄는 힘은 인간의 도덕이나 상상을 넘어 이 세상에 흐른다.

도덕적 집단양심이 영적양심으로 확장되는 과정은 '어떻게 이런 일이 있을 수 있단 말인가!' 하는 무자비한 사건과 그런 행동을 한 사람을 제외하지 않고 가슴으로 받아들이는 것이다.

영적양심은 버트 헬링거가 가족세우기 작업 중에 발견했다. 영적양심은 개인과 집단을 있는 그대로 존중하고 그 모든 것을 이끄는 힘에 내맡겨 전체와 함께 가는 영적 태도다. 영적양심 안에서는 어떤 것도 제외되지 않고 과거 존재했던 그대로, 현재 존재하는 그대로 존재해도 된다. 우리는 영적양심에 머무를 때 깊은 평화와 겸손을 갖게 되며 관계에 대한 지혜를 발휘할 수 있다.

양심과 세 가지 욕구

① 귀속되고자 하는 욕구와 제외에 대한 두려움

가족공동체는 자녀와 부모, 조부모, 선조에 이르기까지 사랑의 질서로 상호작용한다. 가족은 고유한 생명성을 가지며 생존 방식을 발전시켰다. 가족 구성원 중 특정인을 제외하여 그 존재가 존중되지 않는다면, 가족 시스템의 유기성이 훼손되어 가족의 관계 질서는 상처를 입는다.

국가조직을 통한 법질서가 생기기 이전, 원시공동체는 구성원의 생명을 보호하고 안전을 도모하는 기능을 했다. 그러기에 우리의 깊은 무의식은 제외를 곧 죽음으로 여긴다. 이는 선사시대부터 생존을 위해 발달한 원초적 양심이다.

원초적 양심은 부모와 가족공동체에 귀속되고자 하는 본능으로 기능한다. 도덕적 집단양심은 원초적 양심보다 후에 발달했다. 원초적 양심이 가족공동체의 구성원을 제외하지 않는 것과 달리 집단양심은 도덕이라는 개념을 앞세워 사람들을 제외하고 편을 나누었다.

정의를 앞세우는 집단양심을 가진 사람들은 죄의식 없이 누군가를 제외하고, 심지어 죽어 없어져야 한다고까지 생각한다. 그러면서 같은 편에 귀속된 사람들끼리의 결속을 강화하고 심리적 안정감을 확보한다. 정치적 논쟁이 불붙은 기사의 댓글을 보면 바로 알 수 있다.

[그림 1] 양심의 확장

가족세우기는 가족공동체를 넘어 운명공동체와 영혼공동체로 확장하는 과정을 보여준다. 그림 1은 집단양심을 넘어 영적양심으로 확장되는 양심의 과정을 보여준다. 집단의 이익을 기준으로 옳고 그름을 분별하는 도덕적 집단양심의 경계를 넘어, 존재한 그대로 존중하는 인간의 보편적 가치를 일깨우는 영적양심으로의 변화 과정은 인간의 삶을 깊게 이해할 수 있도록 이끌어준다.

영적양심은 사람을 유기적 질서 안에서 존재하는 것으로 본다. 누구도 제외하지 않는 영혼공동체에서 선대가 겪었던 과거와 개인이 겪었던 고유한 운명은 존엄하게 존중된다.

그림 2와 같이 혈족으로 구성된 가족공동체는 혈족은 아니지만 운명적으로 얽힌 사람들인 운명공동체를 포함하여 영혼공동

영혼공동체
죽은 사람, 살아 있는 사람, 동물계, 식물계,
광물계 등 이 세상에 존재하는 모든 생명을
포함. 모든 생명은 살아 움직이는 유기체임

운명공동체
혈족뿐만 아니라 입양 등
운명적으로 연결된 사람들

가족공동체
혈족

[그림 2] 공동체의 확장

체에 포함된다. 이는 우리가 세상의 모든 것과 유기적 관계 속에 있다는 영혼공동체로서의 인식 확장을 촉진한다. 여기서 주목할 것은 운명공동체에서 제외된 구성원이 후대에 미치는 영향이다.

가족의 이득을 위해 희생당한 사람들은 운명공동체에 귀속된다. 운명공동체 차원을 작업하다 보면 참으로 놀라운 장면을 보게 된다. 근대 이전 우리나라는 계급사회였다. 인권을 주장하기 힘들었던 천민은 양반을 대신하여 죽는 일이 많았다. 예를 들어 일제 강점기 주인의 딸과 아들 대신, 징용이나 징병에 끌려가 온갖 고초를 겪고 죽임을 당한 하인들 또한 운명공동체의 일원이다.

또 양반가에서 젖이 부족한 손자녀를 위해 젖먹이가 딸린 하인을 손자녀의 유모로 보내, 결국 하인의 아기가 아사하는 일이 있었다. 양반가 손자녀의 생명은 유모의 자녀의 죽음과 운명적으로 연결된다. 이처럼 혈족은 아니지만 운명적으로 얽힌 사람들은 다양하다. 가족을 살해한 살인자나 가족에게 살해당한 피해자, 교통사고 등으로 가족에게 장애를 입힌 사람 등 생명과 관계된 사건이나 사람들은 운명적으로 연결되었기에 운명공동체에 귀속된다.

이 사람들이 제외되면 후손 중 누군가가 제외된 자와 동일시되어 병에 걸리거나, 살인 충동이나 자살 충동에 시달리거나, 관계의 어려움을 겪는 등 제외된 자의 삶을 반복하는 것을 가족세우기에서 발견할 수 있다. 이들의 운명적 얽힘은 언제나 존재했던 그대로에 고개 숙이는 겸손한 태도를 통해 풀어져 나온다.

② 서열에 맞는 자리를 차지하려는 욕구

가족은 서열에 의한 생명 질서가 있다. 먼저 태어난 사람은 나중에 태어난 사람보다 우선하는 자리에 있다. 이런 가족관계의 위계는 수직적 질서와 수평적 질서로 인식할 수 있다.

수직적 질서는 세대를 통해 흐르는 생명 질서로 부모·자식관계에 흐르는 다세대적 사랑의 질서다. 부모는 그의 부모에게 생명을 받고 자녀에게 준다. 부모의 자리는 위에 있으며 자녀의 자리는 아래에 있다. 마치 물이 위에서 아래로 흐르는 것과 같다.

수평적 질서는 가족관계와 사회적 관계에서 볼 수 있다. 먼저 가족관계에서의 수평적 질서는 혈연관계에서의 형제 서열을 말한다. 형제는 태어난 순서대로 자리를 차지한다. 출생 순서를 존중하는 것은 형제애와 관계 발달에 지속적인 영향을 미친다.

만이, 둘째, 막내 등은 서열에 따른 서로 다른 자아상과 형제 서열에 따른 관계 행동이 발달하기 때문이다. 가족관계에서의 사랑의 질서가 온전하게 흐를 때 형제애가 돈독하다. 가족관계에서의 형제애는 인류애의 원형이 된다.

수평적 관계로는 부부관계가 있다. 가정에서 남녀는 부부로서 대등한 관계이며 서열이 같다. 부부 중 누구도 상대 배우자보다 우위에 설 수 없다. 자신이 더 중요하다거나 더 우월하다면서 위로 올라온다면, 상대 배우자의 부모와 치환되어 배우자를 가르치려고 할 것이다. 가정에서 부부의 대등한 관계는 자녀를 위해 중요하다. 자녀에게 부부는 똑같이 중요하기에 부부 중 어느한 사람이 더 높아질 필요가 없다.

한편 가정의 생존과 관련한 부부의 기능적 서열이 있다. 부부 중 가족의 생존과 안전에 더 기여하는 사람이 우위에 선다. 과거에는 남자가 가장으로서 생존을 책임졌기에 더 높은 자리를 차지했다. 때때로 이별이나 사별, 장애를 가진 남편을 대신하여 부인이 가장으로서 생계를 책임지는 경우도 있다. 이 경우 여자가 우위에 섰다.

그러나 요즘은 부부가 함께 사회생활을 하는 등 문화적인 변화가 있기 때문에, 과거의 규범이 힘을 발휘하지 못한다. 오히려 부부가 대등하게 사랑으로 주고받는 관계로 성장하는 것이 더 중요한 가치로 부각되고 있다. 사회가 바뀌면서 집단양심도 변하고 있다.

사회적 관계의 수평적 질서는 일로 연결되는 기업조직이나 학교의 동문회, 취미를 공유하는 동호회 등 다양한 조직에서 조직원의 서열에 맞는 자리를 인식하는 도구로써 유용하게 적용된다. 이러한 세션을 '조직 세우기'라고 한다.

조직 세우기에서 가장 우위에 있는 자리는 조직 생존에 기능적으로 더 많이 봉사하는 사람이 차지한다. 예를 들면 법이나 행정적으로 더 많은 책임을 진다든지, 조직 생존과 운영에 필요한 자금을 책임지는 사람 등이다. 두 번째 자리는 조직에 먼저 가담한 사람이 차지한다. 세 번째는 나이가 많은 사람이 차지한다.

수평적 질서는 우위에 있다고 해서 아래에 있는 사람을 통제하거나 명령을 해도 된다는 것을 의미하진 않는다. 조직 생존에 더 많은 책임을 지는 것과 조직에서 먼저 기여한 것에 대한 존중을 의미한다.

③ 공정하게 주고받으려는 조절의 욕구

양심의 조절 욕구는 공평하게 주고받음으로써 집단 체제의 균형과 안녕을 지키는 데 중요한 역할을 한다. 우리는 누군가에게 어떤 것을 주면서 어깨를 으쓱하며 우월감을 느끼곤 한다. 반면 어떤 것을 받을 때는 왠지 작아지고, 받은 것을 되갚아야 할 것 같은 의무감이나 부채감 또는 채무감을 느낀다. 이 심리적 조절은 무의식적으로 일어난다.

'죄'라는 도덕적 개념은 '부채'라는 물질적 개념에서 유래되었다. 받을 때 느껴지는 부채감이 바로 양심의 가책으로 발달한다. 일상에서 우리는 받기만 하면 고맙기도 하지만 미안한 마음을 동시에 느낀다. 이 미안한 마음이 양심의 가책이다. 그래서 우리는 무의식적으로 받으면 갚으려는 부채감이나 의무감을 갖는다.

부채감은 원시사회에서 발달했다. 선조의 희생과 헌신으로 지금의 종족이 존재하기에, 이를 갚아야 한다는 관념이 발달했다. 이 집단의식에 종교적 요소가 개입되면서 장자를 희생시키는 일이 벌어졌다.

조상에 대한 채무감은 집단양심으로 대물림되어 현재의 부모·자식관계에도 영향을 미치고 있다. 만약 부모가 자녀에게 받으려 하고 자녀는 부모에게 주려는 심리적 관계를 맺는다면, 자녀는 부모의 삶을 평가하고 판단함으로써 월권을 휘두르거나 불손을 저지르게 된다.

물이 위에서 아래로 흐르듯, 부모가 주는 그대로 받아 그 생명이 흘러가야 할 곳으로 흐를 때, 부모와 자녀 관계는 사랑과 존경으로 행복해진다.

수직적 주고받음은 다양한 모습으로 나타난다. 부모가 자녀를 조건 없이 사랑하고 돌보면, 자녀는 부모에게 받은 생명과 사랑을 자신의 자녀를 아낌없이 돌보는 방식으로 조절한다. 다르게 주고받는 경우도 있다. 부모에 대한 자녀의 충성심을 이용하여 부모가 자신의 욕망을 충족하려고 하거나, 자녀가 부모에게 받은 것을 부모에게 되돌려주려는 부모와 자녀 관계다.

예를 들어 학벌에 대한 열등감을 가진 부모가 자신의 한을 자녀를 통해 풀기 위해 자녀 교육에 헌신하는 경우가 있다. 자녀는 부모의 욕구를 충족하기 위해 자신의 뜻보다 부모가 원하는 일류 대학에 진학하려고 애쓴다. 어떤 자녀는 배움의 기회를 포기한 채 부모를 대신하여 기꺼이 일을 한다. 이러한 부모는 자녀의 충성심을 이용하여 자신의 욕구를 충족하려는 무의식적 전략을 알아차려야 한다.

우리는 가족세우기를 통해 부모가 자녀에게 받으려 할 때, 그 자녀는 부모에 대한 사랑과 충성 때문에 부모를 위해 생명까지 바치려는 눈먼 사랑을 볼 수 있다. 이러한 주고받음의 조절은 부모가 된 이후, 자신의 부모가 그랬던 것처럼 자녀를 통해 자신의 욕구를 충족하려는 방식으로 대물림된다. 부모화 대물림이다.

수평적 주고받음의 조절은 두 가지 모습으로 드러난다. 사랑으로 주고받기와 복수로 주고받기다. 특히 남녀관계에서 사랑으로 주고받기는 더 큰 사랑을 불러오는 관계의 확장이다. 그러나 이런저런 일로 관계에 상처가 났을 때 우리는 복수를 주고받으면서 관계를 악화시킨다. 버트 헬링거는 이때 받은 상처의 1/3만큼만 상처를 돌려주라고 한다. 이것은 사랑으로 복수하는 방법이다. 상처가 3이라면 물리적 상처는 1로, 정서적 상처는 2로 느끼게 된다. 상처를 받은 쪽은 상처를 준 쪽보다 세 배의 강도로 상처를 느낀다. 받은 것만큼 되돌려주게 되면 원래 주었던 상처보다 아홉 배 커진 상처를 받게 된다. 그래서 상처를 준 사람이 큰소리치는 적반하장이 벌어진다. 자신이 준 상처보다 과도한 보복을 받는다고 여기기 때문이다.

사랑으로 주고받기가 더 큰 사랑을 불러오는 것처럼, 상처로 주고받기는 더 큰 복수를 불러온다. 사람들은 사랑을 받는 데에 익숙해지면 이를 당연하게 여기고, 상처를 받으면 억울하고 분한 마음에 강한 복수를 하고 싶어한다. 이러한 점 때문에 사랑으로 복수하려면 특별한 용기가 필요하다.

버트 헬링거는 '주고받음'을 '가슴으로 하는 조심스러움'이라고 했다. 영적양심으로 주고받기란 존경의 거리에서 상대가 필요한 것을 어떤 기대나 의무감 없이 주는 것이다. 이 주고받음은 대등한 관계에서의 수평적 주고받음이다. 이러한 주고받음은 상대에게 부모와 같은 역할을 기대하지 않을 때 가능하다. 우리가 부모의 운명을 존재했던 그대로 받아들일 때, 타인과의 관계에 좋은 부모상을 투사하지 않을 수 있게 된다.

05 가족세우기
촉진하기

초창기 가족세우기 대역에는 가족원과 동일한 젠더gender가 섰다. 아버지나 아들 등 남자 가족원은 남자 참여자를 대역으로 세웠고, 엄마나 딸 등 여자 가족원은 여자 참여자를 대역으로 세웠다. 당시 가족세우기 워크숍에는 주로 여성의 참여율이 높았고, 남성은 아주 낮았다. 그래서 가족세우기를 조직할 때, 남자 대역을 일부러 초대해야 했다. 하지만 지금은 남녀를 분리하지 않는다. 남자 가족원에 여자 대역을 세우는 등 성별에 얽매이지 않는다. 존재는 남성성과 여성성이 기능하기에 대역을 젠더로 나누는 것이 의미 없음을 통찰했기 때문이다. 이처럼 가족세우기는 촉진자의 통찰과 함께 진화했다. 이러한 발전 이전에 가족세우기는 심리치료 기법이었다. 그렇다면 '심리치료에서의 가족세우기'와 '버트 헬링거 방식 가족세우기'는 어떻게 다를까.

버트 헬링거 방식과 심리치료 방식의 차이

버트 헬링거 방식 가족세우기는 심리치료에서 시작하였다. 심리치료에서 가족을 세우는 기법은 어떤 이론을 따르느냐에 따라 조금씩 다르게 적용된다.

가족치료 분야의 선구자인 버지니아 사티어Virginia Satir(1916~1988)는 가족원의 의사소통 방식을 회유형, 비난형, 초이성형, 산만형, 일치형 중 어느 유형에 속하는지에 대해 분석했다. 그리고 의사소통 패턴에 맞춰 공원의 동상처럼 구성원들이 포즈를 잡게 했다. 이 포즈를 가족 조각이라고 부르는데, 이 조각의 형태를 보면 가족 구성원이 어떻게 관계를 맺고 의사소통하는지를 한눈에 알 수 있다.

가족치료에서 가족을 세우는 기법은 '가족세우기' 혹은 '3세대 세우기'라고 한다. 버트 헬링거 방식 가족세우기가 세계적으로 유명해지면서 심리치료 분야에서는 '가족세우기'보다 '3세대 세우기'로 통용된다. 사티어의 가족 조각처럼 포즈를 정해 두지 않고, 내담자가 인식하는 가족상을 대역을 통해 자유롭게 세운다. 3대(본인 - 부모 - 조부모)까지 세우기 때문에 수 세대를 세우는 버트 헬링거 방식 가족세우기와 확연히 구분된다.

3세대 세우기는 가족의 대역이 세워지면, 가족 간 거리, 시선, 방향, 자세, 표정, 몸짓 등을 통해 정서적 관계가 표현된다. 내담자는 대역의 위치를 바꾸는 등 수정할 수 있다. 가족의 대역으로 선 사람(또는 가족원)은 자신의 자리에서 올라오는 감정에 집중한다. 촉진자는 대역에게 "지금 어떠세요? 누구에게 끌리세요?" 등 애착, 지향, 통제, 쾌락, 고통 회피, 자존감 등에 관한 질문을 하면서 의뢰인이 안정감을 가지고 내면의 상태를 표현할 수 있도록 촉진한다. 가족의 심리적 고통과 상처가 드러나면 사과하고 화해하며 애정을 표현한다. 각 가족은 상대 가족 구성원을 위해 자신이 할 수 있는 작은 행동을 약속한다.

머레이 보웬Murray Bowen(1913~1990)은 가족치료 이론을 근간으로 대물림을 알아보기 위해 가계도를 분석한다. 가계도는 인터뷰를 통해 내담자를 기준으로 윗대를 그린다. 최소 3세대까지 각 개인의 출생 연도와 사망 연도, 사망 시점의 나이 등을 표시한다. 또한 학력, 직업, 성장 과정, 질병, 생활 상황, 성격이나 개인의 특별한 이야기와 사건 이해관계 등을 기재한다. 이러한 정보를 기반으로 가족원들이 친밀했는지, 갈등이 있었는지, 집착했는지, 서먹했는지 등 관계의 질을 관계 상징으로 표시한다. 가계도는 가족체계를 구조적으로 한눈에 보여주어, 우리는 관계 패턴이나 정서의 다세대 대물림을 파악할 수 있다.

버트 헬링거 방식 가족세우기는 의뢰인의 개인사나 선대에 대한 정보 없이 작업한다. 이것은 심리치료에서 볼 수 없는 버트 헬링거 방식 가족세우기의 독특함이다. 심리치료에서 3세대를 세우지만, 버트 헬링거 방식 가족세우기는 필요에 따라 수 세대 대역을 세워 자연스런 역동과 상호작용에서 일어나는 형태장을 현상학적으로 통찰하고 인식한다. 의뢰인은 저절로 일어나는 대역의 움직임을 통해 삶의 주제를 깨닫는다.

나는 가족세우기 경험이 전혀 없는 그룹을 대상으로 세션을 할 때 심리치료 방식을 적극적으로 사용한다. 교육생들이 작업에 익숙해지면 좀 더 깊은 심층으로 내려갈 수 있도록 '감각과 느낌 알아차림'을 훈련할 수 있도록 돕는다. 관계의 지혜를 순차적으로 자각하고 인식할 수 있도록 촉진하면서, 형태장이 일어나는 버트 헬링거 방식 가족세우기로 들어간다. 교육생의 배경 지식이나 경험 정도에 따라 단계적으로 실행한다. 심리 차원을 포함하여 집단 무의식 영역까지 들어가는 것은 집중력이 필요하기 때문이다.

　　가족세우기는 대역들 간의 상호작용뿐만 아니라 참여자 전체의 태도나 집중력 등 다양한 요소들이 일으키는 형태장의 움직임을 통해 진행되는 집단상담 형태다. 간혹 가족세우기를 개인 세션으로 해달라는 요청을 받는다. 대역 없이 가족세우기가 가능할까? 결론은 가능하다. 버트 헬링거 역시 대역 없이 의뢰인을 장에 홀로 세워 세션을 하거나 의뢰인석에 앉힌 채 작업했다. 내면의 상을 활용할 수 있는 인식과 직관으로 가족세우기를 할 수 있으면 대역은 필요없다.

　　버트 헬링거는 아들의 정신분열 때문에 참여한 사람의 세션에서, 대역을 세우지 않고 의뢰인을 지그시 사랑과 호의로 보았다. 그리고 잠시 후 "저는 당신 아들의 사랑을 보았습니다"라고 말했다. 의뢰인은 고개를 끄덕였다. 표정이 밝아졌고 자기 자리로 들어갈 때 발걸음이 가벼워졌다. 이 방법은 집단 대상뿐만 아니라 개인 대상일 때도 유용하게 적용된다. 상담사나 사회복지

사, 조직의 리더, 자녀를 키우는 부모는 원활한 의사소통이 필요
하거나 치유가 절실한 현장에서 유용하게 가족세우기를 사용할
수 있다.

가족세우기 구성

세계적으로 가족세우기가 주목받는 이유는 다양한 심리치료 기
법을 근간으로 하면서 동시에 영혼의 움직임을 보여주기 때문이
다. 대역의 상호작용이 만들어내는 형태장과 치유의 언어는 가
족세우기만의 독창성이다. 신체적 감수성을 깨우며 실제 관계
속에서 심리적인 변화가 일어난다.

　가족세우기는 촉진자, 의뢰인, 대역, 관찰자들이 상호작용하
면서 이루어진다.

- **촉진자** 가족세우기 장 전체를 관찰하고 보호하는 리더로서 촉진자(퍼실리
  테이터facilitator), 코치, 상담자, 안내자, 컨설턴트, 프랙티셔너practitioner 등
  으로 불린다.
- **의뢰인** 자신의 이슈를 작업하고자 하는 내담자다. 세우기 장의 깊이는 의
  뢰인의 인식만큼이다. 그러기에 단 한 번에 문제의 실마리가 풀리기도 하
  지만, 충분하지 않을 때는 같은 이슈를 여러 차례 다루면서 깊이를 더 해
  간다.
- **대역** 가족세우기의 특징이자 가장 큰 역할을 하는 것은 대역의 상호작용

이다. 가족세우기는 비언어적인 대역의 움직임, 몸짓 등의 표현만을 허락한다. 대역의 움직임이 만들어내는 형태장을 '영혼의 움직임'이라 부른다.

- **관찰자** 촉진자, 의뢰인, 대역을 뺀 나머지 참여자를 말한다. 이들 역시 장의 움직임에 공명하며 관계의 질서를 깨닫는다. 관찰자들이 얼마나 깊게 장과 공명하는가에 따라 형태장이 달라질 수 있다.

가족세우기 장은 참여자 모두가 서로에게 영향을 받기도 하고, 동시에 주기도 하며 확장된다. 레몬의 신맛은 먹어본 사람만이 생생하게 알 수 있는 것처럼, 가족세우기의 감동은 체험할 때 더욱 커진다. 이 책은 가족세우기 경험자에게는 경험을 숙성시키는 기회가 될 것이며, 아직 경험이 없는 독자에게는 깊은 경험을 할 수 있는 배경 지식과 마중물이 될 것이다.

가족세우기 지침

- 촉진자는 영혼의 움직임과 함께 일한다.
  촉진자는 정신을 집중하여 세우기 장 전체에 공명한다. 정중하고 겸손한 태도로 새로운 통찰을 이끌고 지혜를 만날 수 있게 돕는다.
- 촉진자는 제외된 사람을 가슴에 품는다.
  "글쎄, 그 인간이 말이죠…" 하며 의뢰인이 누군가를 제외한다면, 촉진자는 그 사람이 누구든지 마음에 품는다. 촉진자는 사건으로 드러나는 어떤 힘에 공명한다. 그래야 전체를 볼 수 있는 자리에 설 수 있다.

- 촉진자는 세 가지 요건을 통해 가족세우기 형태장을 관찰할 수 있다.

  ① 대역의 움직임 속도 ② 대역의 상호작용하는 힘의 강약 ③ 장의 몰입도와 산만함 등이다. 가족세우기는 한 가지 이슈를 한 번의 세션으로 하는 단기 해결 중심 방식이다. 참여자는 매번 서로 다른 장의 긴밀감을 힘의 강약으로 느낄 수 있다. 의뢰인이 정신 집중하지 못하고 횡설수설하면, 대역의 상호작용이 제대로 일어나지 않을 뿐만 아니라 세우기 장의 힘이 빠지며 세션 자체가 산만해진다. 문제 해결을 위한 정답을 주거나 치료를 약속하지 않는다. 의뢰인 스스로 자신과 가족의 사랑을 발견함으로써 효과를 경험하게 한다.

- 촉진자는 사랑과 호의에 머물며, 미화하거나 해석 없이 가해자를 가해자로 피해자를 피해자로 인식한다.

  촉진자는 사랑과 호의를 품고 있어야 한다. 의뢰인이 어떤 사람이든 존재 그 자체와 그의 운명에 어떤 거리낌이나 판단 평가 없이 접촉하는 훈련이 필요하다. 만약 의뢰인이 강간범이거나 살인자일 때, 어떤 두려움 없이 강간범을 강간범으로, 살인자를 살인자로 볼 수 있는지 자문해보길 바란다. 있는 그대로, 존재했던 그대로, 존재하는 그대로 존중이 되어지는지에 대해 자문이 필요하다.

- 촉진자는 의뢰인의 집단양심이나 생활양식, 관계에 대한 상이 영적양심으로 향하는 자원임을 인식한다.

  촉진할 때 의뢰인의 집단양심을 이루는 문화, 가치, 규범, 고정관념, 관점 등을 모두 영적양심으로 향하는 자원이라고 인식하여 세우기를 하면, 더 넓고 깊은 태도를 가질 수 있다. 의뢰인은 집단양심을 통해 가족에게 충성하기 때문에, 자신이 옳다고 여기는 어떤 가족각본의 구조 속에 사로잡혀 있거나 어떤 인생각본의 모델(예를 들면 가부장적 가족체제에서 희생하는 어머니 모델)과 동일시할 수 있다. 그렇기 때문에 촉진자가 의뢰인의 기대와 다른 견해나 양심에 대한 해석을 표현했을 때, 그것은 자신뿐만 아니라 가족이 틀렸다고 받아들여 모욕감을 느낄 수 있다. 왜냐하면 도덕적 집단양심에 매여 자신은 옳고 상대는 틀렸다는 인식을 하는 경우가 많기 때문이다. 그래서 촉진자는 제외된 사람을 포함하는, 존재하는 그대로 존중하는 영적양심에 공명하는 훈련이 필요하다. 서로 다른 가치를 주장하는 모든 집단양심이 존재하는 그대로 존중될 때, 의뢰인의 집단양심은 영적양심으로 확장되는 자원이 된다.

- 촉진자는 세션 시 의뢰인의 감춰진 사랑과 생명의 흐름에 초점을 맞춘다. 형태장은 의뢰인의 인식만큼 흐른다. 촉진자에게는 전체의 흐름과 공명하며 흐름이 허락하는 경계까지 가는 겸손이 필요하다. 이때 중요한 것은 촉진자가 사랑과 호의에 머물며, 장의 흐름 속에서 생명 질서를 보는 것이다. 이러한 촉진자의 인식이 참여하는 모든 사람을 보호한다.

가족세우기 3단계 흐름

버트 헬링거 방식 세우기의 핵심은 형태장에 내맡기는 것이다. 형태장이 생물처럼 움직여 우리가 문제를 직면하고 깨달을 수 있도록 돕는다. 그래서 한 세션에서조차 여러 겹의 인식망을 넘나든다.

3단계 흐름은 중첩된 인식의 흐름을 단편적으로나마 보여줌으로써, 가족세우기 촉진에 도전해보기를 조심스럽게 권하기 위함이다. 버트 헬링거 방식 세우기는 의도와 기대 없이 내맡기는 의식의 영적 감각을 체득하는 수행이다. 당연히 세우기 촉진자는 수행자다. 아래의 내용은 가족세우기를 시작할 수 있는 기초 매뉴얼이다.

1단계 이슈화 과정: 준비

- 세우기를 할 수 있는 공간에 참여자들은 빙 둘러앉는다.
- 의뢰인은 세 문장 이내로 자신의 이슈를 사건(죽음, 자살, 질병, 이혼, 돈 문제, 일 문제 등) 중심으로 말한다.
- 의뢰인이 가족에 대한 정보가 전혀 없는 경우, 대역의 움직임을 통해 현재 이슈와 관계된 사건을 찾아볼 수 있다.
- 전쟁 세우기나 정치 세우기 등 큰 차원은 목표가 없다. 단지 공간에 세워진 대역을 통해 무엇이 일어나는가를 보고, 형태장의 흐름에 내맡긴다. 필요한 대역을 세우는 정도의 개입만 있을 뿐이다.

2단계 세션 과정: 세우기

- **세우기 방법 세 가지** ① 의뢰인은 자신의 이슈와 관계된 이해관계자를 공간에 세운다. ② 한 사람의 대역만 세운다. ③ 대역을 세우지 않고 의뢰인을 직접 세운다. 현재 한 사람 속에 존재하는 가족 시스템을 본다. 예를 들어 대역이 바닥을 보고 있으면 죽은 사람 대역을 바닥에 눕힌다. 얽힘을 풀어지게 하는 움직임이 어떤 것인지 보고, 그에 따라 필요한 대역을 추가로 세운다.
- **대역 간 거리** 심리적 관계에 대한 은유를 볼 수 있다. 장이 움직이지 않을 때, 촉진자는 대역에게 자리에서 오는 느낌이나 이미지를 질문할 수 있다.

장이 움직이면 저절로 장을 마감할 때까지 공명한다.

- **대역의 시선** 누구를 보는지, 바닥을 향하는지, 하늘을 쳐다보는지, 장에 없는 누군가를 찾고 있는지 등을 살핀다. 시선은 감추어진 비밀이나 사랑의 질서를 발견하는 데 상징이 된다. 이때 의뢰인에게 떠오르는 상징을 질문할 수 있다. 의미 있는 사건이 나오거나 빈자리가 드러나면 새로운 대역을 세움으로써 장을 확장하는 기법을 사용할 수 있다.

- **대역 움직임 기준** 대역은 움직임의 충동이 배꼽 아래에서 시작한다. 대역 자신의 생각으로 움직이는 것과 다른 힘이 작용하는 것을 인식할 수 있다. 장과 연결된 움직임은 말없이 느리고 부드러우며 상상할 수 없는 강렬한 힘이 있다. 의도나 생각으로 움직이지 않는다. 영적인 세우기의 느린 움직임은 어떤 법칙에 매이지 않는다. 촉진자는 느림을 견딜 수 있는 힘이 있어야 하며, 몸은 형태장에 공명하지만 정신은 장에서 물러서 있어야 한다. 이렇게 정신 차리고 있으면 장에서 필요로 하는 것을 할 수 있다. 형태장에 공명하는 촉진자는 필요할 때 필요한 것을 필요한 만큼 행동한다. 의도가 있는 촉진자는 대역들의 느린 움직임을 견딜 수 없다.

- **움직임을 전체로 보기** 대역 간 상호작용을 통해 보이는 대역들의 표정, 자세, 눈빛, 태도, 감정, 생각 등을 통합적으로 관찰한다.

- **현상학적 통찰과 촉진** 대역의 비언어적 표현이 보여주는 은유와 상징을 현상학적으로 통찰하고 알아차린다. 세우기 언어, 호흡, 눈 맞추기 등 세우기 장에 필요한 기술을 적용한다.

3단계 자원화 과정: 마무리

- 장이 마무리될 때, 대부분 장에 힘이 빠지면서 참여자는 이완감을 경험한다. 촉진자는 이 흐름에 공명할 수 있어야 한다.

- 장이 움직이지 않는다면 거기에서 마무리한다. 의도 없이 장이 흐르는 것

만큼 세우기를 진행해야 한다.

- 촉진자는 의뢰인을 위로할 목적으로 다른 사람이 의뢰인의 몸에 손을 대거나 말을 걸지 않도록 보호한다. 특정한 상에 사로잡혀 동일시된 자아만이 위로가 필요하며 위로를 하려고 한다. 존재로서 스스로 서는 사람은 위로가 필요치 않다는 것을 알아야 한다.

상담이나 코칭 등의 작업에 가족세우기를 활용하는 것은 의뢰인의 문제를 해결하는 데 효과적이다. 버트 헬링거는 가족세우기가 어떤 제약 없이 계속 확장되길 바랐다. 어떤 심리학파에도 속하지 않았으며 자신의 학파도 만들지 않은 것은, 가족세우기가 계속 발전하여 가족뿐만 아니라 기업조직 등 다양한 분야에 활용되기를 바랐기 때문이다.

가족세우기는 어떤 틀에 갇히지 않고 진화하고 있다. 어떤 사람이 버트 헬링거의 이름을 걸고 가족세우기를 한다면 그것은 그 사람의 책임이다. 가족세우기 참여자는 스스로 책임지는 것을 기본으로 삼는다. 나는 버트 헬링거의 이러한 태도를 존경한다. 그의 정신과 철학이 내가 진행하는 가족세우기 현장에 녹아 흐르길 바란다.

3부

치유와 화해

미처
_____

알지 못했던
_____

이야기
_____

가족세우기 사례를 읽기 전에
알아두어야 할 것들

가족세우기 사례를 읽으며 우리는 세션을 받는 간접 경험을 할 수 있다. 동시에 지금 나의 문제에 대한 해답을 찾을 수 있다. 가족세우기 사례를 잘 읽기 위해서는 배경지식이 필요하다. 이를 위해 몇 가지를 일러두고자 한다.

우리를 힘들게 하는 네 가지 방어기제

동일시同一視

타인의 것을 자신의 것과 동일하게 여기는 착각에서 일어난다. 아이러니하게도 동일시는 가족공동체에서 제외당한 선조와 후대 관계에서 일어난다. 제외는 집단양심에 의해 일어난다. 도덕적 집단양심은 가족공동체가 속한 사회문화와 규범에 의해 만들어진다. 예를 들어 가부장 사회에서 아들을 낳지 못한 할아버지의 첫 번째 부인이 쫓겨나거나 제외되었을 때, 후손 중에 할아버지의 첫 번째 부인과 동일시되는 사례가 있다. 후손은 할아버지의 첫 번째 부인이 느꼈을 억울한 심정이나 좌절감을 동일하게 느낀다. 이 느낌을 '넘겨받은 느낌'이라고 한다. 이 넘겨받은 느낌은 심리적 장애를 일으키는 불필요한 감정이나 감각으로 나타나는데, 이것을 '부차적 느낌'이라고 한다. 이처럼 동일시는 감정, 감각, 생각으로 전이된다. 우리가 제외한 이들과 사랑으로 연결하는 정화 작업을 통해 탈동일시를 경험한다.

전이 轉移

부모나 선조의 삶을 그대로 이어받는 것이다. 예를 들어 할아버지의 폭력으로 고생한 할머니의 정서가 손녀에게 전이될 경우, 손녀는 남자를 혐오하게 될 수 있다. 할머니가 할아버지를 혐오했던 그 기분과 감정을 자신의 감정이라고 여기기에 남자를 혐오하는 것이다. 남자들이 어떤 잘못을 저지르지 않았는데도 남자를 싫어하고 미워한다. 할머니가 할아버지를 대했던 그 마음으로 손녀는 남자를 대한다. 이것이 전이 현상이다. 이 손녀는 할머니의 운명에 대한 판단과 평가 없이 고개 숙이고 물러서는 겸손을 배워야 한다. 전이 현상은 내면의 성찰을 통해 발견할 수 있다. 인간관계에서 상대에 대한 뿌리를 알 수 없는 불편한 감정이나 생각이 올라올 때, 그것은 자신의 것이 아닌 전이 현상이다. 가족공동체는 서로 연결되어 영향을 주고받는다. 이 특징을 알고 존재의 실상을 깨달을 때, 삶은 가볍고 평화로워진다.

투사 投射

자신에게 일어나는 감정이나 생각을 상대방이 그렇다고 여기는 마음 작용이다. 예를 들어 자신의 분노를 직면하기 어려울 때, 상대가 화났다고 여기면서 자신을 방어하고 보호한다. 가족세우기는 속마음이 드러나는 작업이라서 가끔 의뢰인이 한 말과 반대로 펼쳐지는 관계 역동을 볼 수 있다. 의뢰인은 당황하지만 이내 자신의 투사를 알아차린다.

치환置換

서열과 관련된 이슈에서 나타난다. 세우기 장에서 아들이 아버지나 할아버지 자리를 차지하는 관계 구조를 볼 수 있다. 심리적 서열이 치환된 것이다. 가족의 갈등 관계는 대부분 서열이 질서에 맞지 않을 때 일어난다. 후대 중 누군가가 윗대로 올라간다면, 그 후손의 시선은 자신의 삶에 있지 않고 부모나 선조를 향한다. 그런 후손은 부모와 선조의 운명을 평가하고 판단하며, 가족관계 상은 자녀가 크고 부모는 작게 나타난다. 이 후손처럼 심리적 서열과 실존적 서열이 맞지 않는 사람은 인간관계에서 어려움을 겪는다.

가족세우기 사례를 읽는 방법

이 책의 사례는 지난 15년 동안 여러 워크숍과 세미나에서 가족세우기를 진행했던 것이다. 3부의 사례는 필자가 직접 촉진했던 가족세우기로, 의뢰인의 허락을 받아 읽기 쉽게 정리했다.

　사례는 ① 사연 ② 세우기 ③ 통찰로 구성했다.

　'사연'의 화자는 의뢰인이다. 독자에게 와닿도록 1인칭 시점으로 삶의 주제를 정리했다.

　'세우기'는 축어록(의뢰인과 촉진자 간 상담 과정의 음성 녹음이나 비디오 녹화를 문자화한 것)을 읽기 쉽게 편집하였다. 개인정보 보호를 위해 가명을 사용했으며, 주제와 관련이 없는 내용은 임의로 수정했다. 나이는 연령대로 표시했으며, 세션 당시 나이라서 현재 나이와는 차이가 있는 경우가 많다. 사례에 등장하는 가족이나 이해관계자는 대부분 대역이다. 대역은 의뢰인과 생면부지의 남남이라서 의뢰인의 개인사를 전혀 알지 못한다.

　세우기 과정을 도형과 함께 보여주며 독자가 상상할 수 있도록 도왔다. 세우기 장의 흐름에 따라 대역을 표시하거나 표시하지 않았다. '아버지, 어머니, 형, 누나, 오빠, 언니, 동생' 또는 의뢰인의 이름(가명)을 사용하였다. 세우기는 장 밖에서 장 전체를 보면서 하는 작업과 장의 역동 속에 들어가서 하는 작업이 있다. 그 작업 과정을 약물로 표시했다.

> ● 이 표시는 세우기 장 안에서 의뢰인, 의뢰인의 대역, 촉진자가 하는 말이나 행동이다.
> ● 이 표시는 세우기 장 밖에서 촉진자와 의뢰인이 하는 말이나 행동이다.

　'통찰'은 의뢰인이 직접 쓴 후기나 근황 또는 변화된 일상 이야기를 담았다. 가족세우기를 통해 인식해야 할 양심과 사랑의 질서 등 관계의 핵심과 세션 중에 드러난 지혜를 전한다.

알아두면 쓸모 있는 가족세우기 용어

원가족 / 운명(가족)공동체

원가족은 형제와 나를 낳아준 부모님과 부모님의 형제, (외)조부모님과 (외)조부모님의 형제 등 조상을 일컫는다. 아버지는 같고 어머니가 다른 형제, 아버지는 다르고 어머니가 같은 형제, 부모님을 낳아준 할아버지와 할머니 등의 선조도 포함된다. 물론 나의 형제가 포함되듯이, 부모님의 형제인 이모, 고모, 삼촌 들도 원가족이다. 원가족을 큰 범위로 잡는다면 운명(가족)공동체라고 할 수 있다. 운명(가족)공동체는 원가족의 생명과 관계된 사람들이다.

현가족

현가족은 배우자와 배우자 관계에서 낳은 자녀로 구성된 가정을 말한다. 배우자의 가족(시댁 식구와 처가 식구)은 가족이 아니다. 처가댁의 사위가 백년손님이듯, 며느리도 시댁에서 백년손님이다. 배우자와 서로 다른 양심을 가진 것은 원가족이 다르기 때문이다. 중요한 것은 나에게는 남인 배우자의 가족이 자녀에게는 원가족이다. 자녀 생명의 반을 차지하고 있는 배우자와 배우자의 가족을 사랑하고 존경하는 것은, 자녀가 행복하게 사는 비결이다.

혼합 가정

혼합 가정의 형태는 다양하다. 재혼 가족, 입양 가족, 정자나 난자를 기증받아 출산한 자녀로 이루어진 가족, 수양 자녀로 이루어진 가족 등을 일컫는다.

다세대 가족

가족은 세대에서 세대로 이어지는 혈연관계로 만들어진 사회체제이다. 가족체제 속 가족원의 상호작용 등이 만드는 사회문화와 규범은 면면히 다음 세대로 넘어간다. 이 때문에 세대 간 관계는 가족 집단의 생존뿐만 아니라 의식 등에 중요한 의미가 있다. 우리는 가족관계 속에서 경험하는 행복과 평화가 모든 관계의 원형이라는 것을 알게 될 것이다. 다세대 가족에 대한 사랑의 질서를 회복하고, 가족에게 넘겨받은 운명적 유산을 성장을 위한 자원으로 활용하는 것이 필요하다.

인생각본과 가족각본

우리의 타고난 기질이나 천성뿐만 아니라 부모와의 관계, 양육 환경 등에서 만들어진 사고방식이나 행동 습관은 배우가 각본대로 움직이는 것처럼 인생 전반에 영향을 미치는 각본이 된다. 가족공동체 구성원이 각자 고유한 인생각본을 가졌다면, 가족각본은 가족공동체 구성원이 공유하는 삶의 패턴을 말한다. 개인의 인생각본은 귀속된 집단의 각본과 닮아 있다. 예를 들어 가부장 문화를 가진 가정은 남존여비와 남아선호 같은 생각을 가족이 암묵적으로 공유하면서 가족공동체의 생활양식을 발달시킨다. 아들이 아버지처럼 살고 딸이 어머니처럼 사는 것도 가족각본의 대물림이라고 볼 수 있다. 이 가족각본은 자녀의 인생각본에 영향을 미친다.

대물림

대물림은 부모나 선조에게서 물려받은 행동 패턴이나 정서 패턴 등을 포함하는 생활양식과 삶에 영향을 미치는 무의식 영역을 포함한다. 아들에게서 아버지의 모습이, 딸에게서 어머니의 모습이 나타나듯이, 후대에게 전수되는 삶의 패턴은 무의식적으로 나타나기도 한다. 예를 들면 폭력적인 아버지 아래서 자란 아들이 폭력적인 성향을 보인다. 자녀는 생체모방을 통해 부모님에게서 존재 방식을 넘겨받는다.

운명적 얽힘

선대의 운명과 동일시되어 후대가 선대와 똑같은 정서와 행동 패턴으로 사는 것을 의미한다. 예를 들어 선대에 조실부모하여 친척집에서 학대받으며 성장한 조상이 가족공동체에서 제외되었을 때, 후대의 어떤 후손이 학대받은 선조처럼 느끼고 행동한다. 후손은 자신이 선조와 운명적으로 얽혀 있는 것을 보기만 해도 풀림이 일어날 때가 있다.

내면의 상

양심은 가족에게 실제 적용되는 삶에 대한 내면의 상으로써 생활의 구조와 질적인 측면이 다세대의 상호작용을 통해 대물림된다. 가족은 삶을 인식하는 관점을 내면의 상으로 공유하며, 이것은 가족문화가 된다. 가족이 공유하는 내면의 상은 가족각본이 되어 같은 방식으로 삶의 현안을 해석하고 인식하는 양심으로 발달한다. 이러한 내면의 상은 가족관계를 포함하여 모든 관계에 영향을 미친다.

가족세우기란 의뢰인의 가족관계에 대한 내면의 상을 가족을 대신하는 대역을 공간에 세우면서 시작된다. 처음 참여한 대부분의 사람들은 가족세우기 장에서 펼쳐지는 대역의 역동이 강하게 활성화될 때 놀라고 당황한다. 이러한 혼돈과 당황은 새로운 인식의 눈을 뜨는 데 필요한 심리적 전제 조건이다. 관계 개선을 위한 내면의 상의 변화를 위해 이러한 훈련은 효과적이며 대안적 행동 발달에 적합하다. 왜냐하면 고착된 생각은 그 생각에 대응하는 근육 무장 상태이기 때문이다. 내면의 상에 상응하는 심리와 신경계가 새로운 인식과 통찰로 이완될 때, 내면의 상은 변형되고 몸과 마음은 이완되면서 긴장 관계가 녹으며 성격도 개발된다.

형태장(세우기 장)

버트 헬링거는 형태장을 '앎의 장' '영혼의 움직임' 등으로 불렀다. 세우기를 처음 접하는 사람은 대역을 움직이게 하는 '형태장'에 대해서 흥미로워한다. 형태장은 사람의 지식과 경험은 사라지는 것이 아니라 저장되고, 무의식중에 정보를 공유한다는 것을 보여준다.

형태장이라는 말은 루퍼트 셸드레이크Rupert Sheldrake(1942~)가 발견한 '형태 형성장Morphic Field'을 의미한다. 루퍼트 셸드레이크는 영국왕립학회의 생물학자로 식물 성장과 세포 노화 연구의 권위자다. 그는 《세상을 바꿀 일곱 가지 실험들Seven Experiments That Could Change the World》에서 세대 간 연결고리 등 세포의 형태 공명이 식물뿐만 아니라 동물이나 사람 간에도 일어나는 '동조同調' 현상 사례를 보고하였다. 모든 종은 공통의 '종種'이 가진 '장場'과 연결되어 있다는 말이다.

나는 특히 다세대 대물림 작업에서 형태장의 위력을 경험한다. 의뢰인이 알 수 없는 정보가 대역을 통해 나오기 때문이다. 예를 들면 자살 충동 관련 사례에서 나는, 대역을 서는 사람이 가족 형태장에서 제외되었음을 인식한다. 대역에게 어떠냐고 물어보면, 자신이 제외된 가족원이며 어릴 때 죽은 것 같다고 이야기한다. 의뢰인과 생면부지인 대역의 말은 의뢰인도 모르는 정보다. 나중에 의뢰인은 삼촌이 어릴 때 물에 빠져 죽었다는 이야기를 아버지에게서 들었다고 한다. 이렇게 하나의 형태장이 형성되면, 삶의 이슈와 연관된 상이 드러난다.

부모·자식 관계 세우기

EBS 다큐프라임은 〈마더쇼크〉를 통해 '모성 대물림과 자녀 양육의 상관관계'를 생생하게 보여주었다. 방송에 나온 아이 엄마들은 눈물을 흘리며 자신 어머니에 대한 얘기를 했다. 폭력 가정에서 성장한 한 출연자는 아이를 보면서 "저 아이를 때리면 어떻게 될까" 하는 생각에 소스라치게 놀라곤 한다고 말했다.

젊은 엄마들의 고통은 아이를 키우면서 도드라지게 나타났다. 아이가 없었을 때 잘 지냈던 것은 어릴 적 상처가 잠복하고 있었기 때문이다. 자녀를 키우면서 묻혀 있던 내면아이의 울음소리가 들리기 시작한 것이다.

방송의 사례처럼 세대를 이어 내려오는 가족관계의 얽힘은 부모가 된 이후에 더 체감하게 된다. 그리고 내가 다르게 살기 어려운 것처럼 부모도 부모 자신의 운명에 매어 있다는 사실을 인식해야 한다.

부모·자식의 문제를 해결하기 위해서는 다세대의 구조적 관점으로 관계를 살피는 작업이 필요하다. 부모나 선조가 살던 시대에 무슨 일이 있었으며 어떤 일을 겪었는지, 윗대의 일들이 자녀에게 어떻게 내려가는지를 유기적으로 보는 것이다. 선대의 환경과 조건이 지금의 우리와 다르며, 당시 그들이 살기 어려웠다는 것을 인식하면 고개를 숙이게 된다. 있는 그대로를 존중하고 받아들이는 겸손을 터득하게 된다.

예를 들어 어머니와의 관계에서 어려움이 있을 때, 어머니가 살았던 시대적 상황이나 사회문화적 한계 등 어머니의 운명적 조건을 보자. 그러면 우리가 상상하는 이상적 어머니는 사라지고, 삶의 어려움을 뚫고 살아낸 힘과 만나게 된다. 우리가 이 운명에 고개를 숙이면, 어머니의 운명적 얽힘은 내 삶의 밖에 머물고, 운명을 뚫고 오는 힘만이 내 삶 안으로 들어오는 것을 느낄 수 있다.

어머니는 밉고, 아버지는 무섭다

사연

저는 알 수 없는 죄책감과 불면증 때문에 밤마다 혼자 술을 마십니다. 어릴 때는 아토피가 심해 가려워서 잠을 못 잤는데, 요즘은 아무 이유 없이 잠을 못 잡니다. 되는 일도 없고 인간관계가 어렵고 무기력합니다. 특히 가족관계는 최악입니다. 어머니에 대한 미움이 사라지지 않아 너무 괴롭습니다. 심리치료를 받아도 관계가 나아지지 않습니다.

아버지는 무섭습니다. 청소년기에 아버지에게 대들었다가 두들겨 맞고 내쫓긴 적이 있습니다. 이후 한집에 사는 아버지를 투명인간 취급했습니다. 제가 너무 괴로워서 울고불고 난리를 치면, 아버지는 영락없이 제게 폭력을 휘두릅니다.

5년간 정신분석을 받았고 이런저런 심리치료 워크숍에서 내면 치유 작업을 했습니다. 하지만 제 삶이 크게 변하지 않았습니다. 제가 가족 세우기에 관심을 갖게 된 것은 제게 일어나는 현상들이 가족공동체의 운명적 얽힘과 관련이 있다는 생각이 들었기 때문입니다.

어린 시절 우리 집은 3대가 함께 살았습니다. 이때 비상식적인 일들이 너무 많이 일어났습니다. 가장 기억에 남는 사건이 있습니다. 동생이 태어나자 저는 친할머니 방에서 지냈는데, 할머니는 제가 부모님 방에 가는 것을 싫어했습니다. 저는 할머니 방에서 마루 건너에 있는 엄마 방을 그저 바라보며 닭똥 같은 눈물을 흘렸습니다. 마치 볼모로 잡혀 있는 것 같았습니다. 지금 저는 성인이고 할머니는 돌아가신 지 오래 되었습니다. 그런데 아직도 할머니 방에서 얼어붙은 채 울고 있는 아이의 정서로 살고 있습니다.

어머니는 제가 할머니에게 세뇌되었다고 합니다. 하지만 어머니와 연결감이 없는 것이 할머니 때문만은 아닌 것 같습니다. 무엇이 저를 발목 잡고 있기에 작은 마루 하나 넘기가 이렇게 힘들까요.

햇살이 따스한 봄 정기 세미나에 외모가 전혀 다른 모녀가 참여했다. 말쑥하게 차려입은 어머니 영임(여, 60대)은 딸 희성(여, 30대)이 시어머니인 할머니를 닮아 정신이 이상하다고 여겼다. 희성은 어머니의 도움을 받고 싶어했지만, 어머니 영임은 딸의 문제에 관심을 보이기보다 딸에게 일어나는 현상은 자기 책임이 아니라며 하소연했다. "내가 뭘 잘못했는데 드센 시어머니와 과격한 남편과 함께 사느라 내가 얼마나 고생했는데…." 삶의 무게에 짓눌려 있었던 영임은 한참 신세타령을 했다. 그러면서 희성이 박사 과정을 마칠 때까지 허리가 휘도록 뒷바라지했는데 뭐가 문제인지 모르겠다며, 딸이 자신을 괴롭힌다고 했다.

세우기

● 모녀가 자신의 대역을 마주보게 세웠다.

● **영임 대역** 딸이 안 보입니다.

● 무기력하게 휘청거리던 희성 대역이 바닥에 맥없이 쓰러졌다.

● **영임**　（어리둥절한 표정으로） 제가 딸을 보지 않아서 무력하다는 거예요? 제가 뭘 어쨌다고요. 억울해요. 저는 최선을 다해서 살고 있어요. 낳아주고 키워서 가르쳤으면 되는 거 아니에요?

● **희성**　（어머니 영임의 말을 듣자） 엄마는 저를 낳은 의무감으로 살았어요. 저를 사랑하지는 않았어요.

이렇게 자녀를 보지 못하는 부모에게는 자신의 원가족과의 관계가 얽혀 있다. 영임의 부모 대역을 세웠다.

● **영임**　（아버지를 보며） 저는 열 살 때까지 아버지의 사랑을 독차지하며 컸어요. 늦둥이로 여동생이 태어나자 아버지의 사랑을 빼앗겼지요. 아버지의 관심이 동생 쪽으로 쏠리면서 저와 데면데면해졌습니다. 아버지가 사고를 당해 사경을 헤매는데도 별로 보고 싶지 않았어요. 아버지는 언제나 저를 사랑하셨는데 제가 거부했어요.

'사랑을 빼앗겼다'는 표현이 흥미롭다. 이 표현은 남녀관계에서 나오는 표현이지 부모·자식관계에서 나오는 표현이 아니다.

● **촉진자**　（영임에게） 가족사에서 누가 사랑을 잃었습니까?

D　영임
C　희성
M　영임의 어머니
F　영임의 아버지
X　여자 (영임 아버지의 약혼녀)

● **영임**　잘 모르겠습니다.

그래서 아버지 대역 옆에 여자 X를 세웠다. 영임과 희성 대역이 동시에 여자 X에게 이끌렸다.

● **X 대역**　제게 악랄한 저주가 흘러요.

● **영임**　(X 대역의 말을 듣자) 엄마가 지나가는 말로 하신 건대요. 아버지가 일본 유학 중이었을 때, 본가에서 들어오라는 전갈을 받았대요. 아버지가 집에 오니 약혼을 하라고 했다는 거예요. 아버지는 갑자기 무슨 약혼이냐고 그날 밤에 일본으로 도주하셨대요. 아버지 집안이 명문가라서 여자 집안도 거기에 상응하는 집안이었을 텐데. 엄마는 약혼하려던 여자가 제대로 된 남자와 결혼을 했을지 신경이 쓰인다고 했어요. 그 시대는 혼담이 오고가는 것이 알려진 여자는 정상적인 결혼을 하기가 어려웠다고 해요. 더구나 평민도 아니고 양반가에서는 더했겠지요. 그 여자 분이 불행했을 것 같아요.

● **촉진자**　(영임은 촉진자의 안내를 받아 세우기 장으로 들어가 X 대역을 향해 바닥에 절하듯이 엎드린다) 아버지 약혼녀에게 말씀하세요. "저는 당신의 불행으로 태어났습니다. 저는 당신을 제 가슴으로 받아들입니다. 그리하여 당신의 불행이 헛되지 않게 하겠습니다. 저와 제 딸이 잘 되는 것은 모두 당신 덕분입니다. 저와 제 딸을 축복해주세요."

● **영임**　(울먹이며 간절하게) 저는 당신의 불행으로 태어났습니다. 저는 당신을 제 가슴으로 받아들입니다. 그리하여 당신의 불행이 헛되지 않게 하겠습니다. 저와 제 딸이 잘 되는 것은 모두 당

신 덕분입니다. 저와 제 딸을 축복해주세요.

영임의 아버지가 집안에서 결혼하라는 여자와 결혼했다면, 영임은 태어나지 못했을 것이다. 영임은 자신의 출생이 자신의 노력이나 의도와 상관없이 전혀 모르는 여자의 비극적인 운명과 연결되어 있다는 것을 알아차린 후 조용해졌다. 영임은 세션 내내 부모 역할과 책임을 얼마나 충실했는지 늘어놓았으며, 다른 사람들의 집중까지 방해했다. 영임의 딸 희성은 단지 엄마의 따뜻한 눈길을 바랐을 뿐이었다. 그러나 영임은 그것이 잘 안 되었다. '내가 너를 박사학위까지 뒷바라지했잖아'라는 마음이 따뜻한 어머니 품을 대신하고 있었다.

통찰

장이 펼쳐지는 내내 오열이 멈추지 않아 당황스러웠습니다. 이제 갓 서른 넘긴 제게, 한, 분노, 서러움 등 말로 표현할 수 없는 감정이 끊임없이 올라온다는 자체가 이상했습니다. 박사 과정을 마칠 때까지 아르바이트를 한 번도 하지 않고 곱게 큰 편인데, 마음은 산전수전 다 겪은 팔자 센 할머니 같습니다. 여러 차례 세션을 하면서 우리 가족은 누군가를 제외하면서 자기들끼리 결속하는 관계 패턴이라는 것을 알게 되었습니다. 예전에는 할머니였고 할머니가 돌아가시자 제가 따돌림을 당했습니다. 얼마 전 큰오빠 사업이 망하면서 저는 가족에게 귀속감을 갖게 되었고, 지금은 오빠가 제외당하는 것을 보고 있습니다. 가족 역동을 알아차리는 연습을 하면서 마음이 단단해졌습니다. 전에는 그냥 괴롭기만 했는데, 이제는 괴로움을 만드는 심리적·관계적 구조가 선명하게 보입니다. 집안 분위기는 전과 달라지지 않았지만, 저를 보는 엄마의 눈빛이 조금 따스해진 것을 느낍니다. 가족원과 가족장 전체를 보는 인식 덕분에 과거의 고통은 사라졌습니다. 앞으로 어떤 일이 일어날지 모르지만 살아볼 만하다는 생각이 듭니다.

희성의 세션 후기다. 어머니 영임은 딸 희성이 자살 시도와 공황 발작이 일어나자, 억지춘향으로 워크숍에 따라왔었다. 딸에게 일어나는 현상이 부계 쪽의 유전자 때문이라고 생각하던 영임은, 자신의 원가족 얽힘을 보고 나서야 날 선 신경이 누그러졌다. 또한 세션 이후에 희성에게 따뜻한 관심을 보이면서 친근하게 대했다고 한다. 덕분에 모녀관계가 편안해졌고 이후 사회복지사였던 희성은 장애인 복지관에 취직했다.

이 세션은 '부모는 어떤 역할을 해야 하며, 부모로 존재한다는 것은 무엇일까'라는 질문을 하게 한다. 영임은 딸을 낳고 길러서 학교에 보내느라 고생했다고 열변을 토했다. 최선을 다해 책임을 다한 어머니와 달리, 딸 희성은 어머니의 노고가 의무감으로 한 행동이지 사랑이 아니라며 어머니가 자신을 온전하게 봐주길 바란다고 말했다. 영임은 딸이 무기력하게 바닥에 쓰러져 있어도 아무런 관심이 없었다. 영임에게는 딸이 보이지 않았다. 영임의 시선은 자신의 부모에게 향해 있었다. 이 흥미로운 장면을 본 후에야 영임은 자신이 부모로서 최선을 다했다는 이야기를 멈추었다. 영임은 자신이 규범화된 역할 모델과 이상적인 어머니 상에 맞추어 살았다는 것을 알아차렸으며, 정작 본질적인 것을 놓치며 살았다고 했다. 영임은 자신의 아버지와 혼담이 있었던 여성의 운명이 자신의 탄생과 연결되어 있다는 사실에 놀랐다. 아버지가 그 여성과 결혼을 했다면, 영임은 이 세상에 없었을 것이다. 가족세우기에서 발견한 것은 타인의 비극이나 희생으로 행운이 왔을 때, 죄책감을 느낀다는 것이다. 마치 비극에 대한 책임이 자신에게 있다고 느끼며, 공짜로 온 행운을 거저 받는 것이 불편하고 심지어 부채의식까지 가진다. 이 운명에서 오는 힘을 고맙게 받는 것 대신, 거부하고 거절하면서 무력감을 느낀다. 희성의 무기력과 죄책감은 여기서 비롯된 것이다.

받아들임은 부모와의 관계에서 핵심 주제다. 생명은 우리 조상과 부모를 통해 내게로 왔다. 가장 아랫자리에서 우리에게 오는 생명을 받아들이고 다음 세대로 넘겨주어야 한다. 누군가의 불행으로 내가 행운을 얻었다면, 이 또한 고개 숙이면서 받아들여야 한다. 내가 잘 되는 것으로 그 불행이 헛되지 않게 하는 것이 진정한 받아들임이기 때문이다.

요약

- **이슈** 어머니와 딸 사이에 친밀감이 없다.
- **통찰** 누군가의 불행으로 행운이 왔다면, 내가 잘 되는 것으로 그의 불행이 헛되지 않게 하는 것이 진정한 보답이다.

아들은 마마보이, 딸은 파파걸이다

사연

사람들은 저를 부러워합니다. 저는 조물주보다 높다는 건물주이며, 아이들은 명문대를 졸업하여 사회적으로 인정받는 전문가입니다. 그러나 내 속은 엉망진창입니다.

제가 가족세우기를 하게 된 계기는 딸이 나와 똑같이 살고 있는 모습을 보고 나서 큰 충격을 받았기 때문입니다. 딸은 키가 170센티미터로 인물이 좋으며 미국 명문대 출신입니다. 어디에 내놔도 부족함이 없는 딸이 사위의 외도에 대처하는 모습은 충격적이었습니다.

딸은 사위에게 매달렸고 사위는 적반하장으로 이혼을 요구했습니다. 딸은 남편을 잡기 위해 둘째 아이를 임신했습니다. 딸의 모습은 의존적인 제 모습과 너무나 닮았습니다.

저는 결혼 전에 착한 딸로 살았으며 결혼 후에 현모양처로 살았습니다. 그러나 가족세우기를 통해 가면을 쓰고 살았다는 것을 알았습니다. 가족세우기는 착한 딸과 현모양처 뒤에 숨겨진 민낯을 적나라하게 보여주었습니다. 혼란스러웠지만 뭔가 잘못되었다는 것은 분명했습니다.

장순(여, 60대)은 가족세우기를 꾸준히 하고 있다. 요즘은 관계의 얽힘을 구조적으로 인식할 수 있다. 남편 생일에 온 가족이 모였을 때, 남편과 딸이 소파에 나란히 앉아 속닥거리는 것을 보면서 알 수 없는 질투가 올라오는 것을 알아차렸다.

반면 아들은 주방에서 일하는 장순의 옆에서 곰상스럽게 이 것저것 물으며 음식 만드는 것을 도왔다. 딸은 남편과 밀착되어 있고, 아들은 장순과 친밀하다. 장순은 아들이 볼혹이 다 되도록 연애만 하는 것이 자기 탓인 것 같았다. 아들은 여자들에게 인기 가 많아 늘 애인이 있었지만, 이상하게 결혼으로 이어지지는 못 했다.

장순은 이제 자녀들이 스스로의 삶을 살기를 바랐다. 딸의 성취가 자신의 성취라고 여겼던 과거와 달리, 이제는 부모와 자 녀관계라 하더라도 존재가 다르다는 것을 받아들이고 있다. 환 갑이 훨씬 지난 나이에 스스로 서는 도전을 하고 있다.

세우기

● 장순은 네 명의 가족 대역을 동그랗게 세웠다. 가족 대역은 서 로를 바라보았다. 잠시 후 남편의 여자 자리에 딸 대역이 섰고, 장순의 남자 자리에 아들 대역이 섰다. 아들 대역과 딸 대역은 부모 옆에 서자마자 팔짱을 끼고 접착제를 칠한 것처럼 찰싹 붙 었다. 아들이 어머니를 모시고 아버지와 더 떨어진 곳으로 이동 했다. 네 명의 가족이 마치 두 커플로 나뉜 것처럼 보였다.

● **촉진자** (장순에게) 아들에게 남편 욕했어요?

● **장순** 네, 욕도 했고요. 무엇보다 아들이 어렸을 때, 남편이 저 를 때리는 것을 봤어요. 그때 충격받았을 거예요.

● 아들 앞에 여자 대역을 추가로 세우고, 딸 앞에 사위 대역을 세웠다.

M   장순
F   장순의 남편
D   장순의 딸
S   장순의 아들
H   장순의 사위
X   여자

● 아들의 시선은 여자와 어머니를 번갈아 보더니 어머니를 향했다.

● **촉진자** (장순에게) 아들을 생각하면서 말씀하세요. "아들아, 너는 나를 만족시켜 줄 수 없다. 네가 나를 떠나 여자의 남자로 살면 내가 기쁘겠다."

● **장순** (아들을 생각하며) 아들아, 너는 나를 만족시켜 줄 수 없다. 네가 나를 떠나 여자의 남자로 살면 내가 기쁘겠다.

● 아들 대역의 얼굴이 이완되면서 가벼워졌다. 한 단계 더 나아갔다.

● **촉진자** (장순에게) 아들을 생각하며 말씀하세요. "아들아, 네가 아빠처럼 살면 엄마가 기쁘겠다. 엄마는 네 가슴 안에 있는 너희 아빠를 사랑하고 존경한다."

● **장순** (아들을 생각하며) 아들아, 네가 아빠처럼 살면 엄마가 기쁘겠다. 엄마는 네 가슴 안에 있는 너희 아빠를 사랑하고 존경한다.

● **아들 대역**   아닌데요. 진실이 아니에요.

● **장순**   반대로 말했어요. 아버지를 닮지 말라고 했어요. 말을 하라고 하니까 그냥 따라하는 거지 진정성이 없어요.

● 딸은 남편을 보자마자 아버지에게 허락을 구하듯이 쳐다보았다. 아버지가 고개를 끄덕이자, 딸은 아버지를 떠나 남편에게 걸어가 서로 안았다.

● 장순의 남편이 장순에게 걸어오자, 아들이 어머니를 보호하려는 듯이 아버지 앞을 가로막았다.

● **촉진자**   (장순에게) 아들을 생각하며 말씀하세요. "아들아, 충분하다. 네 도움 필요 없다. 나머지는 엄마가 알아서 한다."

● **장순**   (아들을 생각하며) 아들아, 충분하다. 네 도움 필요 없다. 나머지는 엄마가 알아서 한다.

● 세우기 언어를 듣자 아들이 주춤했다. 아버지가 어머니 옆에 서자 아들은 그제야 여자와 눈을 맞춘다.

● **아들 대역**   (여자에게 이끌리듯이 바라보며 멋쩍게 웃으며) 부모님이 궁금하지만 여자에게 끌립니다.

● 아들이 부모를 보도록 했다. 장순 부부가 기뻐하며 아들을 향해 엄지척을 했다. 아들은 환하게 웃었지만 눈에 눈물이 그렁그렁 맺혔다. 아들은 비로소 부모를 뒤로하고 여자에게 천천히 걸어갔다. 아들이 웃으며 가볍게 여자 손을 잡자 여자가 함박웃음을 지었다.

대역을 통해 드러난 가족의 역동에서 아들은 어머니의 고통을 가슴 아파했다. 어머니를 고통에서 구해줄 수 있다고 생각하는 아들은 어머니를 떠나지 못한다. 이런 남자는 자신이 영웅이라고 착각하기 때문에, 여자의 말을 듣지 않는다. 처음에는 일이 잘 풀리는 것 같지만, 마지막은 실패로 끝난다. 마마보이는 어머니에게 평가 절하된 아버지 얘기를 듣고 세뇌되었기에, 자기를 비하하고 자존감이 낮아 아버지에게서 오는 힘을 받지 못한다. 마마보이는 어머니의 운명적 얽힘과 희생을 어머니에게 두고 물러설 때, 여자의 남자가 된다. 파파걸도 마찬가지다.

통찰

남자는 여자를 존경하는 것을 아버지에게 배우고, 여자는 남자를 존경하는 것을 어머니에게 배운다. 아버지가 우리 내면의 남성성의 원형이고, 어머니가 여성성의 원형이기에 그렇다. 이는 카를 융Carl Gustav Jung(1875~1961)의 아니마 ― 아니무스Anima-Animus° 개념이다. 파파걸과 마마보이는 가족세우기에서 대역을 통해 드러난다.

마마보이는 수많은 여자를 만족시키려는 카사노바처럼 애인이 많다. 그러나 아내 자리에 어머니가 있기 때문에, 주변에 연애하는 여자는 많으나 아내가 없다. 어머니의 남자인 마마보이는 내면에서 어머니를 구하는 영웅이 되려고 하기 때문에, 크고

° 남성 안에 있는 여성적 요소를 '아니마Anima'라고 하며, 여성 안의 남성적 요소를 '아니무스Animus'라고 한다.

대단한 일을 하려고 한다. 일상의 사소한 일조차 인정과 보상을 요구하기도 한다. 재정적인 부분에서 부인의 의사결정을 배제하는 남자, 가정사를 작게 생각하고 밖에서 크고 대단한 일을 하여 위대한 인물이 되려는 남자, 여자를 무시하는 남성우월주의자나 마초 등은 어머니를 구하려는 마마보이 성향을 가지고 있는 경우가 많다.

파파걸 역시 애인은 많으나 배우자는 없다. 심리적 관계에서 남편 자리에 아버지가 있기에 만나는 남자들에게서 아버지 모습을 찾는다. 아버지에게서 오는 조건 없는 사랑을 기대하지만, 만나는 남자는 아버지가 아니다. 그래서 파파걸은 연애와 결혼에 실패한다.

아이러니하게도 파파걸은 마마보이와 커플이 된다. 둘 사이에 뫼비우스띠처럼 역기능적인 이성관계의 얽힘이 일어난다. 파파걸과 마마보이는 이성이 아니더라도 쇼핑이나 여행, 명상이나 학문, 취미생활 등에 중독된다. 파파걸의 남자 자리를 아버지가, 마마보이의 여자 자리를 어머니가 차지하는 것을 심리적 치환이라고 한다.

원가족의 얽힘이 있는 부부는 어머니와 아들, 아버지와 딸이 '대각적 밀착cross bonding' 관계를 맺기도 한다. 부자지간에는 대화가 부족하고 냉랭하며 경쟁적인 기류가 흐르고, 모녀지간은 심리적 연적 관계가 되어 어머니가 딸을 질투하는 상황이 벌어진다.

마마보이나 파파걸은 부모의 갈등에 끼어들어 삼각관계 구도를 만든다. 부부관계가 나빠지면 부모는 자녀를 대리 배우자로 만든다. 이러한 삼각관계에서 자녀는 자신이 생각하기에 약하다고 판단되는 부모 편에 선다. 주로 폭력을 휘두르는 아버지를 제외하며 어머니 편에 선다.

한편 부부 갈등에 개입하는 자녀는 아프거나 가출을 하거나 말썽을 부리는 등 서로를 향해 있는 부부의 갈등 방향을 자신에게로 돌려 속죄양이 된다. 자신들의 문제를 상대방 탓이라고 회피하는 부부에게, 자녀는 문제아가 되어 부부 공동의 주제가 된다. 부부는 자녀 문제를 풀기 위해 결속한다. 자녀는 이렇게 암묵적인 '중개 역할'을 통해 자신의 지위를 강화하고, 부모의 관계를 회복시키는 구원자가 된다.

다툼이 잦은 부부는 자신들의 문제를 직면하는 대신, 자녀를 부부관계에 끌어들여 자녀를 돌보거나 괴롭히는 방식으로 부부 갈등을 회피하는 경우가 있다.

요약
──────────────────────────

• **이슈** 어머니는 딸을 질투하고 아버지는 아들과 서먹하다.
• **통찰** 마마보이는 어머니를 만족시키려고, 파파걸은 아버지를 만족시키려고 한다. 이 무의식적 관계의 움직임은 자신이 상상하는 대로 부모가 살아야 행복할 것이라는 착각에서 온다.

아들이 상전 같다

사연

저는 늦은 나이에 결혼하여 어렵게 아들을 낳았습니다. 그 아들이 이 제 중학생이 되었습니다. 그런데 너무 억지를 부리고 떼쓰고 우기는 통에 대화가 어렵습니다. 과외 때문에 할 얘기가 있어서 아들을 안방 으로 불렀습니다. 아들이 서서 말했습니다. 아들을 올려다보는 것이 불편해서 앉으라고 했더니, 절대 앉을 수 없다며 서서 얘기를 하겠다 고 했습니다. 30분 동안 실랑이하다 결국 지쳐서 본론은 꺼내지도 못 했습니다.

아들이 제 말을 우습게 여기는 것은 시어머니와 시누이 때문이라고 생 각합니다. 육아휴직이 끝나고 직장 때문에, 아들을 시어머니에게 맡겼 습니다. 저와 남편은 주말에 시댁에 가서 아들과 만났습니다. 그러나 아들은 안아보지도 못하고 일만 하다 왔습니다.

시어머니는 아들이 장손이라고 백화점 옷만 입힙니다. 하루가 다르게 크는 아이에게 백화점 옷은 낭비라고 생각했습니다. 그래서 아동복 매 장에서 파는 면으로 된 실내복을 사다 입히면, 시어머니는 아들 앞에 서 면박을 주고 꾸짖었습니다. 장손에게 싸구려를 입힌다고요. 그 바 람에 제 체면이 땅에 떨어졌습니다. 시누이가 옆에서 거들면 더 열받 습니다. 남편은 저를 감싸주기는커녕 시댁 식구와 한통속이었습니다. 시어머니와 시누이에게 아들을 뺏긴 것 같아 억울하고 분합니다. 그

여파가 사춘기 아들과의 관계에 악영향을 준 것 같아 걱정입니다.

강선(여, 50대)은 근검절약이 몸에 배어 있다. 바느질로 생계를 이어온 어머니의 영향을 받았다. 명문가에서 손에 물 한 방울 묻히지 않고 살았던 그의 어머니는 결혼 후 먹고 살기 위해 갖은 고생을 했다.

강선의 할아버지는 일본 유학을 다녀온 사회 지도층 인사였다. 우익 정권이 들어서자 좌익으로 몰려 수배를 당했다. 이때 남자 가족원도 잡히면 죽을 수 있었기에 강선의 아버지도 함께 피신하였다. 결국 두 사람은 경찰에 잡혔고 할아버지는 감옥에서 얼어 죽었다. 강선의 아버지는 집안에서 손을 써서 간신히 풀려났지만, 고문 후유증으로 정신이상이 되었다.

강선의 아버지는 서울대 출신 인재였지만, 연좌제 때문에 평생 제대로 된 직장에 들어갈 수 없었고, 하는 일마다 실패의 연속이었다. 가끔 발작이 일어나면 가족에게 울분을 터뜨리고 폭력을 휘둘렀다. 강선은 어머니가 아버지에게 폭행당하는 것을 곁에서 자주 봤다. 어머니는 고달픈 인생을 살았지만 한 번도 아버지를 탓하지 않았고, 오빠들도 어린 강선을 보호하기 위해 신경을 썼다. 강선은 원가족 생각만 하면 가슴이 너무 아프다.

반면 강선의 시댁은 지방에서 손에 꼽히는 부농가다. 농사를 크게 지었기 때문에 먹을 것도 많고 물자가 넘쳤다. 농약을 치지 않은 유기농 채소를 깨끗하게 손질하여 보내주고, 생활용품들을 넘치게 챙겨준다. 강선은 시댁의 마음씀이 감사했지만, 시댁이 낭비하는 것 같아 거리낌이 있었다.

강선은 친정과 시댁이 문화적으로 다르고 경제적으로 차이가 있어서 갈등이 심하다. 아들을 키우면서도 시댁과 부딪치는 것이 몹시 힘들다. 게다가 아들이 시어머니 말은 곧잘 듣는데, 자신의 말은 듣지 않아서 고민이다. 몸이 약해졌다. 직장에서는 사람들과 관계를 맺는 것이 어려웠다. 강선은 집안 환경이 넉넉한데 행복하지 않다. 이 모든 것이 운명적 얽힘인 것만 같아 하나씩 풀어내고 싶다.

세우기

● 강선 모자가 마주섰을 때 강선은 아들을 보지 않았다. 아들은 강선을 똑바로 보았지만 연결감을 느끼지 못했다.

이처럼 부모와 자녀가 연결감을 느끼지 못하는 것은, 부모가 자신의 원가족과 운명적으로 얽혀 있는 경우가 많다. 시어머니를 세우자 아들이 시어머니 곁으로 이동했다. 아들은 자신의 친할머니에게서 안정감을 느끼는 것처럼 보인다.

● 시어머니 며느리가 거북해요. 며느리로 안 보이고 위험한 인물 같아요. 가까이 오지 못하게 밀쳐내고 싶어요.

● 강선의 아버지와 할아버지를 세웠다. 장에 냉기가 돌았다.

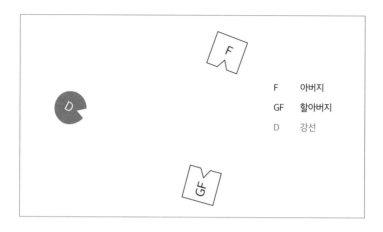

F   아버지
GF   할아버지
D   강선

● **아버지**   가만히 있을 수가 없네요. 너무 불안해요.

● **할아버지**   (숨소리가 거칠다. 고통스러운 신음을 계속 내며) 너무 추워요.

● **강선**   감옥에서 추위에 떨었을 할아버지의 고통이 그대로 느껴져요. 할아버지는 이승만 전 대통령의 탄압으로 감옥에서 겨울에 동사하신 것 같아요. 할아버지는 존경받는 지식인이었다고 합니다. 일본에서 유학하고 오시자마자 흙바닥인 부엌을 콘크리트로 바꾸셨대요. 여자도 배워야 한다며 고모들도 학교에 보내셨고요. 남존여비가 만연한 사회에서 집안의 여자들을 언제나 존중하셨다고 해요. 할아버지는 우리 집안의 영웅이고 완벽한 남편상이며 아버지상으로 회자되고 있어요.

● **촉진자**   (강선에게) 할아버지께 말씀하세요. "할아버지 당신의 운명에 동의합니다."

● **강선**   동의가 안 돼요. 억울하고 분해요. 울분이 치밀어요.

국가 폭력은 후대에까지 대물림되기에 운명적 얽힘을 만든다.

할아버지 뒤에 국가 대역을 세웠다. 어마어마한 긴장이 감돌았다. 전체를 압도하는 힘이 진동하며 장을 장악했다. 의뢰인뿐만 아니라 다른 대역과 참여자 모두의 시선이 국가를 향했다.

● 강선은 국가에 대항하여 눈을 부릅뜨고 주먹을 쥔 채 부르르 떨었다.

● 할아버지가 천천히 국가에 이끌려 걸어가 국가에게 안겼다.

● 강선의 주먹이 스르르 풀렸다. 긴장감이 해소되고 촉촉하게 흐르는 느낌을 받은 듯했다.

◉ **촉진자**　(강선에게) 할아버지를 향해 바닥에 절하듯이 엎드리세요. 할아버지와 아버지께 말씀하세요. "할아버지, 아버지, 저는 당신들을 덮친 운명에 동의합니다. 이제 당신들의 운명을 힘으로 받습니다. 그 힘을 생명으로 받습니다."

◉ **강선**　할아버지, 아버지, 저는 당신들을 덮친 운명에 동의합니다. 이제 당신들의 운명을 힘으로 받습니다. 그 힘을 생명으로 받습니다.

강선의 표정이 편안해지자 다시 아들과 시어머니를 세웠다.

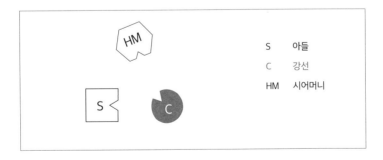

◉ **촉진자**　(강선에게) 시어머니께 말씀하세요. "시어머니, 연좌제

는 폐지됐습니다. 지금은 평화의 시대입니다. 제 아들이며 당신의 장손인 경훈이를 제게 보내주세요. 제 아들이 잘 되는 것은 모두 당신 덕분입니다. 그동안 아들을 키워주셔서 고맙습니다."

● **강선**　　(눈물을 흘리며) 시어머니, 연좌제는 폐지됐습니다. 지금은 평화의 시대입니다. 제 아들이며 당신의 장손인 경훈이를 제게 보내주세요. 제 아들이 잘 되는 것은 모두 당신 덕분입니다. 그동안 아들을 키워주셔서 고맙습니다.

시어머니가 손자에게 손짓했다. 엄마에게 가라는 할머니 손짓에 아들이 조심스럽게 엄마에게 다가갔다. 아들이 엄마에게 안겨 서럽게 울었다. 참여자 모두 눈시울이 붉어졌다.

통찰

강선의 세션은 근현대사의 비극이 평범한 가정을 어떻게 파괴하는지를 보여준다. 또한 원가족에서의 정신적 외상이 결혼 후 자녀에게까지 대물림되면서, 과거의 아픔이 지금도 이어지고 있음을 보여준다. 과거는 이미 지나갔다. 강선은 내면의 상들이 부드럽게 지나가도록 부여잡지 않는 용기가 필요하다는 것을 깨달았다.

　어머니 대역은 세우기 언어를 따라하니까, 속이 시원하다며 딸을 꼭 안아주었다. 강선은 어머니가 힘들까봐 몸에 긴장을 주었다. 내가 진짜 어머니가 아니고 어머니 대역이니까, 긴장을 풀고 편하게 머리를 어머니 어깨에 내려놓으라고 했다. 강선은 어머니가 힘들어서 안 된다고 거절했다. 흥미로운 것은 아들과의 작업에서 아들 역시 강선처럼 바짝 긴장한 채 머리를 어깨에 내려놓지 못했다. 자신과 똑같은 패턴을 보이는 아들의 행동을 보고나서야, 강선은 관계 패턴의 대물림을 깨달았다. 투사나 동일시 등의 심리적인 방어가 기능하면 관계가 긴장한다.

세션 후 강선은 다르게 살기로 했다. 먼저 아들의 과외를 줄였다. 아들이 과외를 안 하겠다고 으름장을 놓으며, 엄마와의 관계를 통제한다는 것을 알았기 때문이다. 강선은 아들의 과외비로 자신의 트라우마를 치료했고 필요한 교육을 받았다. 아들은 강선의 행동에 어리둥절했다. 아들은 자신이 좋아하는 과외 활동까지 중단할까 봐 두려워하는 눈치를 보였다. 과외를 하지 않겠다는 말은 사라졌다. 지금 강선은 아들을 향한 기대를 호흡으로 녹이는 훈련을 하고 있다. 아들을 보면 자동으로 나오던 잔소리가 점점 사라졌다. 아들에게 쏟았던 신경을 내려놓고 자신의 내면에 집중했다.

강선은 아들에게 어떤 바람이 생길 때마다, 몸을 자각하면서 속으로 되뇌었다. '너를 네 운명으로 떠나보낸다. 나는 내 운명에 서고 너는 네 운명에 선다.' 어느 날 신기하게도 아들에 대한 알 수 없는 미안함과 죄의식이 저절로 사라졌다. 강선은 숨통이 트이고 살 것 같았고, 아들 대하기가 훨씬 편안해졌다.

냉증과 불면증도 조금씩 나아졌다. 그동안 가족세우기 대역을 서면서 양심에 거리낌이 있는 사람들의 입장에 서는 기회를 경험한 것이 도움이 되었다. 제외했던 많은 사람이 가슴으로 연결되자 손발이 따뜻해지는 경험을 했다. 강선은 슬픔이 몸을 누르고 있기에 다리 하나 옮기는 것이 태산 옮기는 것처럼 힘들었다. 그러나 이제는 부모 세대에게서 넘겨받은 부차적인 느낌들을 땅에 내려놓을 수 있게 되었다.

강선은 시댁에 대한 거리낌이 집단양심의 내적 충돌이라는 것도 깨달았다. 시어머니가 친정어머니와 같기를 기대했다는 것을 인식했다. 친정어머니처럼 사는 것이 좋은 삶이라는 생각을 내려놓았다. 지금은 거리낌 없이 시어머니가 주시는 좋은 것들을 고맙게 받는다.

요약

- **이슈** 엄마를 무시하는 아들, 아들에게 권위를 잃은 엄마
- **통찰** 우리가 부모처럼 살려고 하는 것은, 부모에게 귀속되고자 하는 집단양심 때문이다. 제외했던 존재들을 존재 그대로 존중할 때, 적대했던 모든 것이 화해하기 시작하며, 우리의 마음은 평안해진다.

부모의 삶은 자녀에게 운명이 된다

독서 모임에서 있었던 일이다. 이 독서 모임은 들어오고 나가는 것이 자유롭기 때문에, 나는 자주 새로운 사람들과 책을 낭독하고 소회를 나눈다. 한번은 자신을 웨딩 플래너라고 소개하는 사람이 왔다. 그녀는 자기소개 시간에 내 말을 진지하게 들어주었다. 나를 바라보는 그녀의 눈빛은 마치 나를 뚫어버릴 것처럼 강렬했다. 아니나 다를까 쉬는 시간이 되자, 내 옆에 와서 '가족세우기'에 대해 얘기해 달라고 했다.

그녀는 결혼을 준비하다 파혼하는 사람이 점점 많아진다고 했다. 파혼의 원인 중 하나가 두 사람의 부모 때문이라고 했다. 최근에도 예비 부부 한 쌍이 예단 문제로 갈등하다가 집안싸움으로 번져 파혼을 결정하면서, 모든 예약을 취소했다고 한숨을 쉬었다.

가부장제를 떠받들던 결혼 문화가 뿌리째 흔들리는 요즘이다. '결혼 적령기' '노처녀' '노총각'이란 말은 구닥다리가 된 지 오래다. 비혼주의자와 딩크족이 늘어나는 현상을 자연스럽게 받아들이는 분위기다. 사회 환경의 변화와 열린 사고의 신인류 덕에 할머니 또는 할아버지가 되는 것도 쉽지 않아 보인다. 양심이 집단적으로 바뀌는 것을 보는 것이 흥미롭다.

부모에게서 경제적 · 정신적으로 자립한 신랑 신부는 자신들이 혼주라고 여기기 때문에, 결혼 준비도 주도적으로 한다고 했다. 신랑 신부가 하나에서 열까지 서로 상의해서 결정하기 때문에, 그 모습을 곁에서 보고 있으면 흐뭇하다고 했다.

부모가 혼주인 집안은 결혼을 준비할 때부터 분위기가 사뭇 다르다. 그녀는 가족세우기에서 말하는 사랑의 질서를 현장에서 실감하고 있었다. 부모·자식관계에서 사랑의 질서가 흐를 때, 일도 결혼도 원만하게 이루어진다는 것을 체험하고 있었다.

우리의 이야기를 듣던 김 선생 내외는 자녀가 모두 결혼해서 손주까지 있으니 자신들은 운이 좋은 사람이라고 너털웃음을 지었다. 인상 좋은 김 선생 부부는 모두 교장으로 퇴임했고, 사람들은 두 사람의 연금을 이야기하며 기업주라고 부러워했다.

김 선생 부부는 옛날처럼 사위나 며느리를 대하면 안 된다고 말했다. 며느리도 사위처럼 백년손님 대우를 해야 갈등이 없다고 했다. 가족과 함께 유럽 여행 갔던 사진을 보여주며, 사위와 며느리가 효도한다고 자랑을 늘어놓았다. 그때 젊은 멤버가 "여행 비용은 선생님이 부담하셨지요? 저도 우리 시부모님의 연금이 기업주 수준이면 그렇게 해요"라고 했다.

독서 모임 멤버 중에는 사회복지사도 있다. 그녀는 독거 어르신 문제가 심각하다고 했다. 배우자와 이별하거나 사별하여 혼자 사는 어르신 중에는, 자녀가 있지만 찾아오지 않는 경우가 많다고 했다. 질병과 고독감으로 언제 올지 모르는 죽음을 손꼽아 기다린다는 어르신을 보는 것이 가슴 아프다며 가족관계의 중요성을 이야기했다. 그러면서 젊은 멤버에게 돈이 없는 부모라도 살아 계실 때 잘하라고 당부했다.

"결혼했어요?" 요즘도 이런 질문을 한다. 결혼을 기준으로 존재 상태를 양분하는 문화는 무의식의 작용이다. 요즘 젊은 세대에게 결혼은 선택지가 되었다. 자식도 마찬가지다. 과거 우리 사회는 결혼하고 자식 낳기를 당연하게 여겼다. 특히 아들을 낳아야 한다는 압박도 있었다. 이 고정관념은 이제 점점 빛을 잃어가고 있다.

딩크족의 이야기를 들어보면, 자녀를 잘 기를 자신이 없어서 낳을 수 없다고 한다. 이것은 가족세우기의 주요 이슈 중 하나기도 하다. 이들의 결정은 궁핍한 환경에서 자신을 낳고 기르느라 고생한 부모의 생애사를 반영하는 경우가 많다.

부모의 삶은 자녀에게 운명이 된다. 그러기에 부모가 관계의 질서에 맞게 사는 것이 중요하다.

02 부부
관계 세우기

신혼 때는 예기치 못한 다툼이 잦다. 가장 흔한 예로 신랑은 신랑의 가정에서 하던 대로 치약을 아래부터 돌돌 말아 짜고, 신부는 신부의 가정에서 하던 방식대로 치약을 대충 잡은 채 꾹 눌러 사용하여 충돌한다. 한 집에서 하나의 치약을 서로 다른 방식으로 사용하는 것이다. 서로의 습관을 존중한다면 아무 문제가 없다. 또 서로의 원가족 문화를 현 가정에 받아들여 공유한다면, 관계를 공고히 하고 화목하게 지낼 수 있다.

그러나 자신의 생활양식은 맞고 배우자의 생활양식은 틀렸다고 생각할 때, 갈등이 폭발한다. 심지어 배우자에게 자기의 생활양식대로 고치라고 강요하고 가르친다면 문제는 심각해진다. "네 부모의 생활양식을 버리고 내 부모의 생활양식대로 맞춰 살아라" 하는 말과 같기 때문이다. 부부는 각자의 부모에게 속해 있었기 때문에, 배우자를 따르는 것에 양심의 거리낌을 느낀다. 이는 도덕적 집단양심이 내면의 기관처럼 기능하기 때문이다. 양심은 우리가 부모에게 귀속되기 위해 무엇을 해야 하는지를 무의식 차원에서 지배한다. 부부가 원가족에 매여 서로 다른 양심을 가지고 있으면, 부부 사이에 갈등이 일어날 뿐만 아니라 자녀는 누구의 양심을 따라야 할지 혼란스러워진다.

새 가정을 꾸린 부부는 어떻게 현가족의 양심을 만들어야 할까. 부부는 서로 원가족의 양심을 존중하며 받아들여, 현가족에게 맞는 새로운 삶의 질서를 개발해야 한다. 윗대의 삶을 온전히 받아들여 현재의 가족공동체에 맞는 생활양식을 만들어가면, 서로 연결감과 유대감을 키워나갈 수 있다.

남편과 말이 통하지 않는다

사연

딸(수영, 여, 30대)이 사위와 싸우다 "너는 장모님과 똑같아"라는 말을 들었다고 합니다. 딸이 저처럼 살까 두렵습니다. 딸도 우리 부부의 갈등이 자신과 손주에게 대물림될까 봐 걱정하곤 합니다. 딸의 말에 엄마로서 죄책감을 느낍니다. 제가 행복하게 살아야 자신도 행복하게 산다고 딸이 말하곤 합니다. 맞는 말이지만 그럴 수 있을지 모르겠습니다. 제가 남편과 행복하게 살 수 있을까요?

미자(여, 70대)는 결혼 생활 45년차이지만 남편과 제대로 대화를 나눈 적이 없다고 호소했다. 결혼 초 말이 통하지 않는 남편에게 같이 살기 힘들어 이혼을 요구했다. 그러나 이혼은 쉽지 않았다. 행복하게 살지도 못하면서 헤어지지도 못하는 삶이 답답했다. 그런데 회사를 퇴직한 후 남편이 이혼을 요구했다. 헤어지자고 할 때는 일에 미쳐 들은 척도 하지 않던 남편이 일을 그만두고 함께 있는 시간이 많아지자 견디기 힘들었던 모양이다. 다 늙어서 혼자 사는 것도 두렵고, 얼마 안 되는 재산을 둘로 나누는 것도 싫었다.

　미자의 가족사는 상실이 많았다. 미자는 태어나기 이전에 이미 세 명의 형제를 잃었다. 미자의 어머니는 첫째 아들이 전쟁 중 사고로 죽는 바람에 큰 충격을 받았다. 연이어 전염병으로 두

명의 딸을 동시에 잃었다. 어머니는 밤마다 술을 마셨다. 미자는 어머니를 생각하면 멀쩡한 모습보다 술에 취해 있는 모습이 먼저 떠오른다. 미자는 우울증과 알코올의존증인 모태를 통해 이 땅에 태어났다. 환경이 이러니 돌봄을 기대하기 어려웠다. 그래서 무엇이든지 알아서 해야 했다. 특히 피아노 콩쿠르에 나갈 때 가장 외롭고 우울했다. 다른 아이들은 부모가 와서 뒷바라지를 했지만, 미자는 우승을 해도 박수 쳐주는 가족이 없었다. 형제가 아무리 많아도 막내인 미자를 위해 시간을 내주는 사람이 없었다. 모든 것을 혼자서 해야만 했다. 결혼하면 행복하게 살 줄 알았는데 외로운 삶은 똑같았다. 70이 넘은 나이지만 이제라도 남편과 잘 지내고 싶다. 무엇보다 자식들이 행복하길 바란다.

세우기

● 미자는 자신의 대역을 중앙에 세웠다. 대역이 팔짱을 꼈다. 대역을 세우고 자리로 돌아온 미자는 신기하게도 대역과 똑같은 포즈로 팔짱을 꼈다.

● **촉진자** (팔짱을 끼고 있는 미자에게) 가슴을 닫고 소통이 잘 될까요? 숨은 어떠세요?

● **미자** (끼고 있던 팔짱을 풀면서) 숨 쉬기 힘들어요.

● 미자의 대역은 양팔을 아래로 늘어뜨린 채 눈을 감고 있다. 남편 대역을 오른쪽에 세우자 눈을 떴다.

● **촉진자** 소통이 안 되기보다 원하는 방식으로 남편이 소통을 하

지 못한다는 말씀인가요?

● **미자**   (고개를 끄덕이며) 네.

배우자에게 친절한 부모의 모습을 기대하는 경우가 있다. 미자
는 어릴 때 받지 못한 어머니의 사랑과 공감을 남편에게 대신 받
고 싶은 것이다.

● **촉진자** 어머니와 소통이 어땠어요?

● **미자**   잘 안됐어요.

미자의 어머니는 한국전쟁 중 사고와 전염병으로 자녀를 잃었
다. 우울감에 젖어 밤마다 술을 마셔야 잠을 잘 수 있었다. 미자
는 늦둥이로 태어났지만 귀여움을 받기는커녕 술주정하는 어머
니의 수발을 들어야만 했다.

● 죽은 형제와 어머니를 세웠다.

M	어머니
D	막내딸 - 미자
D1	첫째 아들 - 사고로 사망
D2	둘째 딸 - 홍역으로 사망
D3	셋째 딸 - 홍역으로 사망

● 미자의 어머니는 첫째 아들에게서 눈을 떼지 못했다. 첫째 아
들이 절룩거리며 천천히 이동하여 구석에 가서 얼굴을 숨겼다.
어머니와 미자가 흐느껴 운다. 장 전체가 비통함으로 묵직하다.

● 어머니가 첫째 아들의 움직임을 따라가자 동시에 미자 대역이
팔짱을 낀다. 어머니의 눈은 온통 첫째 아들에게 있다. 막내딸

미자는 보지 못한다. 첫째 오빠가 어머니 옆에 서고 미자 대역이 죽은 언니들 사이에 서자 편안함을 느낀다.

● **촉진자** (미자에게) 어머니께 말씀하세요. "어머니, 당신은 크시고 저는 작습니다. 이제 당신을 슬픔에 두고 저는 기쁨으로 물러섭니다."

● **미자** (차마 입을 떼지 못한다. 숨을 씩씩거린다)

● **촉진자** (미자에게) 기쁘게 살려니까 양심의 가책이 일어나나요? 죄책감을 기꺼이 받아 죄인이 되어 보세요. 몸에서 일어나는 감각에 집중합니다. 호흡이 도와줄 거예요. 호흡합니다.

● **미자** 어머니, 당신은 크시고 저는 작습니다. 이제 당신을 슬픔에 두고 저는 기쁨으로 물러섭니다.

● 남편 대역이 들어와 미자를 부른다. 남편의 목소리를 들은 미자가 안도의 한숨과 함께 울음을 터뜨린다. 마치 길을 잃고 헤매다 부모와 재회하는 순간처럼 보인다. 남편이 손을 뻗자 미자가 손을 잡는다. 남편이 살짝 당기니까 손을 빼려고 한다.

● **촉진자** (남편 대역과의 움직임을 보며) 남편과 밀당하고 계시네요? 미자와 사람들이 함께 웃는다.

● 남편의 부드러운 당김에 미자는 못 이기는 척 안긴다. 동시에 어머니와 죽은 언니들도 서로 껴안는다.
마치 삶과 죽음이 서로 다른 공간에서 공존하는 것으로 보인다. 산 사람은 여기에 죽은 사람은 저기에서 서로 연결되어 있다.

● **촉진자** (미자에게) 남편에게 말씀하세요. "여보, 이제 저는 당신에 대한 제 갈망을 포기합니다. 내가 예술가로 우아하게 사는 것

처럼, 당신은 엔지니어로 정확하게 사셔도 됩니다. 당신이야말로 제게 딱 맞는 남자입니다."

● 미자   여보, 이제 저는 당신에 대한 제 갈망을 포기합니다. 내가 예술가로 우아하게 사는 것처럼, 당신은 엔지니어로 정확하게 사셔도 됩니다. 당신이야말로 제게 딱 맞는 남자입니다.

● 미자   포기가 안 돼요. 남편이 내 뜻대로 변하길 바라는 마음이 커요.

미자는 부모와의 관계에서 충족되지 못한 사랑과 돌봄의 욕구를 남편을 통해 충족하려는 성인아이였다. 미자는 자신의 문제를 직면하는 대신 남편의 성격을 탓하는 방식으로 부부 갈등을 풀려고 했다. 그러면서 여전히 남편에게 예술가의 우아함과 아름다운 소통을 바랐다. 바로 자신이 상상하는 어머니의 모습이다. 미자의 남편이 미자의 상상대로 할 수 있을까? 미자는 남편과의 관계를 개선하기 위해 스스로 할 수 있는 일이 무엇이며 그것을 위한 효율적인 방법을 배워야 한다. 그러나 학습과 성장 대신, 남편과 환경을 탓한다. 이것은 성인아이의 특징이다. 미자는 남편에게 어머니의 모습을 기대하지 않고, 남녀로서 주고받을 수 있는 것이 무엇인지를 배워야 한다.

통찰

가족세우기 세션을 하면서 몇 가지를 알게 되었다.

첫 번째, 엄마에 대한 내 눈먼 사랑이다. 내 삶의 크고 작은 문제들이 결국 엄마의 운명과 얽혀 있다는 것을 알게 되었다. 내 마음속에 어떠한 걸림이 있는 사건들을 면밀히 파헤쳐보니, 엄마를 행복하게 해주고 싶은 마음이 큰 어린아이의 모습이 보였다. 내가 아무리 애써도 엄마의 운명을 바꿀 수 없다는 것이 받아들여지지 않았다. 나는 그렇게 내가 할 수 없는 일에 매달려 애쓰며, 엄마를 거꾸로 사랑하고 있었던 것이다. 겉으로 보면 아무 탈 없이 잘 살고 있는 내 삶이 항상 슬프고 무기력하며 버거운 이유를 알 것 같았다.

두 번째, 사이가 좋지 않았던 부모님 사이에서 혼란스러워하는 나의 모습이다. 세션에서 어떤 이슈를 다루던 빈번하게 드러나는 구조가 있다. 예술과 공부, 날라리와 품위 등 극과 극의 대역이 세워지는데, 나는 내 안에 이 양극성이 함께 있다는 것을 잘 알지만 늘 조심스럽고 혼란스러웠다. 장이 마무리되어도 매번 무언지 모를 답답함이 나를 짓눌렀는데, 드디어 보았다. 어릴 적부터 극과 극의 성향으로 팽팽하게 대립했던 엄마와 아빠의 모습을 말이다. 나는 엄마에게 속하기 위해, 엄마가 싫어하는 아빠와 같은 면을 허용하거나 표현하지 못했던 것 같다. 아빠에게서 오는 생명과 사랑을 제대로 받지 못하고 받아들이지 못했기에, 나는 나에게 있는 어떤 부분이 '나에게 있어도 되나?' 생각했고 불안했다.

세 번째, 무언가를 두려워하고 제외하고 있는 듯한 내 대역의 모습이다. 겉으로 보이는 장의 역동 속에서 크게 드러나지는 않았지만, 내 대역의 모습은 항상 불안에 떨고 회피하려는 모습을 보여주었다. 그리고 매번 그것이 내 아이에게 전해질까 봐 초조하고 염려스러워 아이와 눈조차 마주치지 못했다. '나는 도대체 무엇을 그렇게 두려워하고 있는 걸까?' 질문하다 문득 엄마 아빠가 부모를 그리워하며 죽음을 향해 있던 것이 떠올랐다. 그리고 그 정체가 '죽음'이 아닐까 생각해본다.

이 글은 미자의 딸인 수영의 글이다. 미자가 세션을 하고나서, 수영 또한 가족세우기를 여러 번 했다. 수영은 육아에 전념할 수 있는 좋은 환경에서 살고 있지만, 아이를 키우는 것에 대한 버거움을 느꼈다. 이 버거움의 정체가 궁금했고 사라지기를 바랐다. 미자 부부의 갈등이 자녀인 수영에게 어떻게 영향을 미쳤는지, 수영의 글을 통해 알 수 있다. 예술가인 어머니와 엔지니어인 아버지, 영남 출신 어머니와 호남 출신 아버지, 전쟁으로 형제를 잃고 피난민으로 유년기를 보낸 어머니, 여순사건으로 유아기 때 할아버지를 여읜 아버지의 관계는 대립적이었고, 수영은 내심 부모님의 관계를 신경 쓰고 있었다.

　가족은 운명공동체로 서로 결속되어 있다. 슬프고 암울한 근현대사로 인해 원가족인 할아버지와 할머니, 부모의 삶이 고통스러웠기에, 현재를 사는 우리는 양심 때문에 그 아픔에서 자유롭지 못하다. 수영이 인식한 것처럼 우리가 부모의 행복을 위해 얼마나 애쓰고 있는지, 또 부부 갈등이 자녀에게 어떤 영향을 미치는지 알기만 해도 우리는 다르게 사는 용기를 얻는다.

요약

- **이슈**　부부 사이에서 말이 통하지 않는다.
- **통찰**　배우자와 남녀로서 소통이 안 된다면 배우자에게 친절한 부모의 모습을 기대하고 있진 않은지 돌아보자.

남편이 외도를 했다

사연

이혼숙려기간 중입니다. 남편에게 사랑하는 사람이 생겨서 이제 그만 헤어지려고 합니다. 남편과 저 사이에는 자녀가 있습니다. 자녀 둘은 남매입니다. 누가 아이를 키우는 것이 좋을지 결정을 못했습니다. 남편은 딸을 내가 키우고, 아들은 자신이 키우길 바랍니다. 남매를 떨어뜨리는 것이 마음에 걸립니다. 아이들을 위해 어떻게 하는 것이 더 좋을지 고민입니다.

은진(여, 40대)은 태현(남, 40대)과 파경을 맞이한 배경에 다세대 얽힘이 있다는 것을 알았다. 놀라울 것도 없다는 생각이었고, 아이를 위해 이혼이라도 잘 해보겠다는 마음으로 남편과 함께 가족세우기에 참여했다.

　태현은 어릴 때부터 편찮으신 어머니가 신경 쓰지 않도록 가족 행사를 잘 챙겼다. 병약한 어머니가 속을 끓이다 돌아가실까 봐 걱정되었기 때문이다. 가족 챙기기는 결혼 후 은진에게로 넘어왔다. 은진은 막내며느리이지만 맏며느리 역할을 하느라 고단했다.

　어느 명절날 참았던 불만이 터졌다. 명절 당일에 한복을 입고 나타난 동서들을 보자, 앞치마를 두르고 제사 준비하는 자신이 식모 같다고 느꼈기 때문이다. 그런데 시어머니와 동서들은 미안하다는 말 대신 "누가 너보고 하라고 했니?"라고 했다. 이후 시댁에 발을 끊었고, 태현과 갈등이 깊어졌다. 급기야 태현에게 애인이 생겼다.

은진은 모든 것을 정리하고 친정어머니와 함께 살기로 마음 먹었다. 은진의 어머니는 평생을 참고 살다가 병이 났다. 아버지는 끊임없이 바람을 피었고, 할머니와 고모들이 어머니를 식모처럼 부렸다. 은진은 어릴 때 어머니의 수고를 덜기 위해 집안일을 도왔다. 어머니가 암으로 입원하자, 할머니는 바로 가사 도우미를 두었다. 어머니가 퇴원해서 현관에 들어설 때, 집 안에서 가사 도우미가 문을 열고 나왔다. 은진이 가사 도우미에게 어딜 가시냐고 묻자, 할머니가 그만두라고 했다고 했다. 은진은 집 안으로 들어가려다가 현관문을 닫고, 어머니와 함께 자신의 집으로 왔다. 몸조리해야 할 어머니가 할머니와 아버지의 수발을 들게 할 수는 없었기 때문이다.

세우기

● 태현과 은진은 가족을 세웠다. 먼저 태현은 자신과 아들을 한 편으로 세우고, 은진의 대역과 딸을 한 편으로 세웠다. 곧이어 은진이 남편 대역 곁에 있던 아들을 자신의 대역 곁으로 데려왔다. 은진이 아들을 데려오려고 할 때 태현 대역이 저지했다.

● **태현 대역** 부인이 너무 무서워요. 하지만 아들과 헤어질 수 없

부부관계 세우기   175

어요.

● **촉진자** (태현과 은진 부부에게) 혹시 죽은 형제나 제외된 가족원이 있나요?

● **태현** 쌍둥이 동생이 입양 갔습니다. 집안의 공공연한 비밀입니다.

● 아들이 있던 자리에 쌍둥이 동생을 세웠다.

● **아들** 아빠의 쌍둥이 동생에게 끌려요.

● **태현 대역** 슬퍼요.

● **태현의 쌍둥이 동생 대역** 슬프고 그리움이 있어요.

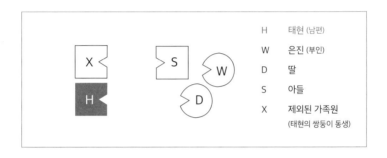

● **태현** 저희들이 태어났을 때 집안이 굉장히 가난했다고 해요. 이미 형님과 누나가 다섯이나 있는데, 저희들이 쌍둥이로 태어난 거예요. 저는 태어날 때부터 병약해서 젖도 못 먹었다고 합니다. 언제 죽을지 몰라 윗목에 밀어놓았다고 해요. 반면 동생은 건강해서 젖도 잘 먹고 뽀얗고 예뻤다고 해요. 어머니가 편찮아서 아기들을 제대로 돌보지 못하자, 아버지는 잘사는 친구에게 건강한 동생을 보냈다고 합니다. 아버지는 조용히 동생을 보러 갔지만, 어머니는 평생 모르셨지요. 어머니는 심장 수술을 두

번이나 했어요. 동생에 대한 죄책감 때문인 것 같습니다. 가족 누구도 동생에 대한 얘기를 하는 사람은 없고, 아직 아버지 외에 누구도 동생을 만난 적은 없습니다. 저도 생각은 있지만, 아직 만나지는 못했습니다.

● **촉진자** (태현에게) 원가족 작업부터 하겠습니다.

● 촉진자는 태현의 부모를 세운다. 태현 동생이 어머니를 향한다. 어머니는 외면한다.

● **촉진자** (태현과 동생 대역에게) 어머니께 말씀하세요. "어머니, 저희들은 필요한 모든 것을 이미 다 받았습니다. 나머지는 저희가 알아서 합니다. 당신은 저희들에게 언제나 옳습니다."

● **태현과 동생 대역** 어머니, 저희들은 필요한 모든 것을 이미 다 받았습니다. 나머지는 저희가 알아서 합니다. 당신은 저희들에게 언제나 옳습니다.

● 아들을 외면했던 어머니가 느리게 얼굴을 돌린다. 어머니는 멈칫 뒤로 살짝 물러선다. 태현의 동생 역시 어머니를 바라보기만 할 뿐, 한참 동안 어떤 움직임도 일어나지 않는다.

● **촉진자** (태현의 원가족 대역들에게) 여기까지 하겠습니다.

가족세우기는 어떤 소원이나 희망으로 도우려 하지 않는다. 그러나 영혼의 움직임은 계속될 것이다.

● **태현** (슬픈 표정으로 한숨을 쉰다. 약간 넋이 나간 듯 눈빛이 망연하다) 실제로 제 어머니를 보는 것 같습니다.

● **촉진자** 현가족 작업하겠습니다. (은진에게) 어떠세요?

● **은진** 담담합니다. 인연이 여기까지인 것 같아요.

● 남매는 엄마 앞에 서서 아빠를 보고 있다. 아빠 옆에 여자친구를 세운다. 아빠 옆에 여자가 들어오자 남매가 움찔하며 엄마의 품속으로 물러서는 작은 움직임이 일어난다.

● **촉진자** (은진에게) 아이들 얼굴을 떠올리고 말씀하세요. "나는 네 안에 있는 네 아빠를 사랑하고 존경한다. 네가 아빠처럼 되면 내가 기쁘겠다."

● **은진** 무슨 의미인가요? 저항감이 올라오네요. 아빠처럼 바람둥이로 살라는 건가요?

● **촉진자** 생명을 보세요. 생명에 더러운 피, 깨끗한 피가 있나요? 생명은 사랑의 질서를 따릅니다. 도덕적 판단의 대상이 될 수 없습니다. 부모님은 둘이지만 아이에게 부모는 하나의 생명입니다. 자녀의 몸에는 엄마의 피, 아빠의 피가 함께 있다는 의미입니다. 엄마가 네 피의 절반은 더럽다고 경멸한다면, 그 아이가 온전하게 성장할까요? 생명은 양심을 초월하여 인간에게 옵니다. 자녀의 생명에게 말씀하시길 바랍니다.

● **은진** (수긍하며) 나는 네 안에 있는 네 아빠를 사랑하고 존경한다. 네가 아빠처럼 되면 내가 기쁘겠다.

● **촉진자** (태현에게) 아이들 얼굴을 떠올리고 말씀하세요. "나는 네 안에 있는 네 엄마를 사랑하고 존경한다. 네가 엄마처럼 되면 내가 기쁘겠다."

● **태현** 나는 네 안에 있는 네 엄마를 사랑하고 존경한다. 네가 엄마처럼 되면 내가 기쁘겠다.

● **촉진자** (태연과 은진과 그들의 대역에게) 어떠세요? 생각은 내려놓

고 몸을 자각하세요.

● 태현과 은진과 그들의 대역　편안해요.

● 촉진자　(태현과 은진에게) 마주보시고 서로에게 얘기하세요. "우리의 인연은 여기까지입니다. 나는 당신과 나눈 사랑을 사랑하고 존중합니다. 이혼에 대해 당신이 져야 할 책임은 당신이 지고 내가 져야 할 책임은 내가 집니다."

● 태현과 은진　우리의 인연은 여기까지입니다. 나는 당신과 나눈 사랑을 사랑하고 존중합니다. 이혼에 대해 당신이 져야 할 책임은 당신이 지고 내가 져야 할 책임은 내가 집니다.

● 촉진자　(태연과 은진에게) 어떠세요?

● 태현과 은진　편안합니다.

통찰

은진은 자신이 어머니와 똑같은 삶을 반복하는 것을 알아차렸다. 은진의 외할머니는 은진의 어머니를 데리고 친할머니댁에 가정부로 상주했다. 은진의 아버지가 은진의 어머니를 수시로 강간했다. 은진의 어머니는 강간을 당해 은진의 오빠를 낳았다. 손이 귀한 은진의 친가는 아들을 출산하자 부랴부랴 결혼을 시켰다.

은진과 그녀의 오빠는 어머니가 가정부의 딸이었다는 것 때문에 아버지 가족에게 부당한 대우를 받는 것에 괴로워했다. 남매는 어머니가 이혼을 하고 친가로부터 자유롭기를 바랐다. 그러나 아버지 없이 가난하게 살았던 은진의 어머니는 남편 집안의 재력이 아이들을 위해 필요하다고 판단했다. 은진의 어머니는 아이들의 교육을 위해 참고 살았다. 은진의 오빠는 미국으로 유학을 갔다. 그리고 미국에서 변호사가 되었다. 우리나라로 돌아오지 않을 심산인 것 같다. 은진도 오빠처럼 집을 떠나고 싶었지만, 어머니를 보호해야 한다는 생각 때문에 그럴 수 없었다.

은진은 작업을 하면서 자신의 우울감이 어머니의 정서를 닮았다는 것을 알았다. "어머니, 제가 대신 우울할 테니 어머니는 밝게 사세요"라는 대속代贖(남의 죄를 대신하여 벌을 받거나 속죄함)의 마음이 강렬하다는 것을 인식했다. 어머니의 구원자를 자처한 자신의 모습은 남편의 모습과 아주 유사하다는 것을 깨달았다.

태현이 자신의 어머니가 돌아가실까봐 전전긍긍하는 것이나, 은진이 친정어머니를 가슴 아파하는 것이나, 상황은 다르지만 근본적으로 부모를 행복하게 해줘야 한다는 어린아이의 눈먼 사랑이다. 부모의 운명을 불행하다고 판단하는 마음 때문에, 부모의 고통을 뚫고 자신에게 오는 생명력을 받아들이지 못하는 점에서 유사하다는 것을 깨달았다.

요약

- **이슈**   이혼 시 자녀는 누구와 살아야 될까.
- **통찰**   부부가 이별하여 남남이 되어도, 둘 사이에 태어난 자녀는 부모의 자식으로서 영원하다. 아이에게 배우자를 험담하면 아이의 자존감이 낮아진다. 그래서 배우자를 존중하는 부모가 아이를 키우는 것이 아이를 위해 좋다.

행복한 재혼 가정을 만들고 싶다

사연

재혼했습니다. 남편 성수의 아이 둘과 내 아이 한 명이 가족을 이루고 삽니다. 저는 학령기 아이 셋을 양육하기 위해, 작년에 직장까지 그만 두었습니다. 제 딴에는 한다고 하는데도 남편의 자녀와 여전히 서먹합니다. 직장을 그만두고 아이들과 많은 시간 함께 지내면, 친해질 수 있을 것이라고 생각했습니다. 그러나 남편의 자녀는 내가 애를 쓰면 쓸수록 거리를 두는 것 같습니다. 남편 역시 제 딸과 어색하기는 마찬가지입니다.

다행히 아이들끼리는 잘 지냅니다. 제 딸이 첫째라서 저를 도와 동생들을 보살핍니다. 남편의 아이들은 제게 말이 없지만, 제 딸에게는 스스럼없이 얘기를 잘합니다. 남편은 아침 일찍 출근했다가 늦게 귀가하고 휴일에는 주로 잠을 자기 때문에, 아이들과 보내는 시간이 거의 없습니다.

저는 기죽은 남편의 아이들을 볼 때마다 마음이 짠합니다. 그래서 모래치료도 하고 미술치료도 하고 리더십 캠프에도 보냈습니다. 심리치료 덕분인지 아이들은 많이 씩씩해졌습니다. 그러나 저와의 관계는 변화가 없습니다. 이런 고민을 아이들 상담사에게 털어놓았습니다. 상담사는 가족세우기가 더 적절할 것 같다고 추천했습니다. 남편을 사랑하고 남편의 아이들을 잘 키우고 싶습니다. 믿음의 가정을 이루고 아이들에게 사회적 어머니로서 존경받고 싶습니다.

기정(여, 40대)과 성수(남, 40대)는 혼합 가정을 이루었다. 혼합 가정의 형태는 다양하다. 배우자의 사망이나 이별로 인해 다른 사람과 결혼한 경우, 전 배우자와의 관계에서 태어난 자녀와 새 배우자가 자신의 전 배우자와의 관계에서 태어난 자녀 등으로 구성된 가족, 동성부부가 입양한 자녀로 구성된 가족, 정자나 난자를 기증받아 출산한 자녀로 구성된 가족, 수양자녀로 이루어진 가족 등을 일컫는다.

　기정은 믿음의 가정을 이루기 위해 많은 노력을 했다. 성수와 재혼한 것도 믿음의 가정을 만들 수 있다는 확신이 들었기 때문이다. 겉으로 보기에는 남들이 부러워하는 성공적인 재혼 가정의 모습이다. 하지만 속은 그렇지 않았다.

세우기

혼합 가정 세션에서 가장 중요한 작업은 배우자의 이전 배우자에 대한 존경을 갖는 것이다. 또한 아이들은 친부모에게 귀속된다는 사랑의 질서를 아는 것이다. 이것은 보편적 관계 질서다. 또한 전 배우자의 인연을 받아들이고 고마움을 가질 때, 다음 인연과 자유롭게 만날 수 있다.

● 가족 전체를 세웠다.

● **촉진자** (기정에게) 성수의 첫 번째 부인에게 말씀하세요. "당신

은 제 남편의 첫 번째 부인입니다. 저는 두 번째 부인입니다. 당신의 자녀와 제가 잘 지내는 것은 모두 당신 덕분입니다."

● 기정 당신은 제 남편의 첫 번째 부인입니다. 저는 두 번째 부인입니다. 당신의 자녀와 제가 잘 지내는 것은 모두 당신 덕분입니다.

● 촉진자 (성수에게) 기정의 첫 번째 남편에게 말씀하세요. "당신은 제 부인의 첫 번째 남편입니다. 저는 두 번째 남편입니다. 당신의 자녀와 제가 잘 지내는 것은 모두 당신 덕분입니다."

● 성수 당신은 제 부인의 첫 번째 남편입니다. 저는 두 번째 남편입니다. 당신의 자녀와 제가 잘 지내는 것은 모두 당신 덕분입니다.

기정은 성수 아이들의 친모를 대신할 수 있다는 내면의 상이 있었다. 그러나 아이들은 언제나 친부모에게 귀속감을 갖는다. 의붓아버지와 의붓어머니는 아이들을 위해 필요한 것을 하며 생명에 기여한다. 어떤 의도나 기대 없이 생명에 봉사하기에 아이들은 자유롭다. 그래서 주는 것을 주는 그대로 가볍게 받을 수 있다.

● 촉진자 (성수에게) 아이들에게 말씀하세요. "얘들아, 나는 네 안에 있는 네 엄마를 사랑하고 존중한다. 네가 네 엄마처럼 되면 내가 기쁘겠다."

● 성수 얘들아, 나는 네 안에 있는 네 엄마를 사랑하고 존중한다. 네가 네 엄마처럼 되면 내가 기쁘겠다.

● 촉진자 혼합 가정의 형태를 세워보겠습니다.

C	기정 (부인)
F	성수 (남편)
F1	기정의 첫 번째 남편
M	성수의 첫 번째 부인
D	성수의 딸
D1	기정의 딸
S	성수의 아들

● 잠시 후 기정의 첫 번째 남편이 공동체에서 빠져나온다. 동시에 성수의 첫 번째 부인도 몇 걸음 옆으로 이동한다. 기정과 성수의 현가족만 단란하게 남았다.

● **성수의 첫 번째 부인** 이제, 충분해요. 존중감도 느껴지고 아이들도 안심이 됩니다. 한 걸음 떨어져 있어도 연결감이 느껴져요.

● **성수의 자녀** 저기 계셔도 걱정이 안 돼요. 엄마가 저기 계셔야 엄마도 남자친구를 만나실 것 같아요.

● **촉진자** (성수의 첫 번째 부인에게) 자녀에게 말씀하세요. "너희들이 나를 필요로 할 때 나는 언제나 여기 있다."

● **성수의 첫 번째 부인** 너희들이 나를 필요로 할 때 나는 언제나 여기 있다.

● **성수의 자녀** (고개를 끄덕이며) 믿어져요. 엄마에 대한 걱정이 사라졌어요.

세션이 마무리되자 세미나 참여자들이 이들을 축복하며 함께 감동했다. 그리고 이구동성으로 혼합 가정에 대한 편견과 부정적인 인상이 정화되었다고 했다.

통찰

혼합 가정 세션에서 발견한 것은 크게 두 가지다. 하나는 친부모에 대한 자녀의 충성 갈등이다. 이 이슈에서 보았듯이 의붓어머니의 노력에도 아이들은 틈을 주지 않는다. 왜 그럴까? 친어머니에 대한 충성심 때문이다. 아이들은 새어머니를 받아들이면 친어머니와의 연결감을 잃을까봐 두려워한다. 아이들의 내면에서 친부모에 대한 충성심에 갈등이 일어나는 것이다. 우리는 세션에서 친어머니에 대한 '아버지와 새어머니'의 존중이 아이들을 안심시키는 것을 볼 수 있었다.

다른 하나는 관계의 서열이다. 관계에는 질서가 있다. 남녀가 처음 만나 아이를 낳으면 자녀보다 부부관계가 우선이다. 그래서 부부는 자녀보다 배우자를 우선한다. 자녀가 있는 남녀의 재혼은 다르다.

재혼 전 부모·자식관계는 재혼한 부부관계보다 우선한다. 재혼한 배우자보다 재혼하기 전의 자녀에게 먼저 염려가 있다. 재혼 전 자녀와 함께 살든지 떨어져 살든지 상관없이 재혼 전 자녀와의 관계는 재혼한 부부관계보다 우선한다. 그래서 재혼 부부는 배우자가 자신의 자녀 양육비를 부담하고 돌보는 것에 이의를 가지면 안 된다. 배우자의 자녀를 위한 사랑에 불만을 갖는다면 재혼 부부의 관계는 힘들어진다.

재혼한 부부는 배우자의 전 인연과 자녀를 존중해야 한다. 이별이 지금의 재혼을 가능하게 했다는 것을 존중해야 한다. 이러한 인식과 통찰은 우리를 더 겸손하게 만들며, 지금의 행복을 위해 치러진 희생을 받아들이게 한다.

요약

- **이슈**   재혼 가정을 화목하게 만들고 싶다.
- **통찰**   재혼한 부부는 배우자의 전 인연과 자녀를 존중해야 한다.

행복한 부부는 예술적으로 주고받는다

행복한 부부 사이는 주고받음이 실행적이다. 남편이 아내에게 고깃국을 먹고 싶다고 했을 때, 아내는 남편을 사랑하기에 기꺼이 맛있는 고 깃국과 건강한 밥을 짓는다. 그리고 남편은 청소나 설거지를 하는 등 구체적인 행동을 한다. 요즘은 남편이 요리를 하고, 아내가 설거지를 하는 경우도 많다. 건강한 부부는 주고받기를 잘한다.

어느 날 30대 부부가 찾아왔다. 여자는 이혼하겠다고 주장했고, 남자는 아무 문제가 없는데 왜 이혼을 하자고 하는지 모르겠다고 했다. 남자가 한 말이 생생하게 기억난다.

"저는 여태까지 여자는 밥만 주면 되는 줄 알았어요. 여자가 이렇게 복잡할 줄 몰랐어요."

"어머니가 어떻게 사셨어요?"

"어머니는 평생 일만 하셨어요. 우리 동네에서 아버지만 한 멋쟁이 가 없었지요. 아버지는 사업을 하셨는데 외출할 때마다 백색 구두와 흰색 양복 정장을 쫙 빼입고 다녔지요. 여자들에게 인기도 많아 바람을 많이 피웠지만, 어머니는 언제나 아버지 옷에 풀을 먹여 다림질을 하셨어요."

"그래서 어머니가 행복하셨나요?"

"…."

남자는 무척 혼란스러워했다. 어머니의 행복에 처음으로 관심을 갖는 계기가 되었다고 했다.

여자를 수발드는 존재로 여기고, 여자의 희생을 당연하게 생각한다면 부부에게 미래는 없다. 부부관계에서 아내가 전업주부로 살림을 하며 남편을 내조하는 가정 문화는 여전히 현재진행형이며, 우리의 무의식을 지배하고 있다. 남편과 똑같이 사회생활을 하면서 살림도 하고 남편 뒷바라지까지 하면서도, 시댁의 행사를 제대로 챙기지 못할 때 죄책감을 느끼는 여성이 있다.

사회생활을 하는 아내들은 남편의 외조가 필요한 상황에 놓인다. 취미로 하던 일이 우연히 사업이 되어 남편의 외조가 필요했던 내담자가 있었다. 남편은 돈 잘 버는 아내는 환영하지만, 바쁜 아내는 싫어했다. 아내는 아이들을 챙기고 식사를 준비하는 등 살림살이를 남편에게 함께하자고 했다. 남편은 아내의 말을 듣는 척만 했다. 일을 방해하지는 않았지만, 현실적으로 남편이 하는 일은 미미했다. 아내는 과로로 골병이 들 지경이었다. 여러 가지 난관을 뚫고 사업이 승승장구하면서 수입이 늘었다. 아내의 일이 안정화될 즈음, 남편은 권고 퇴직을 하고 다른 일을 시작하게 되었다.

자기 사업을 시작한 남편은 내조가 필요했지만, 아내는 이미 너무 바빴다. 아내의 고단한 삶에 무관심했던 전력 때문에 도움을 요청하기가 어려웠다. 아내도 남편이 했던 것처럼 말로만 '예예' 했기 때문에 남편은 다른 조력자를 찾아야 했다. 그러다 같은 일을 하는 여자와 눈이 맞아 바람이 났고, 그 여자의 내조를 받겠다고 아내에게 이혼을 요구했다고 한다.

남편이 아내를 지원하면서 함께 성장하는 부부가 있는가 하면, 아내를 작게 보고 아내가 하는 일을 무시하는 바람에 낭패를 보는 남편이 있다. 물론 그 반대도 있다. 부부는 본질적으로 남녀로서 대등한 관계이기에, 언제나 사랑으로 주고받기를 통해 공정하게 조정될 때 성장한다. 가끔 잘 사는 부부 중에 '이 행복이 끝날까봐 두렵다'는 사람을 만난다. 이는 자신의 원가족 이슈가 부부관계로 전이된 것이니, 원가족 관계를 살펴보아야 한다.

03 연인
관계 세우기

연인은 부모가 다르다. 서로 다른 환경과 조건에서 성장한 남녀는 서로 다른 양심을 갖는다. 귀속된 집단이 다르기 때문에 그들의 양심이 다를 것이다. 양심이란 무엇인가? 생활양식, 가치관, 규범, 도덕, 신념, 관점 등의 무의식 집합체다. 반면 서로 다른 양심은 영혼의 차원에서 같다. 모든 사람은 가족에게 귀속되기를 원하며, 한결같이 사랑으로 연결되길 바란다. 이와 같이 모든 사람은 근원적으로 같은 욕구를 가지며 다른 양심으로 행동한다.

같음과 다름의 양쪽을 동시에 보고 인정하는 힘은 겸손에서 온다. 겸손한 자는 "당신도 저와 똑같습니다"라는 태도를 가진다. 반면 불손한 자는 사람이 근본적으로 같은 것을 모르며, 현상적으로 다른 것에 대하여 우열을 따지며 판단한다. 그래서 상대를 하찮게 여기며 잘난 척한다. 겸손은 서로 다른 양심에 맞고 틀린 것이 없으며, 우월하고 열등한 것이 없음을 인정하고 받아들이는 것이다. 연인은 서로 없는 것을 동시에 주고받는 대등한 관계다.

행복한 연인관계를 원한다면 서로 다른 삶의 조건이 주는 것을 동시에 받아들이는 존중으로 대등한 관계를 가져야 한다. 이러한 연결과 유대가 더 많은 것을 주고받는 사랑의 관계로 확장된다.

대화의 끝은 언제나 싸움이다

사연

저는 상담 전문가입니다. 하지만 남자친구와 말다툼이 잦습니다. 직업적으로 의사소통법을 가르치고 있지만, 남자친구와 대화를 하면 상처만 주고받으니 제 자신이 한심하고 자괴감이 듭니다.

은미(여, 30대)와 창우(남, 30대)는 교제한 지 만 1년이 지났다. 은미는 병원에서 임상 심리상담사로 창우는 임상병리사로 일하고 있다. 은미와 창우는 서로를 깊게 사랑하는 것 같은데 입만 열면 싸운다. 자존심이 상할 정도로 싸움이 끊이지 않는다. 은미는 창우의 말에 공감해 주고 즐거운 시간을 보내야겠다고 다짐하지만, 헤어질 때는 영락없이 씩씩거리며 다시는 안 볼 것처럼 뒤도 안 돌아보고 집으로 온다.

은미는 헤어질 결심으로 창우와의 연락을 끊은 적이 있다. 연락은 하지 않았지만 마음속에서는 창우를 한시도 놓지 않고 있는 자신을 발견했다. 은미는 창우와 함께 커플 세우기를 받아 보기로 했다.

세우기

- 창우와 은미는 자신의 대역을 마주보게 하고 거의 코가 붙을

정도로 아주 가깝게 세웠다.

M   창우
W   은미

● 잠시 후 대역들이 숨 막힌다며 두어 걸음 뒤로 물러선다.

● **촉진자** 저 모습 보니까 어떠세요?

● **창우** 사랑하는 사람이니까 당연히 붙어 있어야지요.

● **은미** 우리는 거리 두기가 잘 안 되는군요. 헤어지려고 노력했는데 하루 종일 창우 생각만 하는 바람에 제 생활이 안 되더라고요.

● 두 사람의 부모 대역을 세웠다. 양쪽에 부모 대역이 서자마자 창우와 은미 대역은 각자 자신의 부모 대역 곁으로 이동한다.

우리는 각자의 양심으로 상대를 납득시키려고 하지만 언제나 헛수고다. 두 사람의 의견이 다를 뿐 더 좋은 것은 없기 때문이다. 연인은 서로 사랑하지만 각자 자신의 부모에게서 넘겨받은 가치체계와 행동양식을 따른다. 그러면서 서로 자신의 것이 옳다고 여기며 자신의 원가족 생활양식대로 살아야 한다고 생각한다. 이는 '네 부모 말고 내 부모의 생활양식을 따르라'는 도덕적 집단양심이다. 이 양심은 위장이나 심장 같은 내면의 기관처럼 기능한다. 두 사람은 자신의 부모 양심에 따라 살기에, 두 사람이 부딪치는 것은 두 사람의 양심이 충돌하는 것이다. 관계에서 말다툼과 투사가 일어난다. 창우는 갈등을 회피하기 위해 "미안하다"고 한다. 은미는 "뭐가 미안하냐"며 따진다. 은미가 이기는 것처럼 보이지만, 결국 사랑하는 사람을 잃는다. 갈등을 해결하기 위해서는 서로 부모에게 매어 있는 양심을 존중해야 한다. 그리하여 둘은 제외했던 많은 것들이 포함되는 더 큰 차원의 가치체계를 발견하는 것이다. 새로운 가치체계에서 둘은 상호존중과 깊은 연결감, 관계의 가벼움을 느낀다. 이것이 자신의 것을 관철하는 것보다 훨씬 풍부해지는 방법이다.

● **촉진자** (창우 부모에게) 아들에게 말씀하세요. "네 말이 맞는 것처럼 은미 말도 맞다. 은미 말을 들어도 된다."

● **창우 부모 대역** (창우 대역에게) 네 말이 맞는 것처럼 은미 말도 맞다. 은미 말을 들어도 된다.

● **촉진자** (은미 부모에게) 딸에게 말씀하세요. "네 말이 맞는 것처럼 창우 말도 맞다. 창우 말을 들어도 된다."

● **은미 부모 대역** (은미 대역에게) 네 말이 맞는 것처럼 창우 말도 맞다. 창우 말을 들어도 된다.

남녀 간 싸움은 언제나 어머니를 향한 본래의 갈망에서 유래한다. 상대에게서 조건 없이 받아주는 친절한 어머니를 기대하는 것이다. 연인과의 갈등 관계에서 겸손해지면, 결국 상대에게서 찾는 온화한 모습을 우리 스스로 갖게 된다.

● **촉진자** 두 분 대역을 다시 세워보시겠어요?

● 창우와 은미는 두 걸음 정도 거리를 두고 대역의 위치를 잡는다. 두 대역이 마주보고 웃는다. 잠시 후 누가 먼저랄 것도 없이 자연스럽게 서로에게 다가와 껴안는다.

● 은미 마음이 안정되고 평화롭습니다. 한 병원에서 근무하다

보니 마음만 먹으면 매일 만날 수 있어요. 사실 어떤 식으로든 거의 매일 보기는 했지요. 제가 남녀관계에 대한 환상이 있어서 그것에 집착했던 것을 알아차렸습니다.

● **창우**   우리는 일터에서 얼굴 볼 기회가 많다보니까 스트레스 상태에서 만날 때가 많아요. 나 때문에 그런 것이 아닌데, 은미가 인상을 쓰고 있으면 짜증이 나거나 좌절감을 느껴요. 사실 위로가 필요해서 나를 보러 왔을 텐데, 인상 쓴 얼굴을 보면 내가 무능해서 은미를 고생시키나 하는 생각이 자꾸 들거든요. 그래서 저도 모르게 은미를 비난하게 돼요. 이제는 사랑으로 주고받음을 조절하도록 노력해보겠습니다. 의사소통을 배웠는데 이상하게 은미에게는 잘 안 됩니다. 제가 은미에게 삐딱하게 하니 삐딱한 트랙에서 주고받는 것이 당연했던 것 같습니다.

통찰

남녀관계에서 주고받음은 두 가지 측면에서 서로의 내적 성장을 촉진한다. 하나는 사랑으로 주고받으며 안전하고 깊게 연결되는 것이다. 또 다른 하나는 서로에게 상처를 주었을 때, 사랑으로 복수하는 방법을 배우고 익혀 내적 성장을 이루는 것이다.

사랑하는 남녀는 사랑으로 주고받으면서 내면의 양심을 조절하고자 한다. 예를 들어 상대에게 좋은 것을 받으면 갚고자 하는 의무감이나 부채감을 느낀다. 더 좋은 것으로 되돌려주면 의무감에서 자유로워진다. 더 많은 것을 받은 상대는 사랑하기에 더 큰 마음으로 어떤 것을 돌려줄 의무감을 느낀다. 받은 것보다 더 많이 주고자 하는 마음은 사랑하기에 자연스럽게 일어난다. 이렇게 주고받는 남녀관계는 결속력과 유대감을 갖는다.

반면 남녀관계에서 상처를 받게 되면, 조금 적게 되돌려줌으로써 악순환을 예방할 수 있다. 상대가 잘못하면 조금 적게 되돌려주어야 관계가 유지된다. 사랑으로 하는 복수는 좋은 교환으로 다시 시작할 수 있다.

상대에게 가장 좋은 선물은 상대를 있는 그대로 존중하고 존경하는 것이다. 그러나 대다수 사람은 상대가 변하면 존경하겠다고 말한다. 이런 말은 관계를 회복시키지 못한다. 상대가 변해야 한다고 요구하면, 상대는 자신의 존엄성을 지키기 위해 변하지 않는다. 그래서 서로를 있는 그대로 받아들이는 것이 옳다. 강요하지 않는다면 각자는 충분히 성장할 수 있다.

요약

- **이슈** 사랑하지만 자주 다툰다.
- **통찰** '네가 변하면 너를 존중하겠다'는 태도는 관계를 회복시키지 못한다. 상대는 자신의 존엄성을 지키기 위해 변하지 않으려고 한다. 상대가 변하길 바라는 대신 상대를 있는 그대로 존중하지 못하는 자신을 먼저 성찰할 때, 관계에 변화가 생긴다.

연애가 안 풀린다

사연

저는 연애가 잘 안 됩니다. 여자친구들과는 마음도 잘 맞고 편한데, 이상하게 남자친구와는 어렵습니다. 남자친구에게 좋은 의도를 가지고 조언을 하면 비난으로 들리는지, 그는 토라져 말도 안 하고 연락을 끊어버립니다.

얼마 전 오랫동안 외롭게 지내다가 남자친구가 생겼습니다. 이변이 없는 한 결혼을 할 계획입니다. 남자친구와 결혼 자금에 대해 얘기하다가, 남자친구가 토라져서 연락을 하지 않습니다. 현실적인 문제점을 말했을 뿐인데, 이런 일로 삐지는 남자와 결혼을 해야 할지 혼란스럽습니다.

정재(남, 30대)와 경옥(여, 30대)은 결혼을 전제로 교제 중이다. 정재는 경옥에게 결혼 준비를 잘하고 있다는 것을 보여주고 싶었다. 정재가 경옥에게 재무에 관한 자신의 포트폴리오를 말하자 "오빠, 그건 그렇게 하면 안 되지. 당장 결혼 자금이 필요한데 웬 장기저축이 세 개나 돼? 10년 후에 결혼하려고 그래? 복리이자도 좋지만, 우리 실정에 맞게 저축을 해야지. 아무래도 보험 설계사에게 사기당한거야"라고 했다. 정재는 경옥에게 재정 관리를 잘하고 있다고 인정을 받을 줄 알았다가, 경옥의 가르치는 태도에 정나미가 떨어졌다.

세우기

● 경옥은 대역을 세웠다. 경옥과 정재 대역은 일정한 거리를 두고 서 있다. 경옥 대역이 천천히 정재의 뒤에 서서 정재의 어깨에 손을 얹는다. 정재 대역이 피한다. 경옥 대역은 정재를 따라다니면서 어깨에 손을 얹으려 한다.

● **촉진자** (경옥에게) 어떻게 보이세요?

● **경옥** 잘 되라고 지지하고 격려하는데요.

● **촉진자** 그것은 그의 부모가 할 일입니다.

● **경옥** 남자친구 부모가 안 하는 것 같아서요.

● 정재 뒤에 부모 대역을 세우자 정재가 뒷걸음질로 부모 곁으로 간다.

● 경옥과 경옥의 부모 대역을 세운다. 경옥 대역은 부모 사이에 서서 아버지와 어머니를 번갈아 본다. 마치 재판관처럼 보인다.

● **촉진자** (경옥에게) 본인 대역이 뭐하고 있는 것 같으세요?

● **경옥** 어떻게 하나 보고 있어요.

● **촉진자** (경옥에게) 남자친구에게 하는 것처럼 부모님도 가르치세요?

● **경옥** 그런 것 같아요.

● 장을 바꾸어 부모 뒤에 조부모 대역을 세운다. 경옥 대역은 부모 대역과 마주본다.

● **촉진자** (경옥에게) "당신은 크시고 저는 작습니다."

● **경옥** (부모에게) 당신은 크시고 저는 작습니다.

● **경옥** (촉진자에게) 말을 따라하기는 했지만 진실이 아니에요.

저는 부모님이 왜 저러고 사나 하는 생각을 하고 있거든요.

● **촉진자** (경옥 대역에게) 네, 좋습니다. 숨을 깊게 쉽니다. 부모님을 보시고 누가 더 끌리나요?

● **경옥 대역** 엄마요. 너무 왜소하세요.

● 모두 자리로 돌아가고 어머니 대역 뒤쪽에 여자 대역을 종렬로 7인을 세운다.

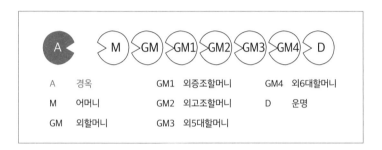

● 마지막 대역은 운명을 세운다. 이 운명은 한국 사회에서 딸로 태어나 자녀를 낳고 기른 어머니다. 경옥의 어머니 대역을 할머니 대역과 마주보게 뒤돌아 세운다.

● **어머니 대역** (할머니 대역에게) 당신은 크시고 저는 작습니다. (촉진자에게) 제가 엄마보다 커요.

● **할머니 대역** (증조할머니 대역에게) 당신은 크시고 저는 작습니다. (촉진자에게) 제가 엄마보다 커요.

● 모계 쪽으로 4대를 거슬러 올라갈 때까지 딸들은 가슴 시린 어머니의 삶에 대해 평가하고 판단하느라, 어머니에게서 오는 생명을 거절하고 있다.

● 의뢰인과 딸 대역은 절을 하듯 이마를 바닥에 대고 엎드린다.

● **촉진자** 눈을 감고 명상을 하겠습니다. 딸 대역들은 호흡을 통해 흐르는 자기 몸의 생명과 접촉하시길 바랍니다. 내 몸에 흐르는 숨길을 잃지 마시면서 제 이야기를 따라옵니다. 우리나라는 아들을 선호하는 가부장 사회지요. 그래서 여자들의 삶의 조건이 남자들보다 힘듭니다. 우리 엄마들이 그런 조건 속에서 살아내느라 얼마나 고생하셨습니까? 그래서 딸들은 여자로 성숙하는 것에 머뭇거립니다. 어떤 딸은 내가 아들로 태어났다면 얼마나 좋았을까 하는 상상을 하기도 합니다. 그러나 딸이 여자로서 행복하려면, 어머니의 운명에 판단 없이 고개 숙여 어머니의 어머니를 넘어 선대의 어머니들에게서 오는 생명의 힘과 연결되어야 합니다. 수많은 어머니를 통해 흐르는 생명은 여자로서 남자를 끄는 힘을 갖습니다. 호흡을 놓치지 마시고요. 숨을 통해 흐르는 여성성이 깨어나도록 허용합니다. 생명이 심연에서 깨어나 삶에 기뻐하는 것을 환영합니다.

● 한동안 침묵이 흐르고 경옥과 어머니 대역이 마주선다.

● **경옥 대역** 엄마가 다르게 보이네요. 엄마의 아우라가 커지니 제가 더 안정감을 느낍니다. 존경하는 마음이 느껴져요.

● 경옥이 부모를 뒤로 하고, 정재 대역을 마주세운다. 정재 대역 뒤에 정재의 부모 대역이 있다.

● **경옥 대역** 남자친구가 제게 왔으면 좋겠어요.

● **정재 대역** 저도 여자친구가 제게 왔으면 좋겠어요.

● **촉진자** 많은 남자와 여자는 소위 밀당을 합니다. 이러면 어떨까 저러면 어떨까 간 보기도 합니다. 이는 마치 강가에서 서로

마주보고 자신에게 오라고 손짓하는 것과 같습니다. 결혼은 흐르는 강물에 동시에 뛰어들어 손을 잡고 강물에 함께 휩쓸려 가는 것입니다. 끝내 둘은 바다에 함께 이르겠지요.

● 촉진자는 정재와 경옥과 함께 세우기 장 안으로 들어간다.

● **촉진자** (경옥에게) 정재 부모에게 말씀하세요. "이렇게 좋은 신랑을 낳아서 길러서 제게 보내주셔서 고맙습니다." 정재에게 말씀하세요. "당신은 당신에게 필요한 모든 것을 당신의 부모에게 배웁니다. 저는 단지 당신의 여자입니다."

● **경옥** (정재 부모에게) 이렇게 좋은 신랑을 낳아서 길러서 제게 보내주셔서 고맙습니다. (정재에게) 당신은 당신에게 필요한 모든 것을 당신의 부모에게 배웁니다. 저는 단지 당신의 여자입니다.

● **촉진자** (정재에게) 경옥 부모에게 말씀하세요. "이렇게 좋은 신부를 낳아서 길러서 제게 보내주셔서 고맙습니다." 경옥에게 말씀하세요. "저를 당신의 남자로 받아주세요."

● **정재** (경옥 부모에게) 이렇게 좋은 신부를 낳아서 길러서 제게 보내주셔서 고맙습니다. (경옥에게) 저를 당신의 남자로 받아주세요.

● 정재가 부모를 떠나 경옥에게 다가온다. 경옥이 부모를 떠나 정재를 향해 다가온다. 경옥이 한 발짝 다가가면 정재가 다시 한 발짝 다가온다. 둘은 서로 주거니 받거니 하면서 중앙에서 마주쳤다. 한 걸음을 사이에 두고 둘은 서로 바라보고만 있다.

● **촉진자** 강물은 햇볕을 받아 따뜻하고 잔잔합니다.

● 경옥과 정재 대역이 손을 잡고 웃는다. 대역의 상호작용을 보면서 경옥과 정재, 참여자들이 즐거워한다.

통찰

경옥은 정재를 가르치고 돌보려는 태도가 정재의 어머니 노릇을 하려는 무의식적 움직임이라는 것을 알아차렸다. 이것은 고생하며 살았던 어머니의 운명을 안타깝게 여겨 어머니를 구원하고자 하는 심리적인 관계 패턴의 영향이라는 것을 깨달았다. 또한 경옥은 정재의 가족을 판단 평가하면서 결혼하면 정재의 집안을 뜯어 고쳐줘야겠다고 생각한 것을 기억했다. 세우기 장에서 자신의 태도가 너무나 오만해서 부끄러웠다.

경옥은 여자로 사는 것에 억울함과 울분이 있다는 것을 알게 되었다. 이 피해의식이 어머니의 운명을 판단하는 것에서 온다는 것을 인지했다. 과거에 비하면 여성의 지위는 좋아졌지만, 한국 사회에서 여성으로 산다는 것은 기울어진 운동장을 걷는 것과 같다. 어머니와 할머니가 살았던 시대엔 상상할 수 없는 고난이 있었지만, 생명은 저 멀리에서 어머니를 통해 딸들에게 왔다. 여러 세대를 이어온 할머니는 생명의 끝과 시작점이며, 운명의 실타래를 풀어 태곳적 어둠을 현재의 빛으로 드러내는 모태다. 경옥은 이 힘을 알아봤다.

어머니는 나의 어머니이기 전에 할머니의 딸이었다. 근현대사의 어둠과 개인적인 고난을 뚫고 성장하여 아버지와 남녀로 만났다. 어떤 거대한 힘이 두 분을 덮쳐 우리는 두 분의 자녀로 태어났다. 어머니의 집단양심과 트라우마는 우리의 성장 과정에 상처를 주었지만, 생명 자체는 그 어떤 침해를 받지 않았다. 그랬기에 우리는 지금의 나로서 존재할 수 있었다. 경옥은 심연에 흐르는 생명의 힘을 느꼈다.

경옥은 어머니가 흘린 땀 냄새를 맡을 수 있었다. 어머니 품에서 통곡을 하고 난 후, 자신을 얽매던 눈먼 사랑을 내려놓고 깨어 있는 사랑으로 떠날 수 있었다. 경옥은 어머니에게서 흐르는 삶과 죽음의 양면성을 받아들였다. 사람들이 기대어 사는 대지에서 만물이 태어나고 죽는다. 죽어서 돌아가는 곳 역시 태어나기 전의 그곳이다. 대지는 생사가 차별 없이 일어나는 공간이다. 어머니도 대지와 같다. 어머니는 자식을 낳는 출생의 순간이 자신의 생명을 잃을 수 있는 위태로운 순간이라는 것을 알면서도 실행했다. 여자가 어머니가 되는 것은 생사가 아주 가까이에서 만나는 시간이다. 자녀 출산과 양육이 주는 부담은 존재의 한계를 넘는 생명력을 갖게 한다.

여기에서 자녀가 어떤 판단과 평가로 분별심을 일으킨다면 뭐라고 해야 할까. "네가 상관할 일이 아니다. 여기에서 너는 너무나 작다." 어머니의 이러한 태도는 어머니와 아이 모두 성장시킨다. 이 경험을 한 후, 경옥은 어머니께 온전히 아이로 있을 수 있었다.

요약

- **이슈** 연애가 잘 안 된다.
- **통찰** 애인을 가르치려는 사람은 애인이 스스로에게 필요한 모든 것을 그의 부모에게 배운다는 사실을 알아야 한다.

어머니가 결혼을 반대한다

사연

엄마는 "너는 왜 그런 남자만 사귀니? 너 정도면 남자를 골라서 결혼할 수 있어"라고 말합니다. 그러면서 제가 만나는 남자들을 못마땅해합니다. 누구를 만나든 트집을 잡아 제가 아깝다며 반대합니다.

이번에 만나는 친구는 직업이 마음에 들지 않는다고 반대합니다. 부모님은 공무원이나 대기업에 근무하는 남자와 결혼하라고 합니다. 대기업에 근무하는 남자를 만났을 때 키가 작다고 반대하더니, 키 크고 잘생긴 예술가를 만나니까 경제적인 안정이 우선이라고 합니다. 전에는 그러지 않았는데 요즘은 엄마가 싫어하는 남자에게 더 애착이 가고, 엄마가 추천해주는 남자를 보면 거부감이 일어납니다. 아! 너무 괴롭습니다.

기영(여, 30대)은 자신의 결혼 상대를 어머니가 고르려고 해서 고민이다. 어머니가 어머니 자신의 배우자를 고르는 것 같아 불편하다. 그녀는 어머니가 이야기하는 남자는 무조건 싫다. 어머니가 좋다고 하면 싫고, 어머니가 싫다고 하면 관심이 간다. 지금 만나는 남자친구를 어머니가 싫어하니까 더 집착하는 것 같다. 지금 만나는 남자친구를 진실로 사랑하는 건지, 어머니에 대한 반항심으로 만나는 건지 헷갈린다. 진실로 남자친구를 사랑하는

것인지 알고 싶다. 그리고 어머니의 간섭과 참견에서 해방되고
싶다.

세우기

● 기영이 어머니 대역을 세우자, 기영 대역은 도망치듯이 멀찌
감치 물러선다.

● **촉진자** (기영에게) 무슨 일 있으셨어요?

● **기영** 엄마 잔소리가 싫어요.

● **촉진자** (기영에게) 어머니를 상상하면서 말씀하세요. "엄마, 저
는 이미 제게 필요한 모든 것을 다 받았습니다. 나머지는 제가
알아서 합니다."

● **기영** (엄마에게) 엄마, 저는 이미 제게 필요한 모든 것을 다 받
았습니다. 나머지는 제가 알아서 합니다.

● **기영** 마음이 편해요.

● 남자친구 대역을 세운다.

● **촉진자** (기영 대역에게) 어떠세요?

● **기영 대역** (미소 지으며) 좋아요.

● **촉진자** 엄마를 떠나서 남자친구를 보세요. 발이 떨어지나요?

● **기영 대역** (엄마와 남자친구를 번갈아 보더니 머리를 좌우로 내저으며)
못 가겠어요.

● **촉진자** (기영을 직접 장에 세운다. 기영에게) 엄마가 뭐라고 하시나
잘 들으세요. "네가 무엇을 선택하든 그 모든 것은 옳다. 너를 사

랑으로 떠나보낸다."

● **엄마 대역** 　네가 무엇을 선택하든 그 모든 것은 옳다. 너를 사랑으로 떠나보낸다.

● **기영 대역** 　(한참을 머뭇거리다가) 말이 들리기는 하지만 그래도 엄마를 떠날 수가 없어요. 남자에게 못 가겠어요.

● **촉진자** 　(엄마 대역에게) 딸에게 말씀하세요. "나를 배반해도 된다. 나도 할머니를 떠나 네 아빠에게 갔다. 네가 여자로서 행복하면 내가 기쁘겠다."

● **엄마 대역** 　(기영에게) 나를 배반해도 된다. 나도 할머니를 떠나 네 아빠에게 갔다. 네가 여자로서 행복하면 내가 기쁘겠다.

● **기영 대역** 　(남자친구를 향해 웃으며 다가간다) 홀가분해요.

통찰

자녀를 통해서 어떤 욕구를 충족하고자 하는 부모는, 자녀에게 집착하거나 자녀와 동일시한다. 기영의 어머니 역시 기영과의 일체감을 갖고 기쁘게 뒷바라지를 했다. 덕분에 기영은 미국의 명문대에서 박사학위를 받았고, 지금은 대학에서 강의를 한다. 기영의 어머니는 딸이 미국으로 유학갈 때, 마치 자신이 유학 가는 기분이 들었다. 이처럼 딸의 성공을 자신의 성공으로 동일시하면서 인생의 고통에 대한 대가를 보상받는 기분을 느꼈다. 딸이 결혼한다고 할 때 자신이 결혼하는 것처럼 들뜨고 흥분했다. 딸이 지체 높은 집안과 혼인을 맺을 거라고 생각했기 때문이다.

그러나 평범한 집안 출신 남자들과 교제를 하니 답답해했다.

부모와 자식의 갈등은 교환 기대가 클 때 일어난다. 기영의 어머니처럼 학벌에 대한 열등감을 가진 부모는 자신의 한을 자녀의 명문대 진학을 통해 풀려고 한다. 자녀가 공부에 관심이 없다면 부모의 헌신은 보상받지 못한다. 다행히 기영은 학업 성취가 높아 어머니의 기대를 충족시켜주었다.

그러나 결혼이 문제였다. 기영의 어머니는 사회적으로 고위층 집안과 사돈을 맺을 것이라고 기대했기 때문이다. 부모가 자녀에게 거는 기대만큼 자녀가 피드백하지 못할 때, 세대 간 긴장과 갈등이 커진다. 부모가 자녀에게서 받으려는 충성 기대가 너무 크면, 자녀는 부모에게서 자립하기 어렵다. 결혼 후에 부부 문제로 이어지기도 한다.

관계의 얽힘을 본 기영은 부모의 갈망을 풀어주는 대신 부모 스스로 자신의 문제를 직면할 수 있도록 부모를 부모 운명에 두고 물러나는 태도를 훈련했다. 부모에게 속한 것들을 대신 짊어지고 해결해주려는 부모에 대한 충성을 내려놓는 것이 결코 쉽지 않았다.

부모·자식관계에서 사랑의 질서는 '부모님은 (생명을) 주시고 자녀는 주시는 대로 받는다'는 것이다. 때때로 부모에게서 오는 생명과 사랑을 주어지는 그대로 받지 못하는 자녀가 있다. 부모에게서 오는 생명과 사랑을 부모에게 갚아야 한다고 생각하기 때문이다. 부모가 주는 사랑이 너무나 커서 받은 그대로 되돌려줄 수 없기에 받지 못하거나, 부모에게서 오는 것이 너무 부담스러워 갚을 수 있을 만큼만 적게 받는다.

부모가 자녀를 조건 없이 사랑하고 돌보면, 자녀는 부모로부터 받은 생명과 사랑을 자신의 자녀를 돌보는 일로 세상에 기여한다. 이 조절 방식을 모르는 아이는 부모에게서 오는 것을 받지 못한다.

자녀가 부모의 운명에서 물러나 스스로 서기를 바란다면, 부모 역시 자신의 부모와의 관계에서 자녀로서 "당신은 주시고 저는 받습니다. 당신은 크시고 저는 작습니다"가 되어야 한다. 모든 자녀는 부모가 사는 방식대로 살려고 하기 때문이다. 자녀가 부모처럼 살려는 것은 부모와 유대감을 가지고 가족공동체에 귀속되려는 무의식적인 양심의 기능이다.

기영은 이 사랑의 질서를 몰랐기에 어머니를 원망하고, 어머니가 하지 말라는 행동만 골라서 하고 싶은 충동에 시달렸다. 기영이 어머니의 아픔과 상처를 애도하고, 어머니도 내적으로 성장할 수 있기를 바란다.

요약

● **이슈** 결혼 상대를 어머니가 고르려고 한다.
● **통찰** 부모가 자신의 한을 자녀를 통해 보상받으려는 기대를 가지면, 자녀는 잠재된 가능성을 발휘하지 못한다.

밀레니얼 세대의 연애관과 결혼관

밀레니얼 세대는 부모 세대보다 풍요롭고 배움의 기회가 열려 있는 환경에서 자랐다. 그러나 때때로 부모 때문에 연인관계가 어긋나고 진로를 정하는 데 어려움을 겪기도 한다. 그래서일까. 그들의 연애관은 부모 세대와는 다르다. 그들은 "결혼은 언제 하냐?" "결혼은 왜 안 하니"라는 질문을 피곤해한다. '언젠가 좋은 인연을 만나면 결혼하지! 아니면 할 수 없지!' 등 결혼과 연애관이 닫혀 있지 않다. 출산에 대해서도 마찬가지다. 결혼하고 나서 바로 아이를 낳는 것이 아니라, 경제적·정신적 준비가 되어 있을 때 임신을 준비한다.

부모를 생각하면 결혼할 엄두가 나지 않는다는 의뢰인이 있었다. 그는 외동이었고, 형제가 있는 친구들을 부러워했으며, 홀로 부모를 책임져야 한다는 중압감에 시달렸다. 어느 날 그에게 연인이 생겼다. 그러나 그의 부모는 결혼을 반대했다. 그는 부모의 뜻을 거역하고 결혼하기로 결정했다. 하지만 부모를 등지고 자기 삶을 사는 것에 죄책감을 가졌다. 자녀는 자기 운명에 설 때, 영혼의 힘을 얻는다. 이는 아이가 어른이 되는 과정이며 자녀가 부모에게서 자립하는 과정이다. 자아는 양심의 가책을 넘어 성장한다.

한 의뢰인이 자기를 '어머니의 괄시와 형제 차별로 자존감이 낮은 공시생'이라고 소개했다. 어릴 때 어머니가 성적표를 집어던지면서 "그래서 대학이나 가겠니?"라는 말을 듣고 자신이 열등한 존재라고 생각했다. 그의 어머니는 아름다운 미모를 지녔으며 명문 대학교 의대 출신이었지만, 늘 몸이 아파 아무 일도 못 했다. 의뢰인은 어릴 때부터 누워 있는 어머니를 보면서 자랐다.

의뢰인은 입시 목표를 무조건 어머니가 졸업한 학교에 입학하는 것으로 세웠다. 나중에 학과는 다르지만, 어머니가 졸업한 학교에 과 수석으로 입학을 하게 되었다. 의뢰인은 자신을 바보 취급한 어머니에게 분노했다.

그는 몇 년째 공무원 시험에서 낙방했다. 함께 시험 준비하던 친구들은 모두 합격했는데, 모임의 리더 역할을 하는 그만 계속 떨어졌다. 그의 어머니는 아들이 심리적 장애가 있다고 판단하여, 그와 함께 나에게 왔다. 세션에서 부모가 "네가 네 운명에 서면 우리는 기쁘겠다"라고 말을 하자, 그는 버려진 것 같은 상실감을 느낀다고 했다. 오히려 부모가 자기를 필요로 하지 않는 것을 섭섭해했다.

운명적 얽힘에서 풀어져 자유롭게 사는 것보다 고통 속에서 사는 것을 더 편안해하는 사람이 있다. 의뢰인은 어머니에게 더 이상 그의 도움이 필요치 않다는 사실을 받아들여야 자유로워질 수 있다.

일상에서 소소한 행복을 누리고, 일과 삶의 균형을 찾기 위해서는 어떤 태도를 가져야 할까? 나와 다른 사람을 제외하고 배척하기보다 각자가 속한 공동체에서 다르게 살 수 없음을 아는 것이 중요하다. 그럴 때 마음속 깊은 평온감에서 올라오는 자유로움을 만날 수 있다. 자유로운 존재는 내면의 평형감을 가지고 있다. 삶의 모든 것은 균형과 불균형 사이에서 아름다운 춤을 춘다.

04 형제
관계 세우기

가족공동체의 관계 질서는 형제관계에 영향을 미친다. 가족원들이 공동체에 귀속감을 가지며 서열대로 자기 자리를 차지하고, 부모가 자녀를 공정하게 대하면 형제애가 돈독해진다.

부모가 자녀를 차별하여 형제관계가 얽히는 경우가 많다. 예를 들면 가부장적인 가정은 아들을 우선으로 생각하여 딸이 설 자리를 잃기도 한다. 《82년생 김지영》은 새삼 우리 사회의 가족 문화를 돌아보는 계기가 되었다. 자리를 잃은 딸의 트라우마는 다음 세대까지 이어지기도 한다. 딸들을 제외하는 문화에 암묵적으로 동조하면, 그 딸들의 한이 쌓여 자식들까지 유전된다.

사회적 지위는 일시적이지만 가족의 서열은 영원하다. 게다가 서열의 얽힘은 대물림되어 후대에까지 영향을 미친다. 윗대의 형제관계 트라우마가 대물림되지 않기 위해서, 문제를 직면하고 원통한 마음을 풀어낼 때 아픔은 사라질 것이다.

어린 남매 다툼이 점점 격해진다

사연

남매를 키우고 있는 워킹맘입니다. 첫째 딸은 친정어머니가 둘째 아들
은 시어머니가 유치원 졸업 때까지 키워주셨습니다. 아이들 초등학교
진학을 위해 집으로 데리고 왔습니다. 그런데 아들이 크면서 점점 누
나에게 덤비기 시작했고 투덕거리는 소리가 잦아졌습니다. 남매는 네
살 터울이라서 누나가 엄마 역할을 할 때가 많았습니다. 아들은 누나
말을 듣지 않고 때때로 행패를 부렸습니다. 딸이 아들 때문에 스트레
스를 많이 받기에, 아들을 자주 혼냈습니다.

어떤 날은 아이들이 티격태격하는 소리가 아무렇지 않은데, 어느 날은
너무 크게 들려 저도 모르게 욱! 치밀어 오릅니다. 아이들 다툼도 문제
지만, 제 감정 기복이 심해서 아이들에게 악영향을 미칠 것 같습니다.
제 성질에 못 이겨 소리를 지르고 나면, 죄책감에 시달립니다. 제 고함
으로 아이들이 상처를 받으면 어떡하나요. 우리 아이들은 왜 사이좋게
지내지 못할까요.

경애(여, 41세)는 요즘 아이들 다툼에 신경이 예민하다. '아이들은
싸우면서 크는 것이지'라고 생각하고 싶지만, 막상 싸우는 소리
를 들으면 몸에서 열이 뻗친다. 경애는 자신이 갈등을 회피한다
는 것을 알아차렸다. 회사에서 누군가가 언성을 높이면 바로 도

망간다. 경애는 회사 내에서 팀장이라는 직책을 맡고 있다. 갈등과 싸움을 중재하는 역할을 해야 하는데, 매번 피하기만 하는 것이 힘들고 괴롭다.

세우기

● 딸과 아들 대역을 세우자, 딸 대역이 아들 대역을 성가시게 한다. 아들 대역이 귀찮아하면서 딸의 손을 받아치고, 딸 대역이 계속 동생을 괴롭힌다.

● **촉진자** 무엇이 보이세요?

● **경애** (상체를 뒤로 빼면서 고개를 살짝 수그리며) 딸이 아들을 마치 장난감처럼 가지고 노는 것 같아요. 하지만 아들 주먹 한 방에 끝납니다. 딸에게서 제 모습도 보이네요. 그래서 그렇게 괴로웠나 봐요. 저는 어릴 때부터 갈등을 피했어요. 쨍쨍거리는 소리를 견딜 수 없습니다.

● **촉진자** 저렇게 싸우다 무슨 일이 일어날까요?

● **경애** (오른손을 들어 가슴을 계속 쓸어내리며 숨을 연신 내쉰다) 누군가 죽을 거 같아요.

● **촉진자** (스스로에게 말해보세요) "그렇게 죽어도 된다."

● **경애** (고개를 끄덕이며) 나 하나가 희생이 되어 다른 사람이 평화로울 수 있다면, 나는 죽어도 된다.

● **촉진자** 의뢰인이 죽으면 의뢰인만 평화롭습니다. 산 사람은 괴로워요. 엄마 잃은 아들과 딸, 남편, 형제들이 평화롭겠어요? 가

족을 위해서 희생할 필요가 없습니다. 행복하게 살아도 돼요.

● 경애   앗. 저는 가족을 위해 희생자로 살았어요. 피해의식이 있습니다.

● 가해자 대역과 피해자 대역을 세우자, 아들 대역이 가해자 대역에게 다가간다. 딸 대역이 피해자 대역 옆에 선다. 피해자와 딸, 가해자와 아들이 서로 맞서듯이 대치한다.

● 촉진자   호흡합니다. 가해자는 가해자인 대로 피해자는 피해자인 대로 존중하는 영적양심으로 갑니다. 가해자가 다르게 살았어야 한다는 상 없이, 다른 방식으로 죽음을 맞이해야 한다는 상을 넘습니다. 도덕적 양심을 꿰뚫어보며 더 큰 사랑으로 가게 합니다. 가해자에게 말씀하세요. "당신은 가해자입니다. 당신을 가해자인 그대로 사랑하고 존중합니다."

● 경애   (가해자에게) 당신은 가해자입니다. 당신을 가해자인 그대로 사랑하고 존중합니다. 나쁜 사람을 사랑하면 안 되는데요?

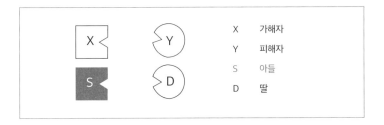

● 촉진자   무엇이 보이나요?

● 경애   (눈물을 흘리며) 아들이 나쁜 사람 옆에 있어요. 아들이 저 사람처럼 될까봐 무서워요.

● 촉진자   (경애에게) 가해자에게 말씀하세요. "당신을 살인자인 그

대로 사랑하고 존중합니다. 제 아들을 축복해주세요." 아들에게
말씀하세요. "엄마는 네 안에 있는 네 살기를 사랑하고 존중한
다. 그 살기로 사람을 살리는 데 쓰면 내가 기쁘겠다."

● **경애**   (가해자에게) 당신을 살인자인 그대로 사랑하고 존중합
니다. 제 아들을 축복해주세요. (아들에게) 엄마는 네 안에 있는
네 살기를 사랑하고 존중한다. 그 살기로 사람을 살리는 데 쓰면
내가 기쁘겠다.

● 피해자 대역이 가해자 대역 왼편에 서고, 아들과 딸 대역이 가
해자와 피해자 대역을 떠나 자기 자리로 돌아간다.

부모가 피해의식을 가지고 가해자를 제외시키면 자녀가 폭력을
일삼든지 아니면 형제가 피해자와 가해자를 대신하는 동일시가
일어난다. 이 모든 것은 내면의 상에 의해 가족의 운명공동체 안
에서 무의식적으로 일어난다. 우리가 존재했던 그대로를 존중하
고 받아들일 때, 모두에게 깊은 평화가 깃드는 것을 가족세우기
가 보여준다.

통찰

아이들의 싸움은 경애의 심리적 요인과 연결되어 있었다. 세션
에서 남매 다툼이 부부 싸움을 대신하는 것을 알아차렸다. 세션
에서 부부는 서로 갈등을 회피하였고, 아이들은 부모를 대신하
여 싸우고 있었다. 당시 경애는 남편의 외도를 모른 척했다. 남
편에 대한 분노가 치받치자 남편을 죽일 수도 있겠다는 살기를

느꼈다. 경애는 남편에 대한 복수로 첫사랑을 만나 데이트를 했다. 남편과 싸우는 대신 서로 외면하고 맞바람을 피면서, 남편에게 받은 상처를 갚는 방식으로 조절했던 것이다. 그러자 남매의 싸움은 날이 갈수록 심해졌다.

경애의 세션에서 인상적인 것은 자기 내면의 갈등을 남매의 다툼을 통해서 발견한 점이었다. 마음이 평화로우면 아이들도 잘 지내고 마음이 끓으면 아이들도 싸웠다. 아이들의 마음 상태는 경애의 마음 상태였다. 그녀는 자녀를 걱정하고 아이들의 다툼에 큰 의미를 부여하면서 근심을 키웠다.

버트 헬링거는 한 세미나에서 부모가 문제를 직면하는 대신 자녀에게 투사하는 것에 대하여 "부모가 아이를 걱정하는 것은 나 대신 죽으라는 말과 같다"고 했다. 당시 세미나에 참여했던 모든 참여자들은 놀란 나머지 동시에 외마디 탄성을 질렀다. 아이들이 염려된다면 자기 자신을 보기 바란다. 자기를 보는 대신 자녀에게 투사하는 것은 아닌지 살펴봐야 한다.

요약

- **이슈** 아이들의 싸움이 심하다.
- **통찰** 부모가 자녀를 걱정하는 것은 자기 내면의 걱정을 자녀에게 투사하는 것이다. 아이의 마음 상태는 부모의 마음 상태이기 때문에, 부모가 걱정하는 대로 아이는 성장한다.

형제 이슈 2

툭하면 언니와 싸운다

사연

저는 여섯 자매 중 둘째 딸입니다. 다른 자매들과는 친밀한데, 유독 언니와 껄끄럽습니다. 얼마 전 엄마 생신 준비로 언니와 통화 중에 언성이 높아졌습니다. 이런 일이 처음은 아닙니다. 집안 행사 때마다 언니와 갈등을 반복하고 있는 것이 너무 괴롭습니다.

다른 자매들이 집안 행사를 준비해도, 결국 제가 나서서 해야 하는 상황이 벌어집니다. 일을 하면서 화가 납니다. 언니나 동생이 하는 것이 못마땅해서 뒤엎고, 제가 하고 싶은 대로 하기 때문입니다. 언니가 하는 일을 인정하고 따르는 것이 잘 안 됩니다. 이제는 더 이상 나서고 싶지 않습니다. 둘째로 살고 싶습니다. 곧 엄마 생신인데 벌써 머리가 아픕니다.

유리(여, 50대)는 언니와의 관계가 심리적으로 복잡하다. 유리는 언니가 있는데도 자신이 맏이 역할을 도맡아하려고 한다. 서열이 언니보다 우위에 있다고 생각한다. 어릴 때 언니는 외가에서 성장했다. 언니가 초등학교에 입학할 즈음에 함께 살게 되었다. 갑자기 곁에 없던 언니가 생겼다. 그때의 서먹함이 지금까지 남아 있다. 심지어 언니는 자매가 아닌 것 같다고 생각할 때가 많다.

세우기

● 부모를 가운데 세우고 자매들을 동그랗게 둘러 세운다.

● **촉진자** (유리에게) 가족관계가 어떻게 보이세요?

● **유리** 불편해보여요.

● **촉진자** (부모를 향해 있는 자녀들의 방향을 부모에게 등이 보이도록 세운다) 어떠세요?

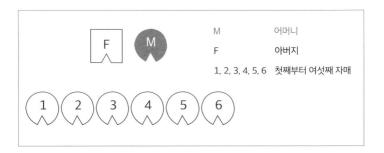

M   어머니
F   아버지
1, 2, 3, 4, 5, 6   첫째부터 여섯째 자매

● **유리와 자매 대역들** 훨씬 편해요.

● **촉진자** (부모에게) 자녀들이 등 돌리고 서니깐 어떠세요?

● **부모 대역** 훨씬 편해요.

● **촉진자** (오른쪽에서 왼쪽으로 여섯 자매를 태어난 순서대로 세운다) 자리가 불편한 분 계세요?

● **첫째 딸 대역** 심장이 빠르게 뛰어요. 불편해요.

● **셋째 딸 대역** 이 자리가 힘들어요.

● **촉진자** (유리를 첫째 딸 앞으로 데리고 가서) "언니, 당신은 첫째이고 저는 둘째입니다."

● **유리** 언니는 초등학교 입학할 때 우리 집에 왔어요. 그전에는 할머니 댁에서 살았어요. 저는 언니가 있는 줄 몰랐어요. 언니가

올 때까지 제가 첫째인 줄 알았어요. 난데없이 언니가 나타나서 당황스러웠어요.

● **촉진자** (유리에게) 언니에게 말씀하세요. "언니, 미안합니다. 제가 몰라서 그랬습니다."

● **유리** (눈물을 흘리며) 언니, 미안합니다. 제가 몰라서 그랬습니다.

● **촉진자** (유리와 함께 셋째 동생 앞으로 간다) "동생아, 너를 너의 운명으로 떠나보낸다."

● **유리** (눈물을 흘리며) 동생아, 너를 너의 운명으로 떠나보낸다.

● **촉진자** 모두들 어떠세요?

● **모두** 편안합니다.

● **유리 대역** 제 자리가 불편해요.

● **촉진자** 움직여볼까요?

● **유리 대역** (아버지를 향해 뒤돌아서며) 아버지가 잘 계신지 궁금합니다.

● **조부모** 대역을 추가로 세운다.

● **유리 대역** (조부모를 살펴보고 나서 아버지를 보며) 아버지를 챙겨주고 싶어요.

● **촉진자** (아버지에게) 둘째 딸에게 말씀하세요. "충분하다. 네 도움 필요 없다. 수고했다."

● **아버지** (딸에게) 충분하다. 네 도움 필요 없다. 수고했다.

● **유리 대역** 이제 편해요. 소속감이 느껴지고 자매들 속에 있는 것이 좋아요.

형제간 서열은 출생 순서로 결정된다. 형제관계가 불편하다면 심리적 서열과 실존적 서열이 생명 질서에 맞는지 살펴보길 바란다.

통찰

유리는 자매들이 많다. 특히 언니가 있는데도 집안일에 과도한 책임감을 느끼는 것이 이상했다. 또 아들이 없는 아버지에 대한 연민이 많았으며, 아들로 태어나지 못한 것을 원통해했다. 어릴 때 유리는 남자아이처럼 살면 아버지를 기쁘게 해줄 수 있을 거라고 생각했다. 그래서인지 어릴 때는 아주 씩씩했다. 여자애들을 괴롭히는 남자아이를 혼내주었고, 딱지치기나 구슬치기를 하면 남자아이들 것을 모두 따버렸다. 게다가 달리기를 잘했고, 학업성적도 좋았다. 남자아이들을 실력으로 압도하는 바람에 누구도 유리에게 함부로 하지 못했다. 그래서인지 아버지는 유리를 보면서 "네가 아들이었다면 얼마나 좋았을까"라고 말하곤 했다. 또 집안 행사가 있을 때마다 아들처럼 데리고 다녔다.

아버지는 종손이었기 때문에 집안의 대소사를 챙겨야 했다. 아버지가 일을 다 해놓으면 숙부가 아들을 앞세우고 나타나 큰소리를 쳤다. 아버지는 단지 아들이 없다는 이유만으로 의기소침한 채 아무 말을 하지 못했다. 유리는 그 모습을 볼 때마다 속이 상했다. 가부장제에서 아들이 없는 가부장은 책임만 있고 말발이 약하다는 것을 그때 느꼈다. 물론 숫기 없고 자존감이 낮은 아버지의 마음 상태도 한몫했다. 그러나 어머니는 기가 세고 생활력이 강했으며 무엇보다 돈을 많이 벌었다. 아버지가 종손 역할을 하기 위해 쓰는 돈은 모두 어머니 주머니에서 나왔다. 덕분에 배 다른 형제가 없었다. 집안 어른들은 이구동성으로 아버지가 종손이기 때문에 다른 여자를 통해서 아들을 낳아야 한다고 했다. 우리 사회는 1970년대까지만 해도 아들을 얻는다는 명분으로 공공연하게 첩을 두는 남자들이 있었기에 놀랄 일도 아니었다.

유리는 집안 사람들이 아버지를 이용하는 것만 같았다. 그래서 미국 주재원으로 떠날 때 부모님을 모시고 갔다. 집안 대소사에 대한 책임은 자연스럽게 종친회로 넘어갔다. 숙부는 다 차려놓은 밥상에 숟가락을 얹을지언정, 밥상을 차리는 캐릭터가 아니었기 때문이다.

귀국하니 사회 분위기가 많이 바뀌었다. 여아를 선호하는 사람들이 늘었다는 것이 믿을 수 없었다. 2008년 호적법이 폐지되었고, 제사를 지내지 않는 가정도 늘어나서 놀랐다. 요즘은 딸들이 제주가 되어 제사를 지내는 집이 늘어나는 추세다.

유리의 아버지도 과거와 다른 분위기를 경험한다. 시제 때 일가친척을 만나면, 딸 덕에 미국 유람 실컷 하고 유학까지 했다며 부러움의 대상이 되었다. 영어 교사였던 유리의 아버지는 미국에 있는 동안 대학원에 다녔다. 그래서 자녀를 유학 보내고 싶은 일가친척들에게 인기가 많다. 아들이 없다는 이유로 뒷전에 물러서서 기죽어 있던 때와 완전히 달라졌다.

유리는 가족세우기를 하면서 아들이 되고자 했던 무의식적 갈망을 직면하고 통곡했다. 반드시 성공해서 대단한 사람이 되어야 한다는 강박관념과 초조감이 사라지자, 언니의 왼편에서 편안하게 언니와 대화를 나눌 수 있었다.

뭔가 이루어야 한다는 생각은 유리 자매가 갖는 집단의식이라는 것을 알게 되었다. 이 생각은 가부장제에서 꿋꿋이 살아내고 경제적으로 성공하기 위해 노력했던 어머니의 긴장감과 아들 얘기 나올 때마다 설 자리를 잃어버리는 아버지의 열등감 때문이라는 것을 깨달았다.

어릴 때 '아무짝에도 쓸모없는 딸'이라는 말을 듣고 컸던 자매들은, 어떻게 해서든 의미 있는 사람이라는 것을 증명해야 했다. 요즘 유리의 집은 일가친척에게 부러움의 대상이다. 유리는 집단양심의 변화에 격세지감을 느낀다.

요약

- **이슈** 툭하면 언니와 다툰다.
- **통찰** 형제간 서열은 태어난 순서대로 자리를 차지한다. 실존적 서열과 심리적 서열이 생명 질서에 맞아야 관계가 편하다.

오빠가 어머니 장례식에 오지 않았다

사연

집안 망신도 이런 망신이 없습니다. 오빠가 어머니의 임종뿐만 아니라 장례식에도 오지 않았습니다. 어머니 장례를 상주 없이 치렀습니다. 자매들은 도대체 어쩌다 우리 집안이 이렇게 됐는지 모르겠다고 한탄했습니다.

30년 전 아버지가 갑자기 돌아가시면서 재산 대부분이 오빠에게 상속됐습니다. 딸들은 재산을 포기했습니다. 오빠는 의과대학에 재학 중이었고, 우리는 어렸기 때문에 재산에 대한 어떤 의식이 없었습니다. 그당시 오빠에게 상속된 땅은 가치가 없었습니다. 그러나 그 지역에 신도시가 들어서면서 재산 가치가 엄청나게 뛰었습니다. 오빠는 의사로서 성공했습니다. 현재 서울에서 중형 병원을 운영하고 있습니다.

어머니가 심장 수술을 두 번째 했을 때, 병원비 중간 정산을 위해 가족회의를 했습니다. 다섯 남매가 1/n 하기로 했는데, 딸들이 들고 일어났습니다. 여태까지 장남이라고 모든 지원과 혜택을 다 받고, 병원비를 1/n 한다는 것은 말이 안 된다고 생각했습니다.

자매들은 오빠에게 남은 재산까지 다 갖고 엄마 수술비도 책임지고 엄마를 모시라고 했습니다. 그 후 오빠는 연락을 끊었습니다. 엄마는 자식들의 분란 때문인지, 한 달 후에 돌아가셨습니다. 오빠가 어머니를 버린 것 같아서 마음에 걸립니다. 곧 어머니가 돌아가신 지 1주년이 됩니다. 오빠와 이대로 등을 질 수가 없어 찾아가려고 합니다. 찾아가서 어떻게 얘기해야 할지 막막합니다.

은미(여, 50대)는 오빠(은철, 50대)의 행동을 이해하기 어렵다고 하소연했다. 오빠는 부모 재산의 대부분을 물려받았고, 서울에서 큰 병원을 가진 의사다. 자매들은 오빠에게 남은 재산을 다 갖고 어머니 수술비를 부담하라고 했다. 그랬더니 오빠가 연락을 끊어버렸다. 오빠는 더구나 어머니 장례식에 오지 않았다. 은미는 이 상황을 어떻게 받아들여야 하는지 혼란스러웠다.

세우기

● 은철과 은미를 마주 세운다. 은철은 꼼지락거리면서 바닥을 보고 있다. 다른 자매 대역을 추가로 세운다. 네 자매가 오빠를 본다.

● **촉진자** 자매들은 단순히 '오빠가 경제적으로 여유가 있으니까 병원비를 부담하세요'라고 한 것이 아닙니다. '오빠가 우리 집안의 재산을 가져갔으니, 집안의 어렵고 힘든 것들도 오빠 몫'이라고 떠넘긴 겁니다. 오빠는 다섯 남매 중에 첫 번째로 태어났을 뿐입니다. 자매들과 같은 서열입니다. 어머니의 생명을 오빠가 어떻게 책임질 수 있을까요? 가족 시스템에 의해 일어난 일을 어떻게 보상할 수 있겠습니까?

● **촉진자** (은미와 자매들에게) 오빠에게 말하세요. "오빠, 당신은 단

지 첫째입니다. 저는 둘째입니다. 제가 몰라서 그랬습니다. 미안합니다. 오빠가 져야 할 책임은 오빠가 지고 제가 져야 할 책임은 제가 집니다."

● 은미와 자매들 (은철에게) 오빠, 당신은 단지 첫째입니다. 저는 둘째입니다. 제가 몰라서 그랬습니다. 미안합니다. 오빠가 져야 할 책임은 오빠가 지고 제가 져야 할 책임은 제가 집니다.

● 은미 편안해요.

오빠에게 남은 재산마저 다 갖고 어머니 수술비도 내고 어머니를 모시라는 말은 어머니의 생사를 책임지라는 말과 같다. 의식에서는 '모든 재산을 다 가졌으니 그 정도 수고는 해야 하지 않겠어'라고 하는 것처럼 보이지만, 무의식에서는 어머니에 관한 모든 것을 떠넘겼다. 자녀가 어떻게 부모의 생사를 책임질 수 있겠는가. 오빠에게 할 수 없는 것을 하라는 말이다. 오빠가 할 수 있는 것은 치료비나 어머니가 계실 요양원 등의 경비를 부담하는 정도일 것이다. 어머니의 생명은 오빠 손안에 있지 않다. 부모의 재산은 부모의 피와 땀과 눈물이다. 부모에게 유산을 상속받으면 재산뿐만 아니라 재산에 스며 있는 카르마karma도 함께 받는다.

통찰

가족세우기 후 은미는 곧 돌아가실 어머니를 오빠에게 전적으로 떠넘기려고 했던 자신의 마음을 알아차렸다. 그리고 상속의 의미를 되새겨보았다. 오빠의 가족은 시골집에 다니는 것을 꺼려했다. 은미는 오빠 내외가 미웠다. 오빠는 가족의 희생과 덕을 받아, 지금의 의사가 되었고 집안의 자랑이었다. 그러나 세션 후에 오빠의 태도를 이해했다. 오빠는 가족이 부담스럽고 어깨가 무거웠을 것이라고, 은미는 생각했다. 오빠와 올케가 아이들 교육을 핑계로 시골에 오지 않는 것도 이해가 갔다.

상속받은 재산 앞에서 어떤 태도를 가져야 할까. 유산에는 부모의 피와 눈물 그리고 타인의 희생이 녹아 있다. 부모가 재산을 불리기 위해 누군가에게 상처와 아픔을 주었을 수도 있다. 그렇기 때문에 유산에는 부모와 수많은 사람의 상상할 수 없는 애환이 스며 있다.

그래서 유산은 생명에 기여할 때 유산에 얽힌 수고가 가치 있게 된다. 주변에서 어마어마한 재산을 혼자 물려받은 장손이 주식으로 재산을 탕진하고, 사업을 하다가 망하고, 주색잡기에 탐닉하다가 파멸한 이야기를 종종 듣는다. 지병으로 고생하거나, 일찍 죽거나, 자녀가 난치병으로 고생하는 등 집안에 우환이 생기는 경우도 있다.

지방의 어떤 지주는 아들이 없었다. 그래서 둘째 부인을 맞이하였다. 둘째 부인은 딸 셋을 낳고 이후 아들 넷을 낳았다. 셋째 딸이 가족세우기에 참여했다.

지주는 재산 때문에 칼부림이 날 것을 생각하여, 재산을 충분히 나눠주고 죽었다. 아들을 낳은 둘째 부인은 많은 재산을 상속받았다. 부인은 재산이 많은 만큼 크고 작은 일이 많았다. 그래서 딸들을 학교 보내지 않고 일을 시켰다. 반면 아들들은 도시로 유학을 보냈다. 도시로 유학 간 첫째 아들은 한 사람에게 정착을 못 했다. 그는 무려 일곱 번 결혼했으며, 자녀를 열두 명이나 낳았다. 그러나 그 자녀들을 제대로 돌보지 못한 채, 지주가 남겨준 재산을 모두 탕진하고 알코올의존증에 빠졌고 하늘로 떠났다. 나머지 세 명의 아들도 일찍 죽거나 행방불명되었다. 세 명의 딸들은 시장에서 장사를 하며 어렵게 살았다.

큰아들에게 쏠린 부모의 편애, 딸들에게 행해진 차별과 폭력은 형제관계에 치명적인 영향을 미친다. 부모의 편애와 과도한 집착의 대상인 큰아들이 자기에게 주어진 삶을 살지 못하는 사례를 자주 본다. 이처럼 형제관계는 부모가 자식을 대하는 태도와 깊은 관계가 있다.

요약

- **이슈** 오빠가 어머니 장례식에 오지 않았다.
- **통찰** 부모에게 유산을 상속받으면 재산뿐만 아니라 재산에 스며 있는 피와 눈물의 카르마까지 함께 받는 것이다.

형제간 돈독한 우애를 위해

어릴 때 친구와 슈퍼맨 놀이를 한다고 옥상에서 뛰어내리다 하반신이 마비되었던 의뢰인이 찾아왔다. 친구는 죽고 의뢰인은 오랜 투병 생활 끝에 기적적으로 회복되었다. 의뢰인은 평소 온몸이 굳어 있고, 특히 어깨에 큰 짐이 있는 것 같다고 했다. 어머니는 의뢰인의 병원비와 간병 문제로 임신중절 수술을 했다. 다섯 명의 아기를 잃었다. 그는 자신이 건강했다면 부모님은 동생을 낳을 수 있었을 것이라며 아쉬워했다. 그리고 태어나지 못한 동생에게 죄책감을 느꼈다.

그는 죽은 형제에 대한 책임을 자신이 지려고 했다. 그래서 가족세우기를 할 때 어머니 대역을 통해 "내가 네 형제를 죽였다. 이제 그 아이들을 내 가슴에 묻는다"라는 세우기 언어를 사용했다. 그제야 그는 죄책감에서 자유로워진 것 같다고 했다.

부모가 죽은 자식을 제외하고 모든 축복을 살아 있는 자녀에게만 주려고 할 때, 자녀가 양심의 가책을 갖는 경우가 많다. 누군가의 희생으로 받는 행운일 경우, 행운을 있는 그대로 받는 대신 불행으로 받아 희생에 대한 값을 치르는 방식으로 조절하려 한다.

부모가 자녀를 차별하고 제외하면, 자녀들 간 심리적 서열은 복잡해진다. 형제간 서열이 무너진 사람이 결혼을 하면, 배우자와의 관계에도 영향을 미친다. 셋째 며느리인데도 맏며느리 역할을 하느라 괴롭다는 사람도 있다. 그녀는 시댁에서 일은 일대로 하면서 일한 만큼 욕을 먹고 있다며 고통스러워했다.

가족세우기 장면에서 그녀의 남편은 셋째 아들인데도, 첫째 자리를 차지하고 있었다. 남편은 두 형을 제치고 집안 대소사를 챙겼다. 시어머니는 셋째 아들을 편애하여 무슨 일이 있으면 셋째 아들과 먼저 상의했다. 두 형과 동서 들은 셋째 내외가 일을 다 처리하고 마무리될 즈음에 등장했다. 일은 셋째 부부가 다 했는데도 집안 어른들은 첫째를 칭찬하는 일이 벌어지곤 했다.

형제간 얽힘은 부모가 자신의 원가족관계의 얽힘을 현가족관계로 가져와 역기능적인 가족관계를 조장하면서 일어나기도 하고, 기능적으로 우위에 있는 동생이 형을 무시하고 제외시키면서 일어나기도 한다. 현상적으로 어떻든 다세대 얽힘이 한 가족 안에서 여러 사건으로 드러난다.

평화로운 형제관계를 위해서는 심리적 관계와 실존적 관계가 정합이 되어야 한다. 첫째가 어려운 환경에 처해 있어 둘째가 집안일을 더 많이 챙겨도, 서열상 둘째는 첫째가 될 수 없다. 둘째는 둘째 자리에서 가족 전체를 위해 할 수 있는 일을 할 때, 인정과 감사를 받는다. 한 부모에서 태어난 형제라고 해도 각자의 운명은 다르다. 그 운명의 한계를 존중하고 서열에 맞는 자기 자리를 지키는 태도를 가질 때, 형제간 우애는 돈독해진다.

죽음, 질병, 무기력 세우기

우리는 죽음에 많은 상을 투사한다. 특히 이른 죽음처럼 애석한 죽음에 다양한 신화가 있다. 예를 들어 어릴 때 죽은 자녀에게 붙여놓은 신화는 살아 있는 자녀가 부모에게 다가가지 못하는 심리적 장애로 나타난다.

죽은 자녀에게 붙이는 가장 흔한 신화는 '아들은 똑똑했다' '딸은 예뻤다'라는 것이다. 부모의 내면에서 신화가 작동하는 한 살아 있는 자녀는 죽은 자녀보다 똑똑하거나 예쁠 수 없다. 부모가 애도하는 대신 신화를 가지고 산다면 살아 있는 자녀는 죽은 자녀에게 열등감을 느끼며 심리적으로 경쟁한다.

애석하게 일찍 죽은 가족원을 애도하지 않고 제외하면서, 후대에서 그와 동일시되어 질병이나 무기력, 자해나 자살충동, 우울, 죄책감, 각종 중독 등에 시달리는 후손이 생기기도 한다.

가족세우기는 죽은 자와 산 자의 관계성을 보여준다. 또 삶에서 질병이나 다양한 증상을 유발하는 기본적인 역학관계를 인식함으로써 자신의 이슈에 대한 이해를 돕는다. 죽음을 통한 상실감 치유와 질병에 대한 알아차림 효과는 가족세우기의 결과로써 경험하는 것이지 목표는 아니다.

가족원 중 누군가가 제외당했거나 거절당하면, 후손 중에 누군가가 제외된 사람을 대신하는 것을 관찰할 수 있다. 제외당하거나 거절당한 자와 동일시된 가족원은 질병에 시달리거나 무언가에 중독되거나 폭력을 휘두르는 등 이른바 소위 나쁜 짓을 한다. 이는 가족들에게 제외된 사람을 보라고 하는 것이다. 눈먼 사랑으로 하는 행위다. 결국 우리 내면에서 제외된 가족원이 공동체에 귀속되면서 가족은 사랑의 질서를 회복한다.

죽음, 질병, 무기력 이슈 1

몸은 아픈데 병명을 모른다

사연

저는 온몸이 아파 휴직을 했습니다. 종합검진을 받았지만, 병명이 나오지 않았습니다. 그냥 너무 아픕니다. 일이 힘들어서 그렇다고 생각했습니다. 쉬면 좋아질 줄 알았습니다. 휴직 후 6개월 동안 하는 일 없이 지냈지만 변한 것이 없습니다. 오히려 무엇을 해야 할지 모르겠습니다. 이제는 어떤 일도 하고 싶지 않습니다. 하염없이 힘들기만 합니다. 그래서 아무것도 못 하고 가만히 있습니다.

연선(여, 50대)은 어머니가 난치병 진단을 받은 이후, 일이 손에 잡히지 않는다. 어머니가 돌아가실까 봐 전전긍긍하며 어머니의 증상을 똑같이 겪고 있다. 어머니가 토하면 연선도 토하고, 어머니가 복통에 시달릴 때 연선도 복통으로 데굴데굴 바닥에 굴렀다. 더 이상 직장생활이 어려워 휴직을 했다. 어머니가 돌아가시면 어떻게 살지 막막하고 무섭다.

세우기

● 연선은 어머니와 연선 대역을 마주 세웠다.

◉ **촉진자** 관계를 보겠습니다. (연선에게) 어머니께 말씀하세요. "어

머니, 영원히 사세요. 제가 당신 대신 죽겠습니다."

● **연선**　어머니, 영원히 사세요. 제가 당신 대신 죽겠습니다. 제 심정입니다. 어머니를 살릴 수 있다면 제가 대신 죽을 수 있어요.

● **촉진자**　(연선에게) 어머니에게 말씀하세요. "어머니 당신은 크시고 저는 작습니다. 당신은 주시고 저는 받습니다."

● **연선**　(울먹이며) 어머니 당신은 크시고 저는 작습니다. 당신은 주시고 저는 받습니다. 저는 어머니에게 받는 것이 어려워요. 오히려 드리는 입장입니다. 여태까지 어머니를 돌보며 살았어요.

● **촉진자**　(어머니 대역에게) 딸에게 말씀하세요. "충분하다. 네 도움 필요 없다."

● **어머니**　(연선에게) 충분하다. 네 도움 필요 없다.

● **촉진자**　(연선에게) 어머니 얘기를 들으니 어떠세요?

● **연선**　조금 섭섭한 마음이 있어요. 요즘 들어 어머니에게서 자립하려고 노력 중인데 잘 안 돼요.

● **촉진자**　(연선에게) 난치병에 걸린 어머니를 살리려고 휴직하고, 어머니가 겪는 통증을 똑같이 겪고 계세요?

● **연선**　저도 그러고 싶지 않은데 잘 안 돼요.

● **촉진자**　(연선에게) 무슨 일 하세요?

● **연선**　사회복지센터에서 빈곤 아동을 돕고 있어요.

● 빈곤 아동과 연선 대역을 마주 세운다.

자녀가 있는 사람은 자녀를 키우는 것으로 생명에 봉사한다. 그래서 자식 농사라는 말이 있다. 연선은 자녀가 없었다. 자녀가 없는 사람은 일을 통해 생명에 봉사한다.

● **촉진자** (의뢰인에게) 어머니께 말씀드립니다. "어머니 당신이 돌아가셔도 저는 생명에 기여하며 건강하고 행복하게 삽니다."

● **연선** (가슴에 통증을 느끼고 눈물을 흘리며) 어머니 당신이 돌아가셔도 저는 생명에 기여하며 건강하고 행복하게 삽니다.

● 어머니를 향하던 연선 대역이 돌보는 아이들을 향해 돌아선다. 연선이 아이들과 눈을 맞추고 연결감을 느끼자 아이들이 연선에게 걸어와 안긴다.

● **연선** (온몸에서 열이 나고, 땀과 눈물과 콧물을 쏟으며) 가슴이 찢어지는 것 같아요. 하지만 힘이 느껴져요.

● 한동안 연선의 깊은 숨소리만 들렸다.

통찰

연선은 어머니 대신 죽고 싶었다. 어머니가 돌아가실지 모른다는 두려움과 죽음 앞에서 할 수 있는 것이 아무것도 없다는 무력감에 사로잡혔다. 가족세우기를 하면서 마비되었던 연선의 몸에 반응이 일어났다. 연선은 어머니가 겪는 고통을 똑같이 느꼈으며, 어머니 대신 죽고 싶은 마음이 이렇게 간절할 줄 몰랐다.

눈먼 사랑이란 부모의 운명이나 짐을 대신 지려는 자녀의 충성심에서 비롯된다. 이는 부모에게 귀속되고자 하는 욕구로써 집단양심을 강화하는 무의식의 작용이다. 이 집단양심은 무의식적이기 때문에 영혼의 풀림을 통해 회복된다.

영혼의 풀림은 이별을 요구한다. 부모의 죽음을 통한 이별은 부모의 죽음을 어떤 상상이나 희망 없이 일어난 사건 그대로 받아들임으로써, 특별한 차원에서 부모와 관계를 맺기에 더 깊은 보호와 안전감 속에 있게 한다.

연선은 무기력했던 몸에서 효능감을 느꼈고, 스스로 그런 변화를 대견해했다. 연선은 어머니가 자신을 염려하여 돌아가시지 못한다는 사실을 알아차렸다. 어머니를 놓아드리기로 마음먹으니 '당신께서 가셔도 저는 행복하게 삽니다'라는 말이 온몸을 휘감았다. 어머니는 표정이 밝아지며 깊은 한숨을 쉬었다. 어머니의 한숨에 연선도 깊은 시름을 내려놓았다.

요약

- **이슈** 몸은 아픈데 병명을 모른다.
- **통찰** 생명은 삶과 죽음을 포함한다.

의지할 사람이 없어 죽고 싶다

사연

우리 아이들은 고등학교를 졸업하고 독립했습니다. 첫째 아들은 고등학교 졸업 후 서울로 떠났습니다. 서울에서 직장생활을 하다가 사업에 성공했습니다. 그런데 저는 아들의 얼굴을 10년 동안 딱 한 번 봤습니다. 아들의 SNS를 보면서 어떻게 지내는지 예상할 뿐입니다. 우리 집에 오지도 않고 자기 집에 제가 가는 것을 꺼립니다. 둘째 아들은 고등학교 1학년 때 사고로 세상을 떠났습니다. 조만간 늦둥이 셋째 아들이 고등학교를 졸업합니다. 셋째 아들은 이미 다른 지방에 있는 대기업에 취업이 된 상태입니다. 졸업하자마자 군대 갔다 바로 회사 기숙사에서 생활할 예정입니다. 셋째 아들마저 연락을 끊을까봐 두렵습니다. 아내는 몸이 아파서 의지가 되지 않습니다. 죽고 싶습니다.

규호(남, 50대)의 모계 쪽은 상실의 아픔이 있다. 일제강점기 독립운동가였던 외증조부가 옥사하자 외증조모는 자살했다. 어린 외할머니는 고아가 되었으며 어머니가 여섯 살 되던 해 병사했다. 어릴 때 모친을 잃은 어머니는 평생 우울증에 시달렸고, 아버지와 하루도 편안한 날이 없었다. 규호 아버지는 입양되어 친부모와 떨어져 살았다. 규호는 집안 대대로 내려오는 상실에 대한 두려움이 해결되지 않았다는 것을 알았다.

규호는 아들과의 관계를 직면하기보다, 아들에게 부모 역할을 기대하는 것을 알아차렸다. 자신의 어머니가 자식들에게 한풀이하며 의지한 것처럼 자신도 아들에게 의존하고 싶었다. 아들은 이런 규호의 특성을 잘 알기에 거리를 두면서 틈을 주지 않는다. 규호는 외롭고 우울하고 무력감을 느낀다.

세우기

● 3형제를 세웠을 때 규호는 죽은 둘째 아들만 봤다. 다른 아들은 보지 않았다.

● **촉진자** (규호에게) 둘째 아들에게 말씀하세요. "너를 네 운명으로 떠나보낸다. 그리하여 너는 이제 내 가슴에 묻힌다."

● **규호** (눈물을 흘리며) 너를 네 운명으로 떠나보낸다. 그리하여 너는 이제 내 가슴에 묻힌다.

C   규호
D1   첫째 아들
D2   둘째 아들
D3   셋째 아들

● **첫째 아들** (뒷걸음치면서) 아버지가 부담스러워요.

● **촉진자** (규호에게) 호흡하시고요. 몸에서 감각이 흐르도록 허용합니다. 첫째 아들에게 말씀합니다. "충분하다. 네 도움 필요 없다."

● **규호**　저는 아들의 도움이 필요해요. 아들이 제게 경제적 지원을 해주었으면 좋겠어요.

아들에게 받으려는 규호의 심리적 태도는 자녀가 줄 수 없는데 달라고 하는 것이다. 단순히 생활비를 지원받고자 하는 차원이 아니다.

● 원가족을 세웠다.

● **규호**　외증조부는 독립운동가로 옥사했고 그 소식을 들은 외증조모는 자살했습니다. 고아가 된 외할머니는 어머니가 어릴 때 돌아가셨어요.

일제강점기나 전쟁 등의 비극은 사회적인 것이기도 하지만 동시에 개인적이다. 규호의 가족처럼 수많은 사람이 난리 통에 가족을 잃었다. 사느냐 죽느냐의 기로에서 상실 치유는 엄두도 내지 못했고, 상실은 대물림되었다. 지금은 평화의 시대다. 이제는 원가족의 아픔을 조용히 내면에서 마주해야 한다. 그러나 규호는 상실에서 오는 아픔을 직면하지 않고, 자녀에게 위로받으려 한다.

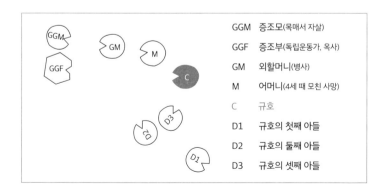

GGM　증조모(목매서 자살)

GGF　증조부(독립운동가, 옥사)

GM　외할머니(병사)

M　어머니(4세 때 모친 사망)

C　규호

D1　규호의 첫째 아들

D2　규호의 둘째 아들

D3　규호의 셋째 아들

● 규호의 원가족이 세워지자 규호는 "너무 억울해요"라며 옥사한 할아버지와 눈을 맞췄다. 자녀에게 관심이 없다. 첫째 아들은 장 밖으로 나간다.

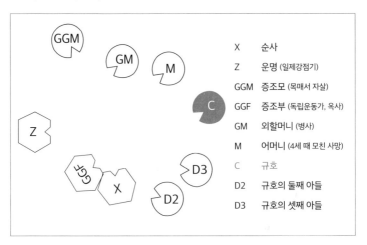

X	순사
Z	운명 (일제강점기)
GGM	증조모 (목매서 자살)
GGF	증조부 (독립운동가, 옥사)
GM	외할머니 (병사)
M	어머니 (4세 때 모친 사망)
C	규호
D2	규호의 둘째 아들
D3	규호의 셋째 아들

● 장의 가장자리에 운명 대역을 세운다.

● 외증조부를 고문한 일본 순사를 세운다. 순사가 세우기 장에 들어서자 규호의 가족은 일제히 순사를 향한다.

● 원가족이 외증조부의 억울한 죽음에 얽혀 들어갈수록 규호의 첫째 아들은 장에서 더 멀리 빠져나온다.

● 외증조부와 순사가 눈을 맞추고 외증조부가 순사를 향한다. 두 사람이 마치 형제처럼 나란히 선다.

● 가족이 일제히 순사와 외증조부를 바라본다. 한동안 침묵이 흐른다.

● **촉진자** 여러분 각자 자신의 숨을 알아차립니다. 숨이 어떻게 들어오고 나가는지 자각하세요. 호흡은 자연스럽게 합니다. 자연

스러운 호흡은 기압 차이에 의해 일어나지요. 숨이 충분히 나가면 다시 숨이 들어옵니다. 들어오고 나가는 숨결을 알아차립니다. 숨이 들어오고 나가는 사이에 잠시 생긴 빈 공간이 인식되시나요? 그 공간에서 잠시 머물 수 있나요? 호흡을 통해 자기 자신에 머무시길 바랍니다.

명상하겠습니다. 들숨과 날숨 사이의 공간, 그 빈 공간을 통해 우리는 새로운 차원으로 갑니다. 한반도를 덮친 거대한 힘이 있습니다. 큰 파도는 이 땅에서 일어났지만, 우리가 만든 것은 아닙니다. 통제할 수 없는 커다란 힘에 우리는 넘겨졌습니다. 거기에 삶의 터전을 잃어버린 우리나라와 국권을 강탈한 일제, 생명을 바친 독립운동가와 그들을 고문한 순사, 일본에 부역한 사람들과 징용당한 할아버지, 정신대에 잡혀간 할머니, 일본 기술자가 지은 학교와 철도, 일제가 약탈한 우리 문화재 그리고 이 땅의 비극을 온전히 받아 안은 우리 모두가 이 거대한 힘에 넘겨졌습니다. 우리는 이 참혹한 파도에 스스로 안깁니다. 이 큰 파도는 우리를 더 큰 생명의 움직임으로 데려갑니다. 전체를 이끄는 생명이 우리의 손을 잡습니다. 그리하여 우리 모두는 각자의 자리에서 각자의 운명에 섭니다. 들숨과 날숨 사이에 화해가 흐릅니다. 평온한 힘이 우리에게 있습니다. 이제, 숨을 내쉴 때마다 한 걸음씩 조심스럽게 물러납니다. 숨을 내쉬면서 선조와 부모님의 시대에 등을 돌립니다. 몸의 방향을 180도 돌립니다. 다른 빛을 감지하시고 지금 여기에 옵니다.

● 명상이 끝나자 규호는 아들들과 눈을 맞춘다.

● **아들 대역** 　아버지와 연결감이 느껴져요.

통찰

일제강점기 일본인의 만행으로 수많은 사람이 가족을 잃었다. 우리는 이 상실을 어떻게 치유하고 소화할 수 있을까. 규호의 비극은 독립운동가인 외증조할아버지의 옥사와 외증조할머니의 자살, 이후 세대의 이른 죽음으로 대물림되고 있었다. 부모를 일찍 여읜 가족원은 자녀에게 부모 역할을 강요했으며, 자녀들은 도망가는 방식으로 상실에서 벗어나고자 했다.

　규호 역시 자신의 어머니가 짐스러워 멀리하면서 자녀에게는 부모화를 강요했다. 규호의 자녀는 부모화를 거절했다. 부모에게 충성하는 대신 고등학교를 졸업하고 부모로부터 독립했다. 자녀 역시 규호와 가깝게 있을수록 무겁고 힘들었기 때문이다.

　규호는 어머니 뒤의 어머니, 그 뒤의 어머니를 상상한다. 저 멀리에서 어머니를 통해 오는 생명을 등으로 받아들인다. 어머니와 수많은 할머니에게서 오는 생명의 지지를 존재했던 그대로 호흡과 함께 몸으로 받아들인다.

　가족세우기는 부모의 운명에서 오는 모든 것을 좋은 것과 나쁜 것으로 구별하지 않는다. 단지 부모를 존재하는 그대로 받아들임으로써 오는 효과를 보여준다. 부모를 통해 생명이 왔고 우리가 부모를 통해 생명을 받았다는 것을 보는 순간, 부모가 어떠하였는가는 부차적인 것이 된다. 그때 우리는 생명의 힘과 만난다. 받아들임의 효과다.

규호처럼 비극적인 죽음과 상실의 대물림이 있는 경우, 아픔을 치유하고 죽음과 상실을 내적 성장의 자원으로 변형시키는 훈련이 필요하다. 규호가 겪고 있는 무기력은 비극적인 시대에 살았던 우리 선조의 큰 트라우마 대물림에서 비롯되었다.

부모에게서 오는 것을 어떻게 해야 하는지 아는 자녀는 부모의 운명을 판단하거나 평가하지 않고, 무릎을 꿇고 받아들인다. "저는 당신의 모든 것을 받아들입니다." 그러면 부모의 운명은 우리 운명의 밖에 머물고, 생명력만이 우리 안으로 들어오는 것을 경험할 수 있다.

참여자들은 명상을 통해 전체의 흐름에 내맡겨 존재하는 그대로에 동의하는 경험을 했다. 전체를 이끄는 생명에 대한 동의로 상실 애도뿐만 아니라, 존재하는 그대로를 받아들이는 힘을 얻었다. 더 큰 것에 내어맡김으로 더 큰 것에 안겨 있음을 깨달았다. 세상의 불행을 혼자 짊어진 것 같다는 생각은 전체를 움직이는 생명의 장에 녹아 충만감으로 변형된다. 규호는 이 체험으로 지금의 역경을 이겨나갈 힘을 얻었다.

요약

- **이슈** 자신의 부모는 버거워하면서 자녀에게 부모 역할을 기대하는 부모.
- **통찰** 부모를 덮친 운명에 동의하고 엎드려 받아들이는 것은 상상할 수 없는 큰 사랑을 견디는 것과 같다.

동생은 자폐이고, 나는 무기력하다

사연

저는 열심히 해보려고 해도 마음뿐입니다. 몸이 따라주지 않고 무기력
합니다. 땅에서 잡아 끌어당겨 저를 눕히는 것 같습니다. 대학을 졸업
하고 취직을 했지만, 직장생활에 적응하기 어렵고 대인관계가 힘들어
그만두었습니다. 직장생활을 하는 동안 밤에 게임을 하며 긴장을 풀었
습니다. 이것이 습관이 되어 집에서 놀면서 밤새 게임을 하고 낮에 자
는 생활을 하고 있습니다. 변화가 너무 어렵습니다.

보현(남, 20대)은 고모의 소개로 가족세우기 세션을 받았다. 세션
은 생활 코칭 기법으로 작업했다. 세션 중에 동생이 자폐이고,
아버지는 사업 부도로 서울에서 일하고, 어머니는 시골에서 자
폐인 동생과 지낸다는 것을 알게 되었다. 아들이 무기력하고 딸
이 자폐란 사실은 잊혔거나 제외된 가족원과의 얽힘이 있다는
뜻이다. 그러기에 전 가족을 도와야 한다.

　그즈음 나는 사회공헌 활동으로 서울과 대전에서 가족세우
기를 하려고 기획 중이었다. 나는 그에게 일정을 알려주며 일가
족이 함께 오기를 권유했다. 보현의 작업은 부모와 함께하는 것
이 더 효과적이기 때문이다.

세우기

● 보현의 가족을 세웠다. 아들과 아버지가 서로 떨어져 있었으며, 딸은 어머니 옆에서 눈을 감고 있다. 딸이 뒷걸음질치며 아버지 옆으로 가자, 보현 엄마는 넋을 잃은 듯이 바닥을 보고 있다. 보현 엄마 대역의 시선이 닿는 바닥에 대역 한 사람을 눕힌다.

● 친정어머니를 추가로 세웠고, 보현 엄마를 직접 장에 세웠다. 친정어머니와 눈을 맞추자 보현 엄마는 아기처럼 울면서 안긴다.

● **촉진자** (친정어머니에게서 떼어내어 처음 섰던 자리로 데려온 후) 지금 몇 살이세요?

● **보현 엄마** 55세요.

● **촉진자** 지금 여기에서 55세로 어머니께 갑니다.

● 보현 엄마는 발을 떼지 못한다.

● 보현 엄마가 의뢰인석에 앉고, 보현 엄마 대역이 선다.

● 보현 엄마는 장을 보면서 남편이 어쨌고, 아이가 어쨌다며 끊임없이 말을 했다. 장은 침묵 속에서 흐르고 있는데, 보현 엄마는 장을 보지 않은 채 눈동자를 심하게 떨었다. 남편 탓, 아이 탓을 하며 내면의 불안과 갈등을 회피했다.

● **친정어머니** (양팔로 가슴을 감싸 안고 오들오들 떨며) 너무 추워요. 친정어머니를 뒤로 돌려세우고 외할머니를 추가로 세웠다. 친정어머니 역시 외할머니에게 다가가지 못했다. 외할머니를 뒤로 돌려세우고 외증조할머니를 세웠다. 두려움으로 자신의 어머니에게 다가가지 못하는 패턴이 반복되었다. 윗대의 비극적인 얽힘으로 인한 여러 죽음을 바닥에 눕혔다.

● 그동안 보현 엄마와 대역은 눈물을 흘리며 "엄마, 엄마…" 하고 불렀다. 친정어머니 대역이 점점 편안해지면서 모녀 대역은 눈을 맞춘다.

● 그사이 자폐 딸 대역은 죽은 사람을 돌보고 있었다. 가족공동체에서 제외된 자(가해나 살인 등 양심에 거리끼는 행동을 한 사람) 대표 Z를 추가로 세우자 바닥에 누워 있던 희생자가 일어나 Z와 눈을 맞춘다. 보현 엄마 대역이 희생자를 뒤에서 끌어안으며 Z를 밀어냈다. 그러자 외할머니가 Z를 뒤에서 끌어안는다. 한 집 안에 살인자와 희생자가 있었다.

C	보현 엄마
X	희생자
Z	제외된 자(살인자, 가해자)
GM	외할머니

● **촉진자** (보현 엄마에게) X와 Z, 외할머니에게 말씀하세요. "당신들에게 무슨 일이 있었는지 알 수는 없지만, 그 모든 것에 동의합니다. 저는 더 이상 관여하지 않습니다. 물러섭니다."

● **보현 엄마** 당신들에게 무슨 일이 있었는지 알 수는 없지만, 그 모든 것에 동의합니다. 저는 더 이상 관여하지 않습니다. 물러섭니다.

● **촉진자** (보현 부모에게) Z에게 말씀하세요. "당신의 운명에 동의합니다. 저희들이 다르게 살 수 없었던 것처럼 당신도 다르게 살 수 없음을 압니다. 저희 가족이 잘 살 수 있도록 축복해주세요."

● **보현 부모** 당신의 운명에 동의합니다. 저희들이 다르게 살 수

없었던 것처럼 당신도 다르게 살 수 없음을 압니다. 저희 가족이 잘 살 수 있도록 축복해주세요.

● 자폐 딸을 직접 장에 세워 Z 대역을 마주보도록 했다. 누구와도 눈을 맞추지 못한 채 엄마 뒤꽁무니만 쫓아다니던 딸이 가해자 대역을 흘끔흘끔 보면서 눈을 맞췄다. Z가 자폐 딸의 이름을 부르자 눈을 맞추는 시간이 길어졌다.

무거웠던 장이 가볍게 흐른다. 자폐 특징 중 하나는 외부와 소통이 안 되는 것이다. 그러나 세우기에서 자폐 딸이 Z 대역과 눈을 맞추고 소통하는 것을, 70여 명의 참여자는 분명히 봤다. 세션이 끝난 후, Z 대역을 했던 분이 자폐인 딸과 눈을 맞춘 순간 무언가 녹아내리는 감동을 느꼈다고 했다. Z 대역은 자신의 남동생 아들이 자폐라고 했다. 이 세션은 그녀에게도 큰 깨달음을 주었다.

통찰

우리 사회는 곳곳에서 집단양심이 부딪치고 누군가를 제외하는 분열로 몸살을 앓고 있다. 동족상잔의 비극과 이데올로기의 분열은 현재 진행 중이다. 이러한 갈등은 사회뿐만 아니라 개인의 현실과 내면에서 동시에 일어나고 있다. 사례를 통해 알 수 있듯이 자폐와 분열이 있는 곳에는 언제나 제외된 누군가가 있다.

자폐나 정신분열 환자를 돕고 싶다면, 전 가족을 도와야 한다. 2008년 버트 헬링거는 '한국 국제 가족세우기 워크숍'에서 자폐와 정신분열의 세우기 장이 유사하게 나타난다고 했다. 자폐를 겪는 사람은 가족공동체에서 제외된 사람과 사랑으로 연결될 때, 자폐로 인한 긴장이 이완되고 의사 표현이 또렷해진다. 버트 헬링거는 이 과정을 치유가 일어나는 움직임이라고 했다.

요약

- **이슈** 무기력한 오빠와 자폐 동생의 가족세우기.
- **통찰** 자폐 또는 정신분열 환자는 전 가족을 위해 자폐 또는 정신분열 환자가 되었다. 그래서 이들을 도우려고 하면 전 가족을 도와야만 한다. 그들은 원가족의 누구를 대신하고 있다. 어떤 것이 어떻게 흐르는지를 알면 우리가 그들을 도울 수 있다.

있는 그대로 본다는 것

유명인의 자살은 베르테르 효과°를 불러일으키며 모방 자살에 영향을
미친다. 이 현상을 가족세우기에서 관찰할 수 있다. 가족원이 자살했
거나 사망했을 때, 다른 가족원이 따라 죽으려 하는 경우가 있다. 이러
한 패턴은 세대에서 세대로 대물림된다. 우리가 주목해야 할 점은 상
실을 어떻게 경험하고 삶과 죽음을 배우는 기회로 삼을 수 있는가이
다. 우리는 상실에 어떻게 대처해야 할까.

  우리는 자살이나 비극적인 죽음을 직면하기 어려워한다. 삶과 죽음
에 대한 어떤 상이 있기에 죽음을 있는 그대로 보지 못한다. 예를 들어
암에 걸려 살날이 얼마 남지 않은 남편과 함께 지내는 여성이 나에게
왔다. 그녀는 남편과 남편의 죽음, 자신의 대역을 세웠다.

  그리고 눈을 감고 진저리를 치며 통곡했다. 내가 눈을 뜨고 대역에
게 정신 차리고 보라고 하자 이내 울음을 그쳤다. 그녀는 무엇에 통곡
했을까. 남편의 죽음을 보기나 한 걸까. 그녀는 자신의 내면의 상에 통
곡했다.

  질병도 마찬가지다. 어떤 생각이나 상상 없이 질병을 있는 그대로

° 괴테의 소설《젊은 베르테르의 슬픔》에서 유래한 말로 유명인 또는 평소 존경하
   거나 선망하던 인물이 자살할 경우, 그 인물과 자신을 동일시해서 자살을 시도
   하는 현상을 말한다. 모방 자살copycat suicide, 자살 전염suicide contagion이라고도
   한다.

만나면, 질병이 우리에게 하는 이야기가 있다. 주로 우리를 깨달음의 세계로 인도하는 메시지가 질병에 숨겨져 있다.

우리는 어떤 표준 모델 같은 내면의 상을 가지고 산다. 내 생각 이전부터 있었던 생각, 신념, 관념, 기억 들이다. 예를 들면 늙어 죽으면 호상이라 하고 밖에서 죽으면 객사라 한다. 그래서 객사를 꺼려한다. 죽음을 다르게 인식하는 것이다. 내면의 상이 다르기 때문에, 두 죽음을 대하는 태도가 달라진다. 죽음을 죽음 그대로 보고 애도한다면 어떨까. 어떤 상상 없이 온전히 슬퍼하면 삶은 어떻게 달라질까. 어떤 생각, 신념, 관념, 기억 들은 내면의 상을 통해 구체화되고 개념화되어 삶과 관계에 작용한다. 이것을 깨달으면 내면의 상은 치유와 성장의 자원으로 변형된다.

그러나 잘 안 될 수 있다. 우리가 객사한 누군가를 제외하기에 잘 안 된다. 가족세우기에서 관찰한 것은 제외하면, 제외당한 사람과 똑같이 된다는 것이다. 그래서 제외된 사람처럼 외로운 느낌과 특정한 상을 갖는다.

어떻게 내면의 상을 변형할 수 있을까. 거절하고 제외하는 사람도 전체를 이끄는 창조적 힘 안에 있다는 것을 인식하는 것이다. 우리 모두는 각자의 자리에 홀로 있으면서 연결되어 있다는 생각을 갖는 것이 필요하다. 우리는 죽음과 질병과 무기력을 있는 그대로 바라볼 때 벗어날 수 있다. 우리는 존재 그대로를 존중해야 하며, 존재 그대로 존중받아야 한다. 죽음과 질병은 피할 수 없는 과제다. 고통스럽고 절망스러운 문제다. 죽음과 질병을 두려워하는 사람들에게 죽음과 질병을 피하지 않고 있는 그대로 바라보며 직면하라고 권하고 싶다.

06 돈과
일 세우기

돈을 멸시하면 돈은 멀리 떠난다. 존재의 힘도 없어진다. 적은 돈으로도 잘 사는 사람은 돈이 필요할 때, 돈은 그에게 가볍게 다가오고 생명력을 갖는다. 돈의 신적인 힘을 아는 사람은 돈을 소중하게 여긴다. 자신의 운명에서 돈이 흐르는 길을 아는 사람은 돈과 함께 가기에 만족스럽다.

버트 헬링거는 "돈이 개줄에 묶인 개처럼 움직인다"고 했다. 주인이 개줄을 잡아당기면 개는 주인의 부름을 알아차리고 가까이 온다. 이처럼 돈이 필요할 때 돈줄을 당기면 돈이 온다고 했다. 우리는 돈을 심부름꾼에 비유하기도 한다. 일이 끝나면 심부름꾼이 돌아가듯이, 돈도 무엇을 이루면 떠나기 때문이다.

돈은 지시나 명령을 받지 않으며 우리의 선택을 허락하지 않는다. 우리가 돈을 벌어 무엇을 이루고 난 후 때가 되었을 때, 돈은 우리가 잡은 손을 놓기를 바란다. 우리가 기꺼이 돈을 놓을 수 있을까. 우리 내면에서 돈은 신적인 부모와 같기에 내려놓기가 어렵다. 이는 돈 세우기 장에서 부모의 운명을 있는 그대로 받아들이지 못하는 사람이 돈도 받아들이지 못하는 것과 관련이 있다. 이처럼 돈은 물질 차원뿐만 아니라 의식의 차원에서도 기능한다. 그래서 돈에 의해 관계가 연결되기도 하고 끊어지기도 한다. 우리가 돈의 다차원적인 기능을 안다면, 돈이 우리 삶에 봉사하는 것을 볼 수 있다.

일이 풀리지 않는다

사연

저는 스펙이 좋아 이력서만 내도 취직이 될 것이라고 생각했는데, 어찌된 일인지 취직이 안 됩니다. 회사에 들어가도 1년을 채우지 못한 채 금방 그만둡니다. 무엇보다 부모님 보기가 민망합니다. 학교 다닐 때 저보다 공부도 못했던 친구들조차 취직을 해서 버젓한 직장을 다니고 있는데, 저는 왜 이렇게 되는 일이 없는지 모르겠습니다. 요즘은 용돈 때문에 편의점 아르바이트를 하고 있습니다. 아는 사람을 만날까봐 집에서 떨어진 곳에서 아르바이트를 하는 제 자신이 처량합니다.

진일(남, 30대)은 심리적으로 문제가 있는 것은 아닐까 생각했다. 얼마 전 자기 현안에 집중하지 못하고 에너지를 산만하게 쓴다는 말을 친구에게 들었다. 취업을 원하면 취업하고자 하는 곳에 집중해야 하는데, 사람들 일에 오지랖을 떨면서 하루를 소비하는 경우가 많기 때문이다. 그렇게 도움을 주고 대가를 받지도 못한다.

어디선가 '돈은 돈을 좋아하는 사람을 좋아한다'라는 문장을 보았다. 그 문장을 보는 순간 뒤통수를 맞은 것 같았다. 자신이 돈을 좋아하지 않는 사람일 수 있다는 생각에 불안해졌다.

세우기

● 진일과 일 대역이 마주섰다. 진일 대역이 경직된 채로 눈을 감고 인상을 쓴다.

● **촉진자**   숨 쉬세요. 들숨 그리고 날숨. 눈 뜨세요.

● **진일 대역**   (들이쉬는 숨은 짧게 내쉬는 숨은 길게 쉰다) 들숨이 잘 안되어 힘들어요.

● **촉진자**   (진일의 등을 쓸어주며) 느낌은 내가 아닙니다. 느낌을 보세요. 느낌을 넘어섭니다.

● **진일 대역**   너무 긴장이 됩니다. 발이 다 들떠서 뒤로 넘어갈 것 같아요. 이가 탁탁 부딪쳐요.

● **촉진자**   (진일 대역) 그것을 자각합니다. 몸에서 일어나는 것들을 그냥 자각하세요.

● **촉진자**   (진일에게) 내가 나한테 이야기하세요. "나에게 일어나도 된다. 나한테 이런 일이 일어나는 것은 당연하다."

● **진일 대역**   나에게 이런 일이 일어나도 된다. 나한테 이런 일이 일어나는 것은 당연하다.

● **진일**   제가 삶에 발을 붙이지 못하고 사는 것 같습니다. 어디에 뿌리를 내려야 할지 모르겠어요.

● **촉진자**   몸이 어떻게 변화하는지 자각하세요.

● 진일 대역이 목을 뒤로 젖히며 발가락으로 바닥을 잡는다.

● **일 대역**   (진일 대역처럼 뒤로 젖히며) 목이 욱신거리고 팔에서 화끈화끈한 열감이 있습니다.

● **진일**   저도 목이 아프고 손에 땀이 납니다. 다리와 몸에 힘이

빠지고 가슴이 답답해요.

● 일 대역   똑같이 느껴집니다. 몸에 열감이 느껴지고요.

● 새로운 대역 갑, 을, 병, 정을 세우자 진일 대역이 일을 향하지 않고 새로운 대역들에게 향한다.

● 촉진자   (을에게) 진일에게 말씀하세요. "당신은 그렇게 중요한 사람이 아닙니다."

● 을   (진일 대역에게) 당신은 그렇게 중요한 사람이 아닙니다.

● 을이 이야기하자 진일 대역은 을에게서 시선을 돌린다. 을이 장 밖을 향해 돌아선다.

● 진일 대역   을이 돌아서니까 마음이 편해져요. 이제 일이 보여요.

◉ 촉진자   의뢰인은 어디에 집중해야 해요?

◉ 진일   (일을 가리키며) 여기요.

◉ 촉진자   그런데 의식이 어디에 있어요?

◉ 진일   을에게요.

● 새로운 대역 무, 기, 경, 신을 세운다. 진일 대역의 주의가 경에게 끌린다. 대역 경이 진일 대역에게 말한다.

● 경   (진일 대역에게) 당신은 그렇게 중요한 사람이 아닙니다.

● 대역 갑, 을, 병, 정, 무, 기, 경, 신 뒤에 그의 부모를 세우자 진일 대역이 한숨을 쉬며 손을 턴다.

M   갑, 을, 병, 정, 무, 기, 경, 신의 어머니

갑, 을, 병, 정, 무, 기, 경, 신   일상의 자극 대역

● **촉진자** 어떤 엄마가 어려운 사람들을 위해 봉사활동을 했지요. 사람들은 그 엄마를 칭찬하고 고마워했습니다. 그 엄마는 자부심을 느꼈어요. 그녀는 주로 보육원 아이들을 위해 많은 시간을 보냈습니다. 아침마다 기쁜 마음으로 보육원으로 향했습니다. 오후가 되자 그녀의 자녀가 학교에서 돌아왔습니다. 그녀의 자녀는 배가 고팠습니다. 텅 빈 냉장고를 열었다 닫았다 하며 엄마가 돌아오길 기다렸어요. 그녀는 누구의 엄마인가요? 그녀의 자녀에게 엄마가 있나요?

● **촉진자** (갑, 을, 병, 정, 무, 기, 경, 신 대역을 가리키며 진일에게) 이 사람들의 부모를 대신할 필요 없습니다.

● **촉진자** (일에게) 진일이 어떻게 보이세요?

● **일 대역** 아까보다 더 선명하게 보여요.

● **촉진자** (진일에게) 엄마, 엄마, 계속 부르세요.

● 진일은 엄마를 부르며 운다.

● **촉진자** (진일의 등을 쓸어주며) 자, 숨 쉬세요. 어머니에게 이야기하세요. "어머니, 당신은 크시고 저는 작습니다. 어머니, 당신은 주시고 저는 받습니다."

- **진일** 　머리가 아파요.

- 일 대역이 진일의 이름을 정성껏 부르자 진일은 눈을 감고 흐느낀다.

- **촉진자** 　(진일과 함께 장 안으로 들어가 어머니 대역 앞에 서서) 눈 뜨고 어머니를 보세요.

- 진일이 어머니를 보자 아이처럼 엄마를 부른다.

- **촉진자** 　자, 숨 쉬세요. 날숨에 열 살씩 먹는 거예요. 엄마에게 도착하면 서른두 살이 되는 겁니다.

- 진일이 숨을 계속 쉬며 '엄마'라고 부른다. 한 발자국씩 천천히 내딛으며, 어머니 대역에게 안긴다. 끌어안고 함께 운다.

- **촉진자** 　자, 숨 쉬세요.

- 계속 숨 쉬게 하자 진일이 조금씩 안정을 찾는다.

- **촉진자** 　(진일에게) 어머니에게 말씀하세요. "어머니, 이제 저는 어머니를 통해 오는 모든 것을 받아 갖습니다."

- **진일** 　(어머니에게) 어머니, 이제 저는 어머니를 통해 오는 모든 것을 받아 갖습니다.

- **촉진자** 　어머니와의 관계는 삶과 일과의 관계와 같습니다.

가족세우기에서 일과 돈은 부모 중 특히 어머니를 상징한다. 어머니와의 관계는 일 관계와 유사하다. 우리가 아기였을 때 젖을 주었던 어머니는 생명의 근원이었다. 이처럼 성장한 우리에게 일은 젖을 주던 어머니처럼 생존의 근원이다. 우리가 어머니의 젖을 빨아 먹듯, 우리가 갖는 생명을 스스로 받아들여 성공과 행복을 향한 창조적 움직임에 내어 맡길 때, 일은 우리에게 기뻐한다.

통찰

진일의 어머니는 고생을 많이 했다. 결혼 전에는 동생들 뒷바라지하느라 공장 생활을 했다. 어머니 덕분에 외삼촌과 이모들은 서울에서 대학교를 나왔다. 진일은 교사인 이모처럼 어머니가 전문직 여성이라면 얼마나 좋을까 생각했다. 그러나 진일의 어머니는 지금도 재봉틀을 돌리고 있다.

진일은 어머니가 이모처럼 교사였다면 아버지를 만나지 않았을 거라고 생각했다. 학교를 제대로 다니지 못했기 때문에, 무식한 아버지를 만나 폭력과 생활고에 시달린다고 여겼다. 그래서 어머니를 위해 공부를 열심히 했다. 할머니와 아버지가 트집을 잡아 어머니를 괴롭혔기 때문에, 자기가 공부를 못하면 어머니를 힘들게 할 것이라고 생각했다. 진일은 어머니를 생각하면 가슴이 아린다.

그래서 어머니와 안 보고 살고 싶다. 그런데 취직도 못하고 있으니 참 답답했다. 진일은 돈과 일 관계의 어려움이 있는 사람들이 대부분 어머니와의 관계에 얽힘이 있다는 것을 보고 혼란스러웠다.

돈과 일에 대한 가족세우기에서 진일이 발견한 것은 어머니와의 관계다. 진일은 이모를 이상적인 어머니 상으로 가지고 있었으며, '엄마가 교사였다면'이라는 조건을 붙였다. 먼지 속에서 재봉틀을 돌리는 어머니를 외면했다는 것을 알아차렸다. 뭘 할 때마다 토를 달았던 것이 이런 인식 패턴에서 나왔다는 것을 알고 나니, 자신의 어리석음에 탄식이 절로 났다.

취직이 어렵고 입사해서도 조직에 적응을 못한 것은 '이래야 행복하다, 저렇게 해야 성공이다'라는 조건을 붙였기 때문이라는 것을 깨달았다.

일이 안 풀리는 사람은 자신이 걸어놓은 조건에 걸려 있다. 어머니에게서 오는 사랑과 생명을 거절하여 멀어지는 것처럼 일과 성공에서도 멀어지는 것을 목격할 수 있다. 성공은 언제나 어머니에게서 오는 그 모든 것들을 평가 없이 받아들일 때 찾아온다.

요약

• **이슈** 일이 풀리지 않는다.
• **통찰** 어머니의 사랑에 조건을 붙이는 사람은 일과 행복에도 조건을 붙인다.

돈 때문에 남편과 다툰다

사연

몇 년 전부터 남편이 "내가 그동안 너를 먹여 살렸으니, 이제 네가 밖에 나가 일 좀 하면 안 되겠니?"라고 하는데 무섭습니다. 남편은 "다른 여자들은 보험 설계사로 일하고, 건강식품도 팔아 돈을 잘 벌던데"라며 돈을 벌어 오라고 했습니다.

그러다 남편이 사업에 실패하고 건강을 잃어, 제가 나가서 일할 수밖에 없는 상황이 되었습니다. 일거리를 알아보고는 있지만, 전업주부로 오랫동안 살아왔기 때문에 막막합니다.

무엇보다 당장 생활비가 필요한데, 돈에 대한 감각이 없다는 것을 알고 당황했습니다. 돈이 소중하게 느껴지지도 않고, 그냥 남편이 원망스럽습니다. 하지만 남편 탓만 하고 있을 상황이 아니라 도움을 받고 싶습니다.

미희(여, 50대)는 재무 상담을 하는 친구에게 돈과 마음의 작용에 관한 이야기를 들었다. 과거에는 흘려들었지만, 경제 상황이 어려워지자 자신이 돈과 연결감이 없다는 것을 깨달았다. 현재는 앞이 캄캄하기만 하다. 뭘 어떻게 해야 할지 모르겠다고 했다.

세우기

● 미희 대역과 돈 대역을 마주 세웠다. 미희 대역은 뒤로 물러서 며 가슴이 답답한지 거칠게 숨을 쉬고, 돈이 안 보이는 쪽으로 이동한다.

● **미희 대역**　돈을 보니 답답해요. 꼭꼭 숨고 싶어요. 숨어야 할 것 같아요.

● **촉진자**　(미희에게) 돈이 많으면 무슨 일이 일어나요?

● **미희**　글쎄요. 제가 지금 좀 멍해요. 그냥 생각으로는 돈이 많 길 바라지만, 돈이 나를 보는 것이 싫은 것 같아요.

● **촉진자**　집안이 부자였어요?

● **미희**　저희 집은 가난해요. 아버지는 학벌이 좋았는데도 돈벌 이를 잘 못하셨어요. 하지만 할아버지가 평양에서 부자였던 것 같아요. 한국전쟁이 일어날 무렵 아버지와 고모는 서울에서 대 학을 다녔다고 했거든요. 전쟁으로 이산가족이 되어 친척이 고 모밖에 없어요.

● **촉진자**　북한의 지주들은 어떻게 되었을까요?

● **미희**　집안이 몰살당했을 거예요. 아버지는 인텔리였지만 자 기 능력을 쓰지 못했어요. 제가 기억하는 아버지는 늘 무기력하 고 우울하셨어요. 아버지의 영혼은 북한에 있는 가족이 어떻게 되었는지 알고 있었겠죠. 할아버지가 가난했다면 아버지는 서울 로 유학을 오지 않았을 것이고, 그러면 가족과 헤어지지도 않았 겠지요. 그랬다면 저도 태어나지 못했겠네요. 헉! 이렇게 연결될 줄 몰랐네요.

● **촉진자** 돈이 없어서 생명을 잃기도 하고 돈이 많아서 생명을 잃기도 합니다. 지금도 답답하세요?

● **미희** 아까보다는 편안해졌어요.

● **촉진자** (미희와 함께 세우기 장으로 들어가 돈 대역 앞에 선다) 돈과 호흡을 맞춰보세요. 돈에게 말씀하세요. "전쟁은 끝났습니다. 지금은 평화의 시대입니다. 이제 돈이 많아도 안전합니다. 당신의 풍요를 축복합니다."

● **돈 대역** 전쟁은 끝났습니다. 지금은 평화의 시대입니다. 이제 돈이 많아도 안전합니다. 당신의 풍요를 축복합니다.

● **미희** 돈을 안고 싶어요.

돈이 많아 생존에 위협을 겪는가 하면 돈이 없어 생명이 위태로울 수 있다. 돈은 생명을 살리기도 하고 죽이기도 하면서 많은 일을 한다. 돈이 목소리가 있다면, 어떻게 쓰일 때 기쁘다고 말할까.

통찰

"돈이 생명입니다."

"더러운 돈을 어떻게 고귀한 생명에게 갖다 붙이세요?"

"돈 없으면 죽어요."

"죽으면 되지요."

"선생님은 죽을 수 있겠지요. 만약 어머니가 수술을 해야 하는데, 수술비가 없다면 어머니가 죽어도 되나요?"

"…."

　내가 돈은 생명이라고 하자 한 교육생이 반론을 제기했다. 우리는 돈에 대한 다양한 상을 가지고 있다. 가족세우기에서 돈을 세운다는 것은 의뢰인이 돈에 투사하는 내면의 상을 세우는 것이다. 우리는 돈을 세움으로써, 의뢰인이 돈과 어떤 관계를 가지는지 볼 수 있다.

　우리는 상상할 수 없는 많은 것을 돈에게 투사한다. 시를 낭송하는 지인이 있다. 그녀는 어릴 때 줄곧 "나는 가난한 시인의 아내가 될 거야!"라는 생각을 했다. "부자 시인도 있고, 그냥 시인도 있는데, 왜 하필 가난한 시인의 아내가 되려고 했을까요? 사는 데 돈이 얼마나 많이 필요한데, 가난한 시인의 아내라니!" 생각만 해도 끔찍하다며 그녀는 고개를 좌우로 흔들었다.

　우리 사회는 청빈을 소중한 가치로 여기는 양심이 있다. 과거 계급사회에서 관료들에게 청빈은 안정적인 사회 유지를 위한 중요한 덕목이었다. 이 도덕은 '가난한 시인의 아내'를 꿈꾸었던 지인처럼, 돈을 터부시하고 돈에 대한 건강한 욕구를 억압하는 요소로 작용하기도 한다. '돈을 밝힌다'라는 말이 있다. 돈은 생존과 직결되기에 누구나 돈을 밝히게 돼 있다. 그러나 누군가는 돈 얘기를 하면 왠지 질이 낮아 보인다고 인식한다.

　근대 사회는 열강의 침탈과 부정부패와 비리를 일삼는 관료들 때문에, 민초들의 생존이 위태로웠다. 그런가 하면 현대 사회는 세금을 포탈하고 노동자들을 착취하여 성을 쌓은 재벌이 자녀에게 부를 세습하고 있다. 이런 행태에 대한 저항감으로 돈이 많으면 왠지 나쁜 짓을 많이 한 사람으로 인식하는 이미지가 있다.

돈을 그냥 생명 에너지로 보면 어떨까. 어떤 투사 없이 생명에 봉사하는 에너지로 보면 어떨까. 어머니가 우리를 낳아 길렀고 우리가 자녀를 낳아 기르듯이, 돈을 생명의 흐름으로 본다면 어떤 터부나 억압이 있을까. 돈 문제로 가족세우기를 할 때, 의뢰인들의 공통점은 부모와의 관계에 연결감이 없다는 것이다. 특히 고생하며 사신 어머니의 운명에 대한 저항은 어머니에게 다가가기 어렵게 한다.

돈을 세웠을 때 보이는 다양한 반응이 흥미롭다. 돈을 너무 좋아한다는 사람이 돈을 세우자마자 슬퍼하며 운다. 돈이 필요하다는 사람은 돈을 세우자 눈을 감아버린다. 돈과의 관계를 본 사람들은 자신의 생각이나 말과 너무 다른 태도를 보여주는 돈의 움직임에 당황하지만, 궁극에는 고개를 끄덕인다. 그리고 왜 자신에게 돈이 없는지를 인식하고 새로운 가능성을 본다.

돈은 통장에 있을 때 안정감을 느끼며 생산적인 활동이나 생명이 흐르는 곳으로 갈 때 기뻐한다. 돈은 두 가지 얼굴을 가지고 있다. 하나는 예금통장에 있는 돈이다. 다른 하나는 대출통장에 있는 빚이다. 예금통장에는 받을 이자가 붙고 대출통장에는 갚아야 할 이자가 붙는다. 내 예금통장의 돈은 안에 머물며 몸집을 키우고, 내 대출통장의 돈은 밖으로 나가 일을 한다. 은행으로 들어간 내 예금통장의 돈이 다른 사람의 대출통장의 돈이 된다. 돈은 우리에게 머물지 않고 흐른다. 어떤 사람은 예금통장에 돈이 많고, 어떤 사람은 대출통장에 돈이 많다. 빚은 이익과 손실의 조절이다. 뭔가 불공평해 보이지만 영혼 깊은 곳에서 균형을 잡고 있다.

채무감이나 부채감으로 느껴지는 주고받기의 양심은 제한된 범주에서만 작용한다. 친구의 돈을 빌렸을 때 갚지 못하면, 채무감 때문에 불편하다. 이처럼 우리는 받았으면 갚으려는 조절 욕구가 있다. 이것은 구성원을 결속하게 하며 사회적 조절 기능을 한다.

얼마 전 국세청에서 상습적인 고액 체납자 명단을 발표했다. 누구나 아는 큰 자산가들이 여럿 포함되어 있었다. 재산이 많아도 세금을 내지 않는 것은 양심과 어떤 상관관계가 있을까. 부채감은 경계가 커지면 양심의 가책으로 작용하지 않는다. 세금은 시민이 내는 나랏돈이다. 돈의 주인이 구체적으로 눈에 보이지 않기 때문에, 갖다 쓰는 사람이 임자라는 의식이 있다. 세금으로 지원하는 각종 정책 자금을 소위 눈먼 돈이라고 여기는 사람들은 채무감이 없다.

요약

- **이슈**   돈 때문에 싸운다.
- **통찰**   주인 마음대로 주머니의 돈을 쓸 수 있을 것 같지만, 돈은 더 큰 차원의 흐름을 따른다.

일중독으로 번아웃되었다

사연

남편은 중소기업을 운영하다가 과로로 쓰러져 며칠 동안 입원했습니다. 남편은 병원에서도 회사 생각만 했습니다. 퇴원 후 회사에 출근했던 남편은 "나 없어도 회사가 잘 굴러가네"라고 했습니다. 남편이 자기가 없으면 회사가 잘 굴러가지 않을 것이라고 착각하고 있었습니다. 일과 삶의 구분 없이 일에 몰두하는 걸 보니, 아무래도 일 중독에 걸린 것 같습니다.

아영(여, 40대)과 명수(남, 40대) 부부가 참여했다. 명수는 과로로 쓰러져 입원할 당시만 해도 일 중독이라는 것을 생각지 못했다. 아영이 명수에게 과로로 쓰러진 것이라고 했지만, 명수는 일을 멈추지 않았다. 그러나 요즘 명수의 몸에 이상 증상이 일어나고 있다. 명수는 집중력이 떨어지고 잠을 잘 때도 편히 쉬지 못하는 것을 인지했다. 탈진 상태에서는 아무것도 할 수 없는데, 일을 놓지 못하고 있다. 편히 쉬고 싶지만 쉬어지지 않았다.

세우기

● 명수 대역을 세우고 관찰했다. 명수 대역은 미간을 찌푸리며

가슴에 손을 대고 호흡을 고르더니 바닥에 눕는다.

● **명수** 제 모습과 똑같습니다.

● **촉진자** 가족 중에 누가 저렇게 열심히 일을 했나요?

● **명수** 어머니요. 아버지는 음악가였어요. 여자들에게 인기가 많았지요. 아버지는 집을 나가 계실 때가 많았습니다. 아버지는 돈을 많이 벌었던 것 같은데, 어머니는 항상 생활고에 시달렸습니다. 어머니는 보따리 장사도 하시고 양품점도 하시고 포장마차도 하시면서 우리를 키우셨지요. 그러다 심장마비로 돌아가셨어요. 아버지는 어머니에게 항상 큰소리를 치셨는데, 어머니가 갑자기 과로사하자 충격을 받았던 것 같습니다. 어머니가 돌아가시고 1년도 안 돼 세상을 떠나셨습니다.

● 부모 대역을 추가로 세운다. 부부는 두 손을 꼭 잡고 명수를 본다.

● **명수** (대역들의 움직임을 보며) 당황스럽군요. 두 분이 저렇게 다정하셨다는 것이 믿어지지 않습니다.

● **촉진자** 형제가 어떻게 되세요?

● **명수** 다섯 남매입니다.

● **촉진자** 부모님도 우리의 부모님이 되기 이전에 한 남자와 한

여자였습니다. 그 사이에 어떤 사랑이 오고 갔는지 자식들은 모르는 경우가 많지요.

- **명수**   그렇죠. 거기까지 생각하진 못했네요.

- **촉진자**   부모님을 보고 말씀하세요. "아버지, 당신은 크시고 저는 작습니다. 어머니, 당신은 주시고 저는 받습니다."

- **명수**   아버지, 당신은 크시고 저는 작습니다. 어머니, 당신은 주시고 저는 받습니다.

- **명수**   아버지가 보고 싶네요. 사실 저도 아버지처럼 음악을 하고 싶었습니다. 아내가 회사 일을 함께하면 가능할 것 같은데, 아내를 어머니처럼 고생시키는 것 같아 차마 말을 꺼내지 못했습니다. 아내는 결혼 전에 우리 회사 경리였기 때문에, 일에 대한 맥락을 잘 알고 있습니다.

- **아영**   남편이 이렇게까지 힘들어하는 줄 몰랐어요. 저도 내년부터 남편 일을 함께하려고 했어요. 내년에는 아이가 고학년으로 올라가거든요. 남편이 다 내려놓고 쉴 수 있는 것이 음악이라면 제가 일을 해야지요.

통찰

명수는 어릴 적 음악적 재능을 인정받아 음악가를 꿈꿨다. 당연히 음대에 가고 싶었다. 그러나 어머니가 반대했다. 그래서 전자공학을 택했다. 그러나 사는 재미가 없었다. 나중에 명수는 자신이 아버지에게 끌리는 것을 어머니가 꺼려했기 때문에 어머니에 대한 충성으로 아버지를 제외했다는 것을 알았다.

명수는 한 중소기업 연구소에서 근무하며 몇 가지 특허를 받았다. 근무하던 회사가 부도나면서 함께 근무하던 몇 사람이 모여 조그만 회사를 차렸다. 특허 기술을 기반으로 회사는 점점 성장하였다. 회사가 안정되면 좀 여유로워질 줄 알았다. 그러나 명수의 마음은 산란하고 불안정했다. 쉬는 날에도 회사에 출근해야만 안정을 찾았다.

가족세우기를 통해 명수는 그동안 제외했던 아버지를 받아들였다. 아버지의 끼가 자신의 피를 타고 흘렀는데, 아버지를 밀어내면서 자신의 재능조차 억압했던 것이다. 이제는 가슴이 편안해졌고, 일에 대한 집착과 욕심도 줄어들었다.

명수는 일할 때는 어머니 같고, 쉴 때는 아버지 같다고 말했다. 고생만 하다 돌아가신 어머니의 삶에 대한 안타까움과 슬픔 때문에, 일에 그렇게 집착했던 것을 알아차렸다. 어머니를 충분히 애도하고 아버지를 받아들이니 더없이 충만해졌다.

명수는 요즘 작곡을 하고 있다. 어머니와 아버지를 호흡이나 감각을 통해 받아들여 몸에서 일어나는 사랑이 곡에 스미도록 하는 실험을 하고 있다.

어머니와 아버지, 음과 양, 왼쪽과 오른쪽, 하체와 상체, 겉과 속, 앞과 뒤, 대칭은 어느 쪽이 더 우월하거나 열등한 것이 아니다. 서로 상보적 관계다.

왼발과 오른발이 서로 도와야 앞으로 걸을 수 있듯이, 어머니와 아버지는 우리 내면의 여성성과 남성성의 원형으로써 함께 존재한다. 어머니가 온전하게 내 어머니인 것처럼 아버지도 그러하다.

요약

- **이슈** 일 중독으로 번아웃되었다.
- **통찰** 삶에서 일은 어머니였고 휴식은 아버지였음을 깨달았다. 제외되었던 아버지를 받아들이자 삶에 평온한 휴식이 들어왔다.

돈은 생명에 기여할 때 기뻐한다

전철역에서 집으로 오는 길에 떡볶이 노점상이 있다. 가끔 나는 뜨끈뜨끈한 어묵으로 오후의 출출함을 달랜다. 이 노점상은 노년의 부부가 운영하는데, 아저씨의 모습이 인상적이다. 그는 언제나 흰색 셔츠에 나비넥타이를 매고 까만 앞치마를 두른 채 일한다. 떡볶이 고춧가루는 국산을 사용한다. 어묵 국물은 무, 멸치, 대파, 양파를 넣고 우린다. 그는 자신이 하는 일에 자부심이 강하다. 가끔 지나가다 부부가 간을 보자며 서로에게 국물을 떠먹여주기도 한다. 그 모습을 보고 있으면 입가에 미소가 절로 지어진다.

20여 년 전 그 자리에는 붕어빵 노점상이 있었다. 당시 국제통화기금IMF 외환위기로 많은 사람이 일자리를 잃고 방황했었다. 붕어빵을 파는 중년의 남자는 구조조정을 당하고 거리에 나온 듯했다. 붕어빵을 굽는 모습은 어설펐으며 앞치마를 두른 채 책이나 신문을 보기도 했다. 맛이 좋아서 가끔 붕어빵을 샀지만, 그와 눈을 맞춘 적은 없었다. 그는 마치 '나는 붕어빵이나 파는 그런 사람이 아닙니다'라고 온몸으로 말하는 듯했다. 얼마 후 붕어빵 노점상이 사라지고 그 자리에 떡볶이 노점상이 생겼다. 그 떡볶이 노점상이 20년 넘도록 자리를 지키고 있다.

같은 장소에서 노점상을 운영하는 두 사람을 보면, 자신이 운명을 어떻게 다루는지 눈치챌 수 있다. 우리가 태어났을 때 어머니가 우리를 돌보듯, 돈과 일은 우리의 생존을 돌본다. 운명에게 등을 돌리는 사람은 일이나 돈에게도 등을 돌린다. 운명에게 '저는 이제 존재하는 그대로를 운명으로 받습니다'라는 태도를 가질 때, 얽혀 있던 돈과 일이 풀린다. 그러면서 돈과 일과 가까워진다.

돈은 피와 같다. 피가 부족하면 생명을 잃듯이, 돈이 없으면 생존이 불가능하다. 피 같은 돈을 상속하는 것은 자식을 낳아 생명을 남기려는 본능과 같다. 그래서인지 돈 세우기에서 부모와의 관계가 돈 관계와 연결되어 있는 것을 관찰할 수 있다. 돈에 대한 어려움이 있는 의뢰인은 부모 관계에 얽힘이 있으며, 이것이 풀어지면 돈뿐만 아니라 일도 동시에 풀린다.

존중으로 돈을 빌려주면 존경을 받을 뿐만 아니라, 더 많은 것들이 돈과 함께 되돌아온다. 우월감으로 빌려준 돈은 돌려받기 힘들다. 우월감으로 돈을 빌려주면 관계가 대등하지 않기 때문이다. 한편 돈을 빌린 사람은 돈을 받을 때 모욕을 느끼기에, 심리적으로 우월감과 모욕감이 서로 상쇄된다. 우월감으로 돈을 빌려준 사람은 돈을 갚으라는 말을 하기 어렵다. 상대보다 우월한 위치가 아니라 서로 대등한 위치에서 돈을 빌려줄 때, 돈을 갚으라고 요구할 수 있다.

돈은 자신을 신중하게 여길 때 기뻐한다. 직장생활을 하면서 투잡으로 투자를 하던 의뢰인이 있었다. 그는 자기가 굴리는 돈을 스스로 통제할 수 있다고 생각했다. 그러나 결국 퇴직금까지 몽땅 날렸다. 돈은 우리 손안에 있는 것이 아니라, 우리의 수중에서 돌아다닌다. 돈은 우리의 수중에서 왔다 갔다 하면서 생명에 봉사한다. 돈의 본성은 순환성이기 때문이다. 돈은 자연스럽게 오고 갈 때, 우리를 좋아하고 우리

곁에 있으려고 한다.

일을 좋아하는 사람은 우리가 어머니에게 충성하는 것처럼 일에 헌신한다. 어머니가 우리를 먹이고 입히고 키웠던 것처럼 일은 우리를 살게 한다. 그러기에 모든 일은 존중받아야 한다. 어머니가 생명에 헌신하였듯, 모든 일은 생명에 봉사한다. 이것은 일에 귀천이 없다는 말과 같다.

07 근현대사
트라우마 세우기

2014년 2월 〈미국의학협회저널 정신의학JAMA Psychiatry〉에 실린 '우울증의 후성유전학적 메커니즘Eplgenetic Mechanisms of Depression'이라는 논문에서 에릭 네슬러Eric Nestler 박사는 스트레스가 심한 사건은 실제로 후대의 스트레스 취약성에 변화를 일으키는 것으로 드러났다고 했다. 인디언 보호구역의 원주민 젊은이의 자살률은 미국 젊은이의 자살률에 비해 10~19배까지 높은 데, 이에 대해 체로키족 역사학자이자 미국원주민법 전문 법률가인 앨버트 벤더Albert Bender는 젊은이들이 느끼는 세대 간 트라우마가 19세기 말부터 이어졌다고 했다. 이는 1890년 12월 29일 운디드 니Wounded Knee 인디언 대학살과 강제 이주 등 세대에서 세대로 이어지는 '비통함'이 무의식적으로 청년 자살에 영향을 미치는 것이라고 했다. 벤더의 인디언 후손들이 몸의 증상으로 과거를 되살려낸다는 주장을 뒷받침하듯 하버드 대학교 유전학 연구원인 르마누엘 리 비초이LeManuel Lee Bitsoi 박사는 후성유전학 연구가 세대 간 트라우마 유전이 실제 현상이라고 했다.° 이는 트라우마가 대물림된다는 말이다.

인디언들이 백인들에게 짓밟힌 것처럼 19세기 우리 사회는 열강들의 침탈로 이루 말할 수 없는 고통을 겪었다. 일제강점기의 강제 징병과 징용, 미군정의 폭력으로 제주는 비극을 겪어야 했으며, 국민보도연맹, 여순사건, 민주화운동 등 독재에 의한 학살과 국가 폭력, 한국전쟁으로 인해 집집마다 가족을 잃은 상실감은 몸과 정신에 큰 트라우마로 각인되었다. 이 고통은 호랑이 담배 피던 시절의 옛날이야기가 아니다. 우리와 동시대를 살고 있는 우리의 부모와 조부모의 고통이다.

중요한 것은 부모의 큰 트라우마가 대물림되어 우리에게 영향을 끼친다는 것이다. 큰 트라우마로 언어중추가 닫히고 전전두엽 피질PFC, Prefrontal Cortex이 차단되면서 소통 능력을 상실한 부모는 자녀에게 폭력을 휘두르고 강압적으로 표현하며 열등감이나 불안감을 투사하곤 한다. 자녀는 부모에 대한 충성심 때문에 그들의 삶의 양식을 그대로 내면화하면서 두려움, 불안감, 수치심, 분노, 소외감, 외로움, 슬픔 등 부모의 정서를 그대로 대물림하여 다음 세대로 넘긴다. 트라우마로 인한 정서 불안은 집중력을 약화시키고, 정신 산란과 기억의 파편화로 학습 장애와 성격 및 인격 장애를 일으킨다.

우리 사회는 아직도 근현대사의 트라우마에서 벗어나지 못

○   르마누엘 리 비초이LeManuel Lee Bitsoi, "미국 원주민의 짜여진 트라우마Trauma May Be Woven into DNA of Native Americans", The Dennis A. Hunt Fund for Health journalism (2015) 참고.

하고 시름하고 있다. 트라우마에 지배당하지 않고 현재와 미래를 행복하게 꾸려나가야 할 때가 되었다. 상처를 적극적으로 마주하고 속마음을 이야기하다 보면 '너와 나'라는 구분이 사라지고 삶이 풍요로워지는 경이로운 경험을 하게 될 것이다.

민주화운동: 고문으로 폐인이 된 친구에게 부채감을 갖고 있다

사연

저는 환경적으로 어려움이 없지만 행복하지 않습니다. 늘 우울하고 무기력합니다. 사람들과 관계를 맺기가 어렵고, 집단 안에서 사람들과 잘 어울리지 못합니다.

부모님이 딸이라고 오빠와 차별한 것 때문일까? 어릴 때 시골 할머니에게 떼어놔서 그럴까? 다섯 살 때 막내 삼촌이 자살하는 모습을 본 것 때문일까? 민주화운동 당시 수배를 피해 도망 다닐 때의 불안과 공포 때문일까? 왜 저는 이렇게 사는지 생각할 때가 많습니다.

혜숙(여, 50대)은 여러 차례 정신적 외상이 있었다. 하지만 결혼 후 공무원인 남편 덕에 안정적인 생활을 하고 있다. 최근 민주화운동을 함께했던 옛 친구들을 만나고 나서 더 우울해졌다. 왠지 모를 미안함과 죄책감 때문에 무력감을 느꼈다. 친구들은 고문 후유증으로 폐인이 되었거나, 정신 장애로 정상적인 생활이 어려워 대부분 생활고에 시달렸다. 단정하고 빈틈이 없고 똑똑했던 친구들이 너무 비참하게 살고 있어 마음이 무겁다. 친구들을 생각하면 빚을 진 것 같은 부채의식에 시달린다.

세우기

● 혜숙의 대역은 척추를 무너뜨린 채 머리를 떨구고 자는 듯이 눈을 감고 서 있다.

다 같이 깊게 호흡합니다. 숨 쉬기 힘든 사람은 등이나 옆구리에 의식을 두고 숨을 쉽니다. (침묵) 자살한 삼촌의 주검 앞에 얼어붙은 채 꼼짝 못하는 어린 혜숙을 사랑과 호의로 바라보면서 호흡합니다.

● **촉진자** (혜숙에게) 자살한 삼촌에게 말씀하세요. 참여자 중에 자살한 가족원이 있는 분들도 따라하세요. "당신의 결정을 존중합니다."

● **혜숙** 당신의 결정을 존중합니다.

● 혜숙 대역이 잠에서 깨어나듯 천천히 머리를 든다.

● 촉진자는 국가 폭력 피해자 두 명을 상징적으로 세운다. 한 명은 최루탄을 맞거나 고문으로 죽은 민주열사이고, 다른 한 명은 살았지만 폐인이 되어 정상적인 생활을 하지 못하는 동료다. 두 사람이 나란히 선다.

● 혜숙은 두 사람을 기운 없이 보다가 한숨을 쉰다.

● 민주화운동가를 고문한 경찰공무원을 세운다. 모든 사람이 일제히 경찰공무원을 본다.

● 국가 대역을 추가로 세운다. 장이 묵직해지고 경찰공무원은 힘을 잃는다.

● 혜숙 대역이 국가를 향하자 얼어붙은 채 꼼짝하지 못한다. 트라우마 상태에서 숨 쉬기도 어렵다. 세우기 장의 가장자리에 이

모든 일의 운명을 세운다.

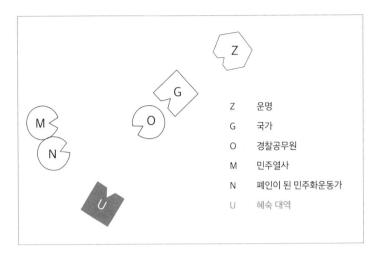

Z   운명
G   국가
O   경찰공무원
M   민주열사
N   폐인이 된 민주화운동가
U   혜숙 대역

(전체에게) 다 같이 깊게 호흡합니다. 함께 독재에 맞서 항쟁했지만, 후배는 죽고 우리는 살았습니다. 호흡합니다. (침묵) 영민하고 똑똑했던 친구들이 고문으로 불구자가 되고 백치가 되었습니다. 호흡합니다. (침묵) 우리는 후배의 죽음과 친구의 비극에 너무나 무력합니다. 호흡합니다. (침묵) 우리가 선한 뜻을 품었어도 그것과 상관없이 우리 모두는 삶과 죽음, 행운과 불행을 결정하는 어떤 힘에 넘겨져 있습니다. (침묵) 호흡합니다. 이제 우리는 후배와 동료의 희생을 있는 그대로 받습니다. 숨을 들이쉴 때 그들의 희생을 받아들입니다. 그들의 아픔을 받아들입니다. 다 같이 아픔에 공명합니다.

● 혜숙   부채의식이 있어요. 4·19혁명은 이승만 전 대통령을 하야시켰는데 우리는 선거 방식을 바꾸는 정도로 타협한 건 아닌가 하는 생각도 있고요. 그렇게 투쟁했는데 크게 달라진 건 없잖아요.

● **촉진자** (혜숙에게) 동료의 희생에 대한 값을 미안함이나 죄의식으로 지불하는 대신 이 사회의 가치 실현과 민주화를 가능하게 하는 작은 움직임으로 치르면 어떨까요? 그렇게 된다면 어떤 일이 일어날까요?

● **촉진자** (혜숙에게) 동료에게 말씀하세요. "세상을 위해서 너희는 대가를 치렀으며 나 또한 대가를 치르고 있다. 너희의 희생을 기꺼이 받아 나는 그 무엇을 하겠다. 결코 너희의 희생이 헛되지 않게 하겠다."

● **혜숙** 세상을 위해서 너희는 대가를 치렀으며 나 또한 대가를 치루고 있다. 너희의 희생을 기꺼이 받아 나는 그 무엇을 하겠다. 결코 너희의 희생이 헛되지 않게 하겠다.

● 혜숙은 무겁게 발걸음을 떼어 친구에게 다가가 손을 잡는다. 모두 서로 껴안고 잠시 슬퍼하다가 마주보고 어색하게 웃는다. 얼굴이 이완되고 가벼워진다.

● **혜숙 대역** 조금 전까지는 몸을 움직일 힘도 없고, 할 수 있는 일도 없는 것 같았는데 지금은 할 일이 조금 보여요. 몸에 힘이 생겼어요.

● **죽은 동료** 제 죽음이 가치 있고 의미 있는 것 같아요. 평화롭습니다.

● **살아 있는 동료** 저는 평화롭지만 슬픔이 있어요.

● **혜숙** 고맙습니다. 대역과 같은 느낌이 느껴져요. 친구들이 보고 싶네요.

눈을 감고 숨이 들락날락하는 것을 봅니다. 다 같이 숨을 깊게 내쉽니다. 충분히 내쉬면 잠시 머무는 공간이 있고, 그 공간으로 살며시 들어오는 숨을 봅니다. 민주화운동으로 참혹하게 생명을 잃은 희생자들을 떠올립니다. 죽음은 평화입니다. 우리의 숨을 평화의 숨결에 맞춥니다. 숨이 깊어지고 커지도록 허용합니다. 민주화를 지지하는 시민들의 숨결이 채워져 숨결이 더 커지는 것을 알아차립니다. 경찰에 쫓기는 학생들과 그들을 숨겨주는 식당 아주머니의 숨결, 최루탄을 쏘는 경찰들과 독재자의 숨결, 민주열사를 고문하는 사람들의 숨결까지 내쉬고 들이마시며, 우리 영혼에 그들과 그때의 일을 품습니다. 그리하여 과거는 그대로 받아들이고 평화로운 미래의 힘을 생각하며 마음을 엽니다.

통찰

혜숙은 민주화운동으로 고문당해 폐인이 된 친구들을 생각하며 미안하고 안타까워했다. 혜숙 역시 수배와 교도소 출입 이력 때문에, 명문대를 나왔지만 취업을 쉽게 할 수 없었다. 생활비를 벌기 위해 지인이 운영하는 작은 서점에서 일하다가 결혼했다. 공무원인 남편 덕분에 편안하고 안정된 생활을 누리고 있지만, 오히려 죄스럽고 부채감이 든다. 혜숙은 가족세우기에서 누군가의 희생으로 이익을 보는 사람들이 그 이익을 제한하거나 포기해버리는 장면을 인상적으로 보았다. 혜숙은 자신의 인생에서도 그러한 일들이 여러 차례 있었다는 것을 발견했다.

혜숙은 함께 민주화운동을 했던 친구들의 비극적인 삶 덕분에 지금 세상은 나아졌다고 생각하지만, 정작 우울한 일상을 보내는 자신을 돌이켜보았다. 친구들의 희생에 감사하기보다 미안함과 죄책감으로 무기력에 시달린다는 것을 알았다. 아버지 역시 할머니와 삼촌의 희생으로 서울에서 대학에 다녔고 사업자금도 지원받았다. 하지만 아버지는 하는 일마다 망했다. 끝내 아버지는 죽는 날까지 백수로 살았고, 어머니가 시장에서 야채를 판 돈으로 가족들과 살았다.

혜숙은 가족세우기를 통해 타인의 희생에 대해 미안해하고 죄책감을 가지면 가질수록 자신은 더 불행해진다는 것을 알았다. 혜숙은 무의식적으로 '나도 너처럼 불행해지면 네 불행이 감소할 거야'라고 생각하며, 주어진 행운을 거부하는 자신을 발견했다.

혜숙은 가족세우기를 통해 내면에서 독재자를 재판하면서 동시에 피해자가 갖는 우월감을 느끼는 것을 알아차렸다. 아버지와의 차별로 삼촌을 자살하게 만든 할머니와 시민을 학살한 독재자를 피해자의 우월감으로 재판하고 있다는 것을 인식했다.

가해자와 똑같은 태도로, 독재자와 할머니는 나쁜 사람이고, 피해자들은 좋은 사람이라고 여겼던 것이다. 피해자의 우월의식으로 긴 세월 동안 진정한 애도 없이 홀로 죄책감 속에 빠져 살았다는 것을 인식했다.

혜숙은 다른 사람들의 세우기에서도 피해자가 우월해지면 가해자가 되는 역동을 보았다. 이때 희생된 사람들은 잊히고, 그 희생의 가치와 의미가 사라짐을 알게 되었다. 혜숙은 세우기를 마친 뒤에도 지속적으로 피해자와 가해자를 포함하는 전체를 바라보며, 전체에 머무는 작업을 혼자서 했다. 눈물이 온몸을 타고 흘러내렸다. 이해할 수 없는 어떤 큰 힘에 고개가 숙여지는 경험을 했다. 고개 숙인 혜숙은 긴 세월 동안 한 번도 이렇게 슬픔과 마주한 적이 없었다는 사실에 놀랐다. 이제 혜숙은 과거의 고통에서 힘을 얻는다. 무기력은 더 큰 힘의 작용과 만나 작은 움직임으로 변형되는 것을 보았다. 이렇게 일상은 변하기 시작하였다.

요약

- **이슈** 민주화운동을 함께했던 친구들을 만나면, 더 우울하고 죄책감을 느낀다.
- **통찰** 다른 사람의 희생을 미안함과 죄책감 대신 고마움으로 받는 것이 그 희생을 의미 있게 만드는 태도다.

베트남전쟁: 아버지는 전쟁 트라우마를 겪고 있고, 나는 늘 불안하다

사연

저는 7년째 주기적으로 오는 우울과 불안으로 무기력합니다. 봄쯤부터 시작하여 여름쯤에는 불안지수가 높아집니다. 이 시기에는 집중력이 떨어져 사람들의 이야기를 잘 듣지 못하고, 밥을 먹지 않아도 배가 고프지 않고, 죽고 싶은 생각에 휩싸입니다. 무인도에 갇힌 사람처럼 소외감을 느끼고, 매일 감정의 롤러코스터를 타며 어디로든 도망치고 싶습니다.

아침에는 눈뜨기 싫고, 회사에 출근하는 것이 두렵습니다. 직장을 그만두고 싶은 마음이 굴뚝같습니다. 매일이 지옥입니다. 이런 상황이 회사 문제 때문만은 아니라는 것을 압니다. 그래서 참고 버티며 출근합니다. 이런 일이 매년 반복되다 보니 사는 것이 지칩니다. 나이는 먹어 가는데 이런 증상은 점점 심해집니다. 취업이 어려운 세상에서 이렇게 지내다가 충동적으로 직장을 그만두기라도 하면 어떻게 사나 걱정입니다.

그런데 신기하게도 찬바람이 불면, 언제 그랬냐는 듯이 멀쩡해집니다. 마치 깨달음을 얻은 것처럼 성숙해졌다는 착각으로 밝게 지냅니다. 심리상담을 받으면서 이러한 주기가 있다는 것을 알게 되었습니다. 컨디션이 좋은데도 봄이 올 때쯤이면, 미리 심리상담소에 찾아갑니다. 그런데 상담을 받으면서도 증상은 크게 나아지지 않습니다.

병연(남, 30대)은 주기적으로 오는 원인 불명의 기분 장애 때문에 힘들다. 무기력할 때 가장 괴롭다. 이 감각이나 생각들이 문제가 있다는 것을 알게 되었다. 심리상담과 가족세우기를 하면서 이러한 감정이 운명적 얽힘으로 나타나는 증상이라는 것을 받아들였다.

세우기

● 부모님을 세워 무기력이 모계에서 왔는지 부계에서 왔는지 봤다. 병연은 부모님과 자신의 대역을 삼각형으로 세운다. 병연은 몸을 뒤로 젖히고 무릎을 굽혀 균형을 잡았지만, 뒤로 쓰러질 것만 같다. 병연의 얼굴은 하늘을 향해 있고, 어머니는 병연을 멀리서 보고 있다. 잠시 후 병연은 (마치 총 맞고 쓰러지는 사람처럼) 허리를 뒤로 젖히면서 양팔을 늘어뜨린 채 바닥에 쓰러진다. 아버지의 눈은 가족이 아닌 먼 곳을 향해 있다. 촉진자가 아버지 앞에 운명을 세우자 아버지는 운명을 보고 통곡한다. 병연이 앉은 상태에서 엉덩이로 밀면서 아버지를 향해 가더니 울면서 아버지를 잡으려 한다. 운명이 아버지를 향하는 병연을 막아서고, 아버지는 눈을 감은 채 몸을 떨면서 울고 있다. 병연은 울면서 운명의 만류에도 아버지에게 다가가 손을 잡는다.

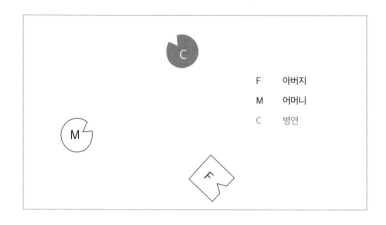

F	아버지
M	어머니
C	병연

● **촉진자** (병연에게) 저 장면 보니까 어떤 것이 떠오르세요?

● **병연** (울먹이며) 아버지는 매일 술을 드셔야 주무세요. 막연히 전쟁 트라우마 때문이라고 생각을 해요. 아버지는 베트남전에 참전했었거든요. 예전에 TV에서 베트남전쟁에 관한 다큐멘터리를 본 적이 있었어요. 우리나라 군인들이 배 타고 떠나는 장면과 전쟁의 참상과 베트남 민간인 학살 등의 장면이 연이어 나오자, 아버지는 저 대역처럼 통곡을 하셨어요. 아버지의 반응이 너무나 충격적이었어요. 그때 우리 가족은 식사 중이었거든요. 아버지는 입 안에 있는 밥을 삼키지도 못한 채, 콧물 눈물이 범벅이 되어 대성통곡을 하셨지요. 평소 말이 없고 표현할 줄 모르는 아버지 모습에 식구들이 놀랐어요. 우리 가족은 가슴이 아파서 며칠 동안 눈도 못 맞추고 아무 말도 못 했어요. 한동안 아버지를 볼 때마다 가슴이 아리고 눈물이 났어요.

● 베트남전쟁으로 죽은 사람들 대역 열 명을 세우자, 아버지는 눈을 감고 신음 소리를 내며 괴로워했다. 몸을 덜덜 떨고 있는

모습이 애처롭기까지 하다. 병연은 운명의 만류에도 아버지 손을 놓지 못한다. 일어서지도 못하고 앉은 채 엉덩이로 밀고 다니면서 아버지가 이동하는 대로 따라다닌다. 병연의 양팔은 아버지와 운명 사이를 연결하고 있다.

● 촉진자는 병연을 직접 장에 세웠다. 병연이 아버지와 함께 아버지 손에 죽은 사람들 한 명 한 명과 눈을 맞춘다. 세우기 장이 숙연해진다.

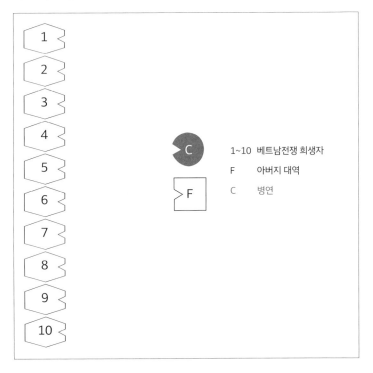

● 아버지와 병연은 희생자들과 눈을 맞출 때마다 흐느낀다. 1번과 2번 희생자와 눈을 맞추고 지나갔지만, 3번 희생자 앞에서는 무릎을 꿇고 엎드려 한동안 통곡한다. 충분히 애도할 수 있도록

침묵 속에서 기다린다. 열 번째 희생자 앞에서 두 사람은 한동안 눈을 맞추다 엎드려 절한다.

● 촉진자 (아버지에게) 희생자에게 말씀하세요. "제가 당신들을 죽였습니다. 이것을 제 가슴에 묻습니다. 이제 당신의 아픔은 제 아픔입니다."

● 아버지 대역 제가 당신들을 죽였습니다. 이것을 제 가슴에 묻습니다. 이제 당신의 아픔은 제 아픔입니다.

● 열 번째 희생자가 길게 숨을 내쉬며 뒤로 살짝 물러서자, 아버지 대역은 열 번째 희생자 옆에 나란히 선다.

● 병연은 아버지와 마주서서 눈을 맞춘다. 두 사람의 흐느낌이 잦아질 때까지 한동안 기다린다. 병연이 아버지에게 엎드려 절한다.

● 촉진자 (엎드린 병연에게) 아버지에게 말씀하세요. "아버지, 당신의 운명에 동의합니다. 저는 이제 살인자의 자식으로 삽니다."

● 병연 아버지, 당신의 운명에 동의합니다. 저는 이제 살인자의 자식으로 삽니다.

● 병연 힘이 느껴져요.

● 병연이 일어나서 아버지와 눈을 맞춘다.

● 촉진자 (병연에게) 아버지에게 말씀하세요. "당신은 크시고 저는 작습니다. 당신은 주시고 저는 받습니다. 저는 이제 당신께 받은 그것으로 무언가를 합니다. 더 이상 관여하지 않습니다. 물러섭니다."

● 병연 당신은 크시고 저는 작습니다. 당신은 주시고 저는 받습니다. 저는 이제 당신께 받은 그것으로 무언가를 합니다. 더 이

상 관여하지 않습니다. 물러섭니다.

- 병연이 아버지에게서 눈을 떼지 못하고 머뭇거린다.

- **촉진자** (병연에게) 원초적 느낌으로 갑니다. 아이는 부모님을 행복하게 하기 위해 할 수 없는 것을 하려고 합니다. 물러설 수 있는 힘은 어른에게서 나옵니다.

- 병연이 천천히 뒤로 물러서고 희생자들과 한 사람씩 눈을 맞춘다. 병연이 허리를 90도 각도로 숙여 인사한다. 그리고 큰절을 올린다. 희생자들로부터 축복이 온다.

- **촉진자** (병연에게) 가벼워졌나요?

- **병연** (고개를 끄덕인다)

- **촉진자** (병연에게) 희생자에게 말씀하세요. "제가 잘 되는 것은 모두 당신 덕분입니다."

- **병연** 제가 잘 되는 것은 모두 당신 덕분입니다.

- 병연이 천천히 움직여 장 밖으로 나간다.

통찰

전쟁 트라우마가 자녀에게 대물림되기도 한다. 전쟁터는 어떤 거대한 힘에 넘겨져, 누구도 그곳에서는 다르게 행동할 수 없었을 것이다. 그들은 삶과 죽음의 경계를 넘나들었던 운명을 스스로 지고 살아야 했다. 안타까운 마음에 그들을 위로하거나 개입하려 하지만 그렇게 해서는 안 된다. 그들은 자신의 운명을 스스로 지고 살면서 자기 존엄을 지킬 것이다. 그들은 힘이 있기에 누구도 함부로 하지 않으며 그에게 외경심을 품는다. 그렇게 함으로써 대물림은 풀리고 후손은 자유로워진다.

병연은 그 누구도 아버지를 위로할 수 없다는 것을 깨달았다. 아버지가 자신의 운명을 스스로 지는 것은 아버지의 자존심을 지키는 것이었다. 병연은 자녀로서 아버지의 운명을 위로하려는 태도가 얼마나 큰 불손인지를 인식했다.

병연은 당신의 운명을 스스로 지는 아버지가 크게 느껴졌다. 병연이 가족에게 가족세우기 세션의 감동을 공유한 후, 아무도 아버지의 삶에 대해 개입하지 않게 되었다. 아버지를 무서워하던 병연과 그의 가족은 아버지에 대한 두려움과 함께 존경심을 품게 되면서 아버지의 술주정에서 자유로워졌다.

병연도 많은 변화를 경험했다. 그가 살인자의 아들로 섰을 때, 몸에서 단단한 힘을 경험했다. 무기력할 때와 너무나 다른 생명감을 체험했다. 선한 자와 악한 자의 사이에 경계를 두지 않는 것이 필요하다. 왜냐하면 모두가 전체를 이끄는 어떤 큰 힘에 넘겨져 있기 때문이다.

요약
───────────────────────────────────

- **이슈** 아버지는 전쟁 트라우마로 술이 없으면 잠을 못 자고, 나는 주기적으로 오는 불안과 무력증으로 잠을 못 잔다.
- **통찰** 도덕적 집단양심은 시비선악으로 세상을 따진다. 영적양심은 세상 뒤에 작용하는 힘을 본다. 선한 자와 악한 자의 경계를 넘어 전체를 인식하는 관점에서 바라보는 것이 필요하다.

국민보도연맹사건: 할아버지는 실종되었고, 나는 상실감을 느낀다

사연

저는 현재 심리치료사로 일하고 있습니다. 마음공부를 할수록 원가족 관계가 아픔의 주요인이라는 것을 알게 되었습니다. 아버지는 어머니와 혼인 상태에서도 독신이라고 거짓말을 하고 다른 여자들과 살림을 차렸습니다. 저는 어머니 심부름으로 새 가정을 꾸린 아버지를 찾아가 집으로 돌아오시라는 말을 해야 했습니다. 친할아버지는 바람둥이 아버지를 혼내는 것이 아니라, 어머니를 땅바닥에 무릎 꿇게 하고, 남편을 찾는 어머니를 나무랐습니다. 지금 생각하니 어머니가 내리 딸만 낳았기 때문에 할아버지가 모질게 몰아붙인 것 같습니다.

결혼 후 환경이 완전히 바뀌었습니다. 남편은 일을 편하게 할 수 있도록 배려해주는 사람입니다. 아이들도 잘 크고 있습니다. 그런데 마음은 항상 불안하고 결핍감과 강렬한 갈망에 시달리느라, 현재의 행복한 삶을 누리지 못하고 있습니다.

민희(여, 40대)는 행복하게 살고 싶다. 행복한 환경 속에 있으면서도 즐겁지 않다. 얼마 전 조증이 심해지면서 잠을 안 자고 일을 하는 바람에 탈진하여 쓰러졌다. 집안이 발칵 뒤집어졌고 이후 아들도 불안증이 생긴 듯 내게 자주 연락한다. 쉬고 싶지만 쉬어지지 않는다. 몸은 상기증(피가 머리로 몰려 홍조, 두통 등을 일으키는 증후)에 시달리고 불안하고 알 수 없는 갈망이 있다. 아마도 외할아버지에 대한 어머니의 마음이 갈망으로 전이된 것 같다. 외할아버지는 어머니가 세 살 때 국민보도연맹사건으로 실종되었다. 생사를 확인할 수 없다. 외할아버지가 어디에서 돌아가셨는지만이라도 안다면 어머니에게서 대물림된 갈망이 해소될 것 같다는 생각이 든다. 마음의 허기가 느껴지는 이유는 무엇일까? 민희의 마음속에는 공허감이 가득하다.

세우기

● 민희와 어머니, 아버지 대역을 세운다. 민희는 부모를 살핀다. 어머니는 바닥을 보고 아버지는 먼 곳을 본다.

● 외할아버지 대역을 추가로 세운다. 바닥을 향했던 어머니가 외할아버지를 향한다. 동시에 민희의 아버지는 자리에서 멀리 떠난다.

● 민희 대역은 세 사람의 움직임을 보면서 어쩔 줄 몰라 하더니 발을 구르면서 어머니 움직임을 따라 시선을 옮긴다.

● 어머니는 외할아버지를 향해 걷다 두어 걸음을 남겨놓고 멈춘다. 부녀는 서로의 자리에서 마주보고 눈물을 흘리지만 서로 가깝게 다가가지는 않는다. 외할아버지 뒤에 국가와 운명 대역을 세웠다.

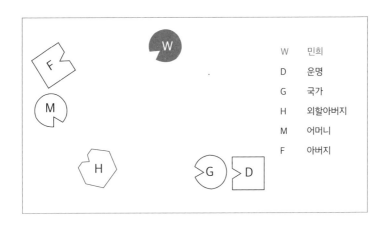

W	민희
D	운명
G	국가
H	외할아버지
M	어머니
F	아버지

● 민희 대역   엄마가 외할아버지 따라 죽을까봐 무서워요.

● 촉진자 (민희에게) 어머니에게 말씀하세요. "엄마, 당신을 당신의 운명으로 떠나보냅니다. 저는 더 이상 관여하지 않습니다. 물러섭니다."

● 민희 (말이 안 나오는지 한참 동안 심호흡을 한 후 눈물을 꾹꾹 짜내며 힘겹게 한 마디씩 말을 한다) 엄마, 당신을 당신의 운명으로 떠나보냅니다. 저는 더 이상 관여하지 않습니다. 물러섭니다.

● 민희 대역   (자리에서 천천히 물러서고 장 밖으로 나오며) 편안해요.

● 촉진자 (어머니 대역에게) 아버지에게 말씀하세요. "아버지, 그립습니다. 당신과 저를 덮친 운명에 동의합니다. 저는 이제 당신을 제 가슴에서 만납니다."

● 어머니 아버지, 그립습니다. 당신과 저를 덮친 운명에 동의합니다. 저는 이제 당신을 제 가슴에서 만납니다. (아버지에게 다가가 안겨 눈물을 흘린다)

● 장을 바꾸어 민희의 친정어머니는 자신의 가족을 아버지에게

소개한다. 민희가 직접 장으로 들어가 외할아버지 대역과 접촉한다.

● **촉진자** (어머니에게) 아버지에게 가족을 소개하세요. "아버지, 저 결혼했습니다. 바람둥이 남편이고요. 아이들이 다섯입니다. 첫째 민희, 둘째 서희, 셋째 남희, 넷째 소희, 다섯째 자희예요. 다 결혼해서 손주가 열 명입니다. 아버지, 제가 할머니가 되었습니다. 우리 아이들을 축복해주세요."

● **어머니 대역** (아버지에게 가족을 소개한다) 가족을 소개하세요. 아버지, 저 결혼했습니다. 바람둥이 남편이고요. 아이들이 다섯입니다. 첫째 민희, 둘째 서희, 셋째 남희, 넷째 소희, 다섯째 자희예요. 애들 다 결혼해서 손주가 열 명입니다. 아버지, 제가 할머니가 되었습니다. 우리 아이들을 축복해주세요.

● 온 가족이 서로 부둥켜안았다. 시간이 흐르자 가족이 하나의 생명체가 되어 한 호흡으로 숨을 쉰다. 들숨과 날숨을 왔다 갔다 하면서 작은 움직임이 일어난다. 상상할 수 없는 아픔이 한 가정을 덮쳤지만, 가족의 사랑은 조금도 훼손되지 않았다.

내면에서 아픔이 녹아 어떤 힘으로 변하면, 그때 더 깊은 치유의 평화가 우리 내면을 채운다. 아픔과 상처를 사랑과 호의로 대하면, 그 상처와 아픔은 우리 마음 밖에 머문다.

● 외할아버지가 그룹에서 뒷걸음질로 천천히 물러나더니 국가와 운명 앞에 선다.

통찰

민희의 존재감은 확실하다. 그녀의 어수선함은 활기이기도 하고 애잔함이기도 하다. 가족세우기 세미나에는 안전하고 좋은 환경에서 살면서도 불안증을 호소하는 사람들이 많다. 그들이 겪는 마음의 요동은 모두 개인사에서 오는 것이 아니기 때문에 다세대와 무의식을 함께 살펴야 한다. 선악의 굴레를 넘어 다른 차원에 닿을 때, 비로소 전체에 작용하는 힘을 볼 수 있다.

악한 가해자가 선한 피해자를 죽였다는 상상을 내려놓고, 가해자 역시 피해자와 함께 거대한 운명적 움직임에 넘겨졌음에 동의할 때, 우리는 평온해질 것이다.

선조의 고통에 함께 슬퍼하고, 과거사에서 교훈을 얻고, 과거를 과거에 두고 물러서는 사람에게, 과거는 앞으로 가게 하는 이정표가 된다.

요약

- **이슈** 국민보도연맹사건으로 할아버지는 실종되었고, 어머니의 상실감이 내게 전이되다.
- **통찰** 아픔과 상처를 사랑과 호의로 대하면, 그 상처와 아픔은 우리 마음 밖에 머문다.

한국전쟁: 어머니는 피난 시절을 잊지 못하고, 나는 죽고 싶다

사연

저는 운이 좋은 편이라서 삶이 제 뜻대로 흘러갔어요. 그런데 아이를 키우면서 사소한 일에도 죽고 싶다는 생각이 간혹 올라옵니다. 아이가 밥을 안 먹거나 계획한 대로 일이 잘 풀리지 않았을 때, 허무해지면서 죽고 싶다는 생각이 걷잡을 수 없이 올라옵니다. 그러면서 터무니없이 아이들이 죽을까봐 겁이 나요. 단순히 육아 우울증이라고 여겼습니다. 그런데 어느 날 청소년기 기억이 떠올랐습니다. 아침 다섯 시에 일어나려고 알람을 맞췄는데 알람이 울리지 않아서 하루 계획이 어긋났다는 생각에 옥상에서 뛰어내리고 싶었습니다. 도대체 저는 왜 죽고 싶은 감정에 휩싸이는 걸까요.

수영(여, 30대)의 원가족엔 죽음이 많다. 친할아버지는 아버지가 세 살 때 여순사건을 겪으며 돌아가셨다. 친할아버지는 좌익 활동을 했거나 빨치산 활동을 한 적이 없는 평범한 농부였는데도, 빨치산 토벌대인 군인에게 살해되었다.

　모계 쪽 역시 억울한 죽음이 많다. 외할머니의 형제들은 한국전쟁 중에 여러 명이 돌아가셨다. 어머니의 형제들은 사고와 전염병으로 돌아가셨다. 어머니는 막내로 태어났지만 외할머니는 알코올의존증과 우울증 때문에 자녀를 돌보기 힘든 상황이었다.

　수영의 어머니는 자신의 어머니를 얘기할 때마다 빼놓지 않는 레퍼토리가 있다. 한국전쟁이 일어날 당시 수영의 어머니는 태어난 지 100일쯤이었다. 그때 가족이 피난길에 올랐다. 수영의 어머니는 중학생이었던 외삼촌의 등에 업혀 피난길에 올랐다. 외할머니의 등은 재봉틀이 차지했다. 수영의 어머니는 외할머니가 자신보다 재봉틀을 더 소중하게 여겼다며 애석해했다. 생존의 갈림길에서 재봉틀을 업고 피난길에 나선 외할머니의 무자비한 사랑을 수영은 가족세우기를 하면서 보았다.

세우기

● 수영은 어머니의 형제들을 세운다. 수영의 대역을 죽은 이모 옆에 나란히 세운다. (어머니 형제와 수영은 서열이 다른데, 죽은 이모 옆에 세운다)

● 어머니 대역을 맞은편에 세운다. 어머니가 죽은 언니들을 향해 바라본다.

● 수영 대역이 죽은 형제를 바라보고 있는 어머니에게 다가가 죽은 형제를 보지 못하도록 눈을 손으로 가린다. 죽은 형제들이 어머니에게 가까이 다가오자 수영은 온몸으로 엄마의 시야를 막고 섰다가, 손을 잡고 다른 곳으로 끌어보기도 하며 안절부절한다. 계속 울먹이다가 꿇어앉으며 울음을 터트린다.

● 수영 어머니는 눈을 감고 무언가를 찾는 것처럼 손과 발을 더

듬 듯이 움직인다. 외할머니 대역을 어머니 앞에 세운다. 수영 어머니는 외할머니를 보자 울음을 터트린다. 외할머니가 어머니 눈물을 닦아주자 아기처럼 좋아한다. 외할머니 가슴 쪽으로 손을 뻗고 눈을 맞춘다.

● **촉진자** (수영에게) 어머니가 젖을 제대로 먹었을까요?

● **수영** 아닐 거예요. 유아기를 난리 통에서 보냈기 때문에 배를 쫄쫄 곯았을 거예요. 엄마 100일 때 전쟁이 터져서 외삼촌이 엄마를 업고 피난을 갔대요. 외할머니는 재봉틀을 가지고 갔다고 들었어요.

● **촉진자** (수영에게) 외할머니께 말씀하세요. "외할머니, 당신의 무자비한 사랑에 동의합니다."

● **수영** 외할머니, 당신의 무자비한 사랑에 동의합니다.

● 외할머니가 수영 뒤로 다가와 수영을 꼭 안는다. 어머니는 머리를 잡고 먼발치에서 신음을 내듯 거칠게 숨 쉰다.

● **수영 대역** (외할머니 품에서 빠져나오며) 거부하고 싶어요. 외할머니가 불편해요.

● **외할머니 대역** 안아주고 싶어요.

D   딸 (수영)
M   어머니
GM   외할머니

우리는 이제 무자비한 어머니의 사랑을 봅니다. 어머니에게 아이가 필요합니까? 아이에게 어머니가 필요합니까? 아이에게 어머니가 필요합니다. 아이에게 어머니는 오직 한 분이지만 어머니에게 보호해야 할 자식은 일곱 명입니다. 일곱 아이의 생존을 책임지기 위해 재봉틀을 챙기는 무자비한 어머니를 보세요. 생명을 지속하게 하는 힘은 어디에서 올까요. 생명은 무자비합니다. 생명은 인간들의 상상과 도덕을 넘습니다. 무자비한 어머니를 가슴으로 받습니다.

● **수영** 　잘 안 받아져요.

● **촉진자** 　네. 그렇죠. 생각이 가로막죠. 자, 호흡합니다.

우리 자녀가 일곱이라고 상상해볼까요? 일곱 아이를 데리고 피난길에 나섭니다. 그 일곱 명 중에 한 아이를 업고 가겠습니까? 피난 가서 아이들을 굶기지 않기 위해 재봉틀을 메고 가겠습니까? 결정하십시오. 어머니는 무자비합니다. 어머니는 생명을 보고 결정합니다. 우리의 어머니를 기억해보세요. 어머니가 우리에게 했던 행동들을 기억해보세요.

● 어머니가 기침하며 느린 걸음으로 의뢰인과 외할머니가 있는 쪽으로 다가와 앉는다. 수영을 끌어당겨 옆에 앉히고 한 팔로 감싸 안는다. 수영은 어머니 품에 안긴다.

● **촉진자** 　(수영에게) "엄마, 할머니, 당신들을 통해 제게 오는 무자비함을 기꺼이 받습니다. 생명으로 받습니다."

● **수영** 　엄마, 할머니, 당신들을 통해 제게 오는 무자비함을 기꺼이 받습니다. 생명으로 받습니다.

● **수영 대역** 　저 근데 엄마가 너무 불편해요.

● **촉진자** 　어떻게 불편해요?

● **수영** 　겉으로는 남들이 부러워하는 모녀관계인데 벗어나고

싶어요.

- **촉진자** 무자비하게 벗어나보자고요. 호흡하세요.

- **수영** (고개를 숙이며 끄덕인다. 깊은 한숨을 쉰다)

- **촉진자** 무자비해야 벗어날 수 있어요.

- **수영** (눈물을 참는 듯한 표정으로 심호흡한다)

- **촉진자** (수영을 바라보며) "엄마, 당신의 죽음을 당신께 두고 물러섭니다. 무자비함을 한번 경험해보세요. 엄마, 당신께서 이렇게 사시다가 지금 가셔도 저는 행복하게 삽니다."

- **수영** (얼굴에 아픔이 드러난다) 엄마, 당신의 죽음을 당신께 두고 물러섭니다. 당신께서 이렇게 사시다가 지금 가셔도 저는 행복하게 삽니다.

- **촉진자** 무자비합니까? 여러분이 엄마라면 우리 자녀가 어떻게 살길 바라세요? 무자비한 사랑이 아이를 키우는 힘입니다.

- **수영** (터지는 눈물을 참는 듯 미간을 찡그리며 훌쩍거린다)

통찰

불행한 사건은 예고 없이 우리를 덮친다. 우리는 하늘에 대고 "어떻게 이런 일이 있을 수 있어!"라고 울부짖는다. "엄마가 어떻게 나한테 이럴 수 있어!" 어머니에게도 말한다. 우리는 어머니에게 신적인 완벽함을 요구한다.

내면의 상들은 기억에 의해 만들어진 상이다. 언젠가 들었던 말들의 편집본이거나 슬쩍 보았던 편린이다. 이 내면의 상들은 반복적으로 떠올리면서 구체화되고 의미가 더해지면서 개념이 된다. 특정한 내면의 상 뒤에는 특정한 느낌이 붙어 있다.

죽고 싶다는 생각은 어디에서 왔을까? 과거의 비극적인 죽음에 대한 반작용으로 만들어진 생각일까? 죽고 싶다는 생각에 붙어 있는 느낌은 무엇일까. 우울감일까. 우울감은 어떤 상을 만들까. 무기력일까. 이렇게 느낌과 상은 물고 물리는 뫼비우스의 띠가 되어 내면에서 기정사실이 된다. 우리는 우리가 만든 상을 기정사실로 믿는다.

비극에 대한 상과 느낌이 있는 것처럼, 행복도 상과 느낌이 있다. 비극을 느낄 수 있는 것처럼 행복도 느낄 수 있다. 이제 행복을 내면에서 느낄 수 있도록 허용해보자. 힘든 시간을 이겨낼 수 있도록 서로 도와준 사람들을 생각한다. 금방 연결감과 유대감을 느낄 수 있다. 그리고 제외했던 사건과 존재들을 마음에 초대한다. 그들도 우리의 행복에 기뻐하는 것을 내면의 상으로 받아들인다. 과거의 비극이 지금의 평온한 행복에 녹아 사라지는 것을 생생하게 체험한다.

요약

• **이슈** 어머니는 피난 시절을 잊지 못하고, 나는 죽고 싶다.
• **통찰** 무자비한 사랑은 잘 봐야 보인다.

여순사건: 어머니는 학살당했고, 아들은 알코올의존증에 빠졌다

사연

아내는 제가 매일 술을 마시는 것이 토벌대에 살해당한 어머니와 누나를 충분히 애도하지 못해서라고 합니다. 가족세우기에서 어머니와 누나의 참혹한 죽음을 과연 애도할 수 있을지 의문입니다. 또 손주가 아픈 것이 내 탓인 것처럼 얘기해서 그것도 확인하고 싶습니다.

제 아버지는 빨치산이었습니다. 토벌대 소식을 듣고 아버지는 남자인 저만 데리고 산으로 들어갔습니다. 어머니와 누이는 여자라서 괜찮을 거라고 생각했기 때문입니다. 저와 아버지는 포로가 되었습니다. 그러나 어머니와 누이는 처참하게 살해당했습니다. 오랜 세월이 지났지만 지금도 눈을 감으면 시신이 나뒹구는 끔찍한 장면이 떠오릅니다. 술을 마셔야 잠시 잊고 잠을 잘 수 있습니다.

저는 사람들과 어울리는 것이 어렵습니다. 우리 아이들도 인간관계가 힘들다고 합니다. 아내는 우리 어머니와 누이의 죽음이 자손들에게 영향을 미친다고 애도를 하자고 합니다.

성구(남, 80대)는 아내 금자의 손에 이끌려 가족세우기에 참여했다. 금자와 딸들은 이미 가족세우기 경험이 있었기 때문에 성구에게 적극 추천했다. 금자는 아버지가 어머니를 강간하는 바람에 태어났다. 금자가 태어나면서 어머니는 아버지의 두 번째 부인이 되었다. 그래서 금자는 자신의 출생에 대해 열등감을 가지고 살았다.

성구는 의사다. 밤마다 술을 마시지만 매일 병원에 출근한다. 지방의 조그만 개인 병원이라서 할머니들이 마실 오듯이 병원을 오기 때문에 문을 연다고 한다.

내가 성구에게 술을 마시면 누구를 만나냐고 묻자, 성구는 한참 동안 아무 말을 하지 않다가 어머니와 누이를 만나는 것 같다고 했다. 그러면서 가족세우기를 하면 어머니와 누이를 만날 수 있지 않을까 기대했다고 한다. 이때 나는 목이 메여 잠시 말을 잇지 못했다.

성구는 아버지 얘기를 했다. 성구의 아버지는 일본에서 유학했으며 해방 후 혼란기에 인민위원회에서 활동했던 좌익 인사였다. 지역에서 좋은 일을 많이 하려 했는데, 빨갱이로 낙인찍히고 나서는 아무 일도 할 수 없었다. 성구도 연좌제 때문에 시골 의사가 되었다. 누구에게도 방해받지 않고 살기 때문에 괜찮다며 멋쩍게 웃었다.

세우기
● 어머니, 누나와 성구 대역을 마주 세운다.
● 세 사람은 서로 마주보고 서 있을 뿐 어떤 움직임도 없다. 어머니와 누나가 눈을 감더니 자리에 눕는다. 성구는 누운 어머니

와 누나를 표정 없이 내려다본다.

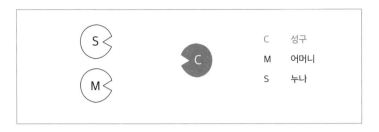

● **촉진자** (성구에게) 어떠세요?

● **성구** (땀을 흘리며 세우기 장을 보고 있다. 한참 있다가 입을 열며) 다행히 잘 계시는 것 같네요. 꿈에서는 너무 끔찍한데….

● **촉진자** (성구에게) 꿈을 세워 볼까요? 꿈에 누가 나오지요?

● **성구** 산골짜기마다 죽은 사람들, 썩은 시신들, 동물들에게 훼손된 시신들, 머리에 총 맞은 어머니와 누나가 그 상태로 살아서 내게 와요. 저는 무서워서 도망치지요. 그러다 깨요.

● **촉진자** (성구에게) 주로 죽은 사람들이 등장하네요. 죽은 사람이 있으면 죽인 사람도 있겠지요. 죽은 사람과 죽인 사람을 함께 세우겠습니다.

● 의뢰인은 산골짜기에서 죽은 사람들 대표를 어머니와 누나가 있는 방향에 세우고, 사람을 죽인 사람 대표와 어머니와 누나를 사살한 사람을 나란히 세운다. 성구 대역은 양쪽을 볼 수 있는 중간에 세운다. 희생자들은 자신을 살해한 사람과 서로 마주보고, 성구의 시선이 어머니와 누나를 살해한 사람을 향해 있다.

● 촉진자가 모두를 덮친 운명 대역을 형태장의 가장자리에 세운다.

● **촉진자** (성구에게) 누가 보이세요?

● **성구** (한숨을 푹푹 쉬며) 아저씨요. 저희 어머니와 누이를 죽인 경찰은 제 아버지와 동문수학하신 친척 아저씨예요. 아버지에게 피신하라고 귀띔하신 분도 아저씨였습니다. 그분은 경찰 고위직에 계셨기 때문에 손에 피를 묻히지 않아도 되는 분인데, 저희 어머니와 누이를 죽인 거예요. 저는 그분을 원수로 생각했습니다. 나중에 아버지께 어머니와 누이를 다른 사람 손에 넘기지 않은 것이 아버지에 대한 우정이었다는 것을 듣게 되었습니다. 어머니와 누이는 최악의 상황에서 체포되었다고 해요. 빼낼 수 있는 방법이 없었다고 합니다. 그 상황에서 살렸다면 인척관계에 있는 아저씨도 위태로울 수 있었다고 해요. 아저씨가 아버지와의 우정을 지키고 어머니와 누이의 명예를 더럽히지 않게 하는 것은 죽기 전에 강간당하지 않고 죽을 수 있도록 보호를 하는 정도였다고 합니다.

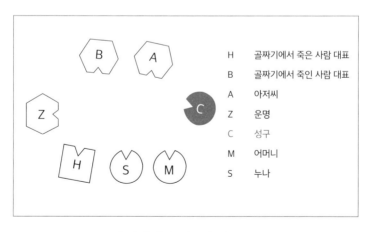

H	골짜기에서 죽은 사람 대표
B	골짜기에서 죽인 사람 대표
A	아저씨
Z	운명
C	성구
M	어머니
S	누나

● **촉진자** (성구에게) 아저씨에게 말씀하세요. 고맙습니다.

● **성구**　(아저씨에게) 고맙습니다.

● 성구 대역이 아저씨를 향해 엎드려 절한다. 의뢰인은 자신의 대역이 절하는 모습을 보더니 따라서 절한다. 엎드린 채 흐느껴 운다. 금자와 딸도 함께 엎드려 절한다. 슬픔이 한동안 장에 머문다.

● 어머니와 누나가 아저씨에게 천천히 다가가 나란히 서자 골짜기에서 죽은 사람도 어머니와 누나를 따라 자신을 죽인 사람 옆에 섰다. 죽은 사람과 죽인 사람들이 한 편에 나란히 섰다. 성구는 멀리 그들을 바라본다.

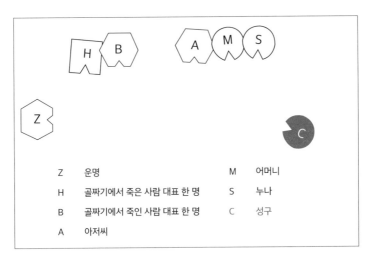

Z	운명	M	어머니
H	골짜기에서 죽은 사람 대표 한 명	S	누나
B	골짜기에서 죽인 사람 대표 한 명	C	성구
A	아저씨		

● **촉진자**　(엎드려 있는 성구 의뢰인에게) 어떠세요?

● **성구**　체증이 내려가는 것 같습니다.

● **촉진자**　(성구와 장 안으로 들어간다) 저분들 눈을 한 분씩 맞춰볼까요?

● 성구가 일어나 장으로 들어가 대역들의 눈을 맞춘다. 영혼의

소통이 일어나면서 죽은 사람들로부터 축복이 흐른다.

● **촉진자** (죽은 사람들을 가리키며) 저분들께 말씀하세요. "당신들을 덮친 큰 힘에 동의합니다. 그리고 저를 이끄는 더 큰 힘의 움직임에 내어맡깁니다. 고맙습니다."

● **성구** 당신들을 덮친 큰 힘에 동의합니다. 그리고 저를 이끄는 더 큰 힘의 움직임에 내어맡깁니다. 고맙습니다.

한동안 세우기 장은 침묵 속에서 축복으로 진동한다. 성구를 포함하여 참여자들은 모든 것을 품고 있는 빈 공간에서, 살인자는 살인자인 그대로 희생자는 희생자인 그대로 달라야 한다는 상상 없이 서로 연결되어 충만하다.

통찰

성구의 가족사는 우리나라의 비극을 모아놓은 듯했다. 성구의 부인인 금자뿐만 아니라 늦둥이 딸 영선도 가족세우기에 참여했다. 영선은 연로한 부모님을 모시고 왔을 뿐이라고 방어하더니, 끝날 때쯤 되자 둘째 딸이 버겁다는 고민을 털어놓았다.

성구는 대역들의 움직임이 보여주는 역동을 인지하지 못했지만, 식은땀을 줄줄 흘렸다. 가족세우기 세션 후에 줄곧 한 곳을 응시할 뿐 침잠하였다. 가족뿐만 아니라 주변 사람 아무도 가까이 가지 않았다. 그렇게 한참이 지난 후 무엇이 녹아 흐르는지 다른 사람의 세우기를 보면서 눈물을 흘렸다. 그런데 그 모습이 전과 달리 편안해보였다.

영선은 가족세우기 후에 집에 돌아갔을 때 성구 부부에게서 난생처음 평온한 모습을 보았다고 했다. 성구 부부는 가족세우기를 경험한 뒤 자녀들을 보냈다. 자신들의 비극이 손주들에게 대물림된다는 것이 신경 쓰였던 모양이다.

영선과 형제들은 한결같이 편안한 환경에서도 과도하게 긴장하고 있으며, 알 수 없는 공포가 저 깊이에 깔려 있다고 했다. 그리고 사회적 권력 관계에서 자신이 우위에 있는데도, 아랫사람들 눈치를 본다고 했다. 영선과 형제들은 부모님에게서 오는 긴장감, 불안, 공포가 대물림된 것을 깨달았다. 대역을 세웠을 때, 형제 모두 자녀를 향하는 것이 아니라 부모를 염려하는 자신을 보았다.

성구 가족은 여러 차례 가족세우기에 참여했다. 세우기는 대부분 받아들임의 세우기였다. 민중의 자주권을 지키려 했던 집단양심과 독재 권력의 집단양심 모두를 이끄는 더 큰 힘을 보고 고개 숙이는 세우기를 했다. 선대의 비극까지 도덕적 판단 없이 받아들이는 세우기를 했다. 그리하여 삶과 죽음에 대한 상상 너머 창조적 움직임에 공명함으로써 양심의 한계를 넘어가는 경험을 했다. 가족 전체가 깊은 안정감을 회복하였다. 부모를 향하던 자녀들은 이제 세상과 자신의 자녀에게로 방향을 바꾸었다.

영선은 피해자와 동일시되어 있었고, 딸은 가해자와 동일시되어 딸이 거대해 보이고 무서웠다는 것을 알아차렸다. 모녀 관계가 심리적으로 피해자와 가해자 관계에 있었기에 갈등과 충돌의 연속임을 인식했다.

영선은 집단양심에서 영적양심으로의 진화만이 좀 더 나은 세상을 아이들에게 물려주는 방법임을 깨달았다.

요약

- **이슈** 어머니는 학살당했고, 아들은 알코올의존증에 빠졌다.
- **통찰** 자주권을 지키려 했던 집단양심과 독재 권력의 집단양심을 아울러 이끄는 더 큰 힘을 보자. 선악에 대한 판단과 경계가 허물어져야, 가족 전체가 깊은 안정감을 회복한다.

결국은 사랑이다

한국전쟁 때 철원에서 가족을 상실한 아버지를 둔 자녀의 이야기다.

"저는 직장에서 왕따를 당하고 있어요. 두 언니의 삶도 평탄하지 않아요."

"부모님은 어떻게 사셨어요?"

"어머니는 전쟁고아였고요. 고아원에서 학교를 보내주어 대학병원에서 수간호사로 퇴직하셨어요. 아버지는 하는 일마다 실패했어요. 어머니가 가장이었기 때문에 할머니가 엄마를 떠받들었지요."

"아버지에게 무슨 일이 있었나요?"

"아버지는 고향이 철원이고 지주 집안에서 자라셨대요. 전쟁 때 인민군이 아버지 집안의 남자들을 모두 총살했대요. 아버지는 그때 네 살이었고, 사촌 형이 여섯 살이었는데, 집안에 살아 있는 남자는 두 아이뿐이었다고 합니다. 지금은 광화문에서 태극기를 흔들며 지내세요. 제가 그러지 말라고 하면, 당신이 애국자라고 하세요."

여순사건 때 총살당한 할아버지를 둔 손녀의 이야기다.

"저는 집안 환경이 좋은 편인데, 이상하게 어릴 때부터 죽고 싶은 마음이 있었습니다."

"가족 안에서 어떤 죽음이 있었나요?"

"할아버지는 어떤 이데올로기도 없는 농사꾼이셨는데, 여순사건 때 국군에 의해 총살당했어요. 할머니는 세 살인 아버지를 작은할아버지에게 맡기고 재가하셨지요."

"누가 제외되었습니까?"

"아버지를 낳아준 친조부모요. 저는 가족세우기를 하기 전부터 친가의 비극을 알고 있었습니다. 가족세우기 책도 읽고 세션도 여러 차례 참여했는데 친조부모가 제외되었다는 사실을 오늘에야 인식했습니다. 그동안 아버지를 키워준 작은할아버지와 작은할머니를 친조부모로 착각한 거지요."

나는 이 땅에서 일이난 치참한 사건으로 인한 고통과 아픔이 후대에게 대물림되는 장면을 목격했다. 그래서 조부모와 부모가 살던 세상에 무슨 일이 있었는지 알기 위해 근현대사 공부 모임에 참여했다. 근현대사 공부방에서 진행하는 역사 탐방은 내가 알고 있었던 역사 속 비극적 사건의 현장을 돌아보는 기회가 되었다. 철원과 여수에서 만난 유가족들은 의뢰인과 유사한 이야기를 했으며, 노근리에서 본 굴다리의 총알 자국을 보며 양민을 향한 미군의 만행을 생생하게 느낄 수 있었다.

내가 가족세우기를 공부하지 않았다면, 집단양심에 얽매여 좋은 편과 나쁜 편으로 나누면서 상대편을 제외하는 것을 당연하게 여겼을 것이다. 하지만 우리의 고통과 아픔은 좋고 나쁘거나 옳고 그른 것으로 판단하는 도덕적 기준으로는 치유될 수 없다.

이미 있었던 비극이 현재를 행복으로 이끌려면 어떻게 해야 할까? 편을 나누는 집단양심을 넘어 사랑과 호의로 비판하는 방법을 배워야 한다. 어느 편도 들지 않는 경계에서 양쪽 모두 사과하고 용서하고 서로 행복해지기 위한 비판이 필요하다. 신념과 편견이 없는 비판은 양쪽 모두에게 내적 성장과 안정감을 갖게 한다. 이러한 비판은 양쪽에 거리를 두고 그 너머를 바라보는 인식의 눈을 뜨게 한다. 이렇게 새로워진 인식으로 우리 사화의 고질적인 문제를 풀어낼 수 있다.

지방 출장 때문에 버스 터미널에서 버스를 기다리면서 뉴스를 보았다. 뉴스에서 서초동 사거리의 풍경이 나왔다. 촛불이 만든 황금 십자가가 화면을 채웠다. 어떤 사람이 "저 간첩들, 공산당 때문에 큰일이야"라고 했다. 화면이 바뀌자 태극기로 넘실거리는 광화문의 풍경이 나왔다. 마치 앞 사람 말에 응답하듯이 "늙으면 죽어야지"라고 했다. 그 순간 터미널은 긴장감이 돌았다. 우리가 상대 진영을 '그들도 우리와 같이 집단양심에 사로잡혀, 양심에 따라, 양심에 봉사하는 것'으로 본다면 어떨까? 상대도 우리와 다르지 않다는 것을 받아들인다면, 우리 내면과 우리 사회에는 어떤 일이 벌어질까?

나는 근현대사의 비극을 온몸으로 살아낸 부모 세대의 아픔과 트라우마에 관심을 갖고, 이들과 사회의 치유 시스템 안에서 함께하기를 희망한다. 편을 나누고 상대를 제외시키는 대신, 우리 가슴에서 모든 이들의 존재 그대로를 존중한다면 우리 자신뿐만 아니라 우리 사회는 더 성숙해질 것이다.

사랑은 평화의 다른 이름이다. 사랑은 보편적인 마음이기에 모든 사람이 이미 가지고 있다. 전체를 아우르는 사랑의 힘을 상상해보자. 사랑과 호의로 사람들의 고함 속에 숨겨진 두려움과 슬픔을 보자. 그리고 모든 사람이 똑같이 행복을 원한다는 사실을 인식하자. 다툼과 분열을 화합으로 이끄는 길은 결국 사랑이다.

4부

응용

더 깊은

치유를

위하여

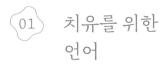

01 치유를 위한 언어

가족세우기를 하면서 현상학적 통찰로 발견한 '세우기 언어'는 사랑의 언어다. 우리는 세우기 언어를 통해 자신이 가족과 어떤 심리적 관계를 맺고 있는지 확인할 수 있다.

세우기 언어를 했을 때 감각적으로 거리낌이나 불편감이 있다면, 공동체에서 누군가가 제외되었거나 서열 질서가 왜곡되어 있을 가능성이 높다.

세우기 언어는 관계의 뿌리를 회복하고, 내면의 얽힘을 풀어주며, 내적 성장을 돕는다. 또한 부모와 조상에게서 넘겨받은 부차적 느낌을 녹인다. 사랑의 언어를 사용하면 얽히고설켜 도저히 풀릴 것 같지 않은 갈등을 풀 수 있다.

세션 현장을 그대로 옮겨놓은 것처럼 세우기 언어를 따라 할 수 있도록 번호순으로 정리했다. 세우기 언어를 천천히 소리 내어 말하기, 어떤 감정이나 감각, 이미지나 생각, 기억들이 올라오는지 알아차리기가 가장 중요하다.

이 과정이 잘 진행되면 심리적 갈등을 사랑으로 녹여 흘려보내는 마법을 경험할 것이다. 사랑의 언어는 신경계를 잡고 있는 트라우마와 불필요한 상념을 녹여주는 생명의 언어이기 때문이다. 영혼을 일깨우는 언어, 생명과 사랑의 질서를 인식하게 하는 언어, 심리적 관계와 실존적 관계를 정합으로 연결하는 치유의 언어는 다음과 같다.

부모를 향한 사랑의 언어

❶ 사랑하고 존경하는 어머니(아버지).

❷ 당신은 크시고 저는 작습니다.

❸ 당신은 주시고 저는 받습니다.

❹ 당신은 당신인 그대로 제 어머니(아버지)입니다.

❺ 당신께서 그러하시기에 저는 지금의 제가 되었습니다.

❻ 이제, 당신은 저에게서 자유롭습니다.

❼ 당신에게서 오는 힘으로 저는 어떤 것을 합니다.

❽ 고맙습니다.

• 부모를 상상한다(가능하면 어머니 따로, 아버지 따로 한 분씩 상상한다).

• ❶의 문장 '사랑하고 존경하는 어머니(아버지)'를 소리 내어 말하며 부모를 부른다. 가슴이 울컥하면서 부모와 접촉이 일어나거나 존경이란 표현에 화가 나거나 어떤 느낌 없이 무미건조할 수 있다. 그런 감정을 알아차린다.

• ❷의 문장을 소리 내어 말한다. ❷의 문장이 가슴으로 와닿는

경우도 있지만 그렇지 않을 수도 있다. 부모화° 등의 심리적 장애가 있을 경우, 부모보다 자신이 크다고 느낄 수 있다. 호흡을 하면서 몸의 감각이 흘러가도록 잡지 않는다.

- ❸의 문장을 소리 내어 말한다. 부모에게서 오는 것을 받지 못하는 자녀는 ❸의 문장에서 걸리는 느낌을 받는다. 몸에서 어떤 느낌이나 생각이 올라오든지 알아차리고 흘려보낸다.

- ❹의 문장을 소리 내어 말한다. 부모가 다르게 살아야 한다고 생각하는 자녀는 부모가 살아온 사회문화적 조건과 생존 환경을 상상한다. 부모가 언제 태어났는지, 부모가 살았던 유년기에 세상에서 어떤 일이 있었는지, 조부모가 우리 부모를 어떻게 대했는지, 부모가 학교를 다닐 수 있었는지 등을 생각한다. 그리고 부모를 통해 우리에게 온 생명의 움직임을 호흡으로 느낀다.

- ❺의 문장을 소리 내어 말한다. 호흡한다. 숨을 들이쉬면서 내게 도달한 생명을 환영한다.

- ❻의 문장을 소리 내어 말한다. 부모에게 투사하는 모든 것을 지구의 중심으로 흘려보낸다. 부모에 대한 모든 유감을 내려놓고 떠나보내는 상상을 한다. 부모가 우리에게서 자유로워지면 우리도 부모에게서 자유로워진다.

○ 부모화는 다세대 서열의 얽힘이다. 가족공동체에서 제외된 조상과 자녀가 동일시된다면, 자녀는 제외된 조상처럼 느끼고 생각한다. 자녀는 심리적으로 서열상 부모보다 위에 있기 때문에, 부모보다 크게 느껴지고 부모에게서 오는 사랑을 받지 못한다. 이것은 무의식적으로 일어난다.

- **❼**의 문장을 소리 내어 말한다. 부모가 뒤에 있다고 상상하면서, 앞으로 하고 싶은 일을 계획한다.

자녀를 향한 사랑의 언어

❶ 사랑하는 딸아, 아들아.

❷ 너는 우리들의 기쁨이다.

❸ 네가 무엇을 하든 어떤 선택을 하든 모든 것은 옳구나.

❹ 네가 어떤 삶을 살든 어떤 결정을 하든 나는 너를 응원한다.

❺ 네가 나를 떠나 너의 삶으로 가면 내가 기쁘겠다.

- 자녀를 상상한다(한 자녀만 상상한다).
- **❶**의 문장 '사랑하는 ○○야' 하고 소리 내어 이름을 부른다. 가슴이 울컥하면서 자녀와 접촉이 일어나거나 근심 걱정이 올라올 수 있다. 부모가 자녀를 걱정하면 자녀는 부모가 걱정하는 대로 산다. 자녀를 있는 그대로 존중하지 않고 부모 내면의 갈등을 투사하면, 자녀는 부모의 근심 걱정을 자신의 운명으로 가져간다. 부모에 대한 자녀의 충성심은 상상을 초월한다. 어떤 자녀는 자기 목숨을 바쳐 부모를 행복하게 해주려고 한다.
- **❷**의 문장을 소리 내어 말한다. 자녀를 기쁨으로 여기지 않는 부모는 자기 내면의 상처를 직면해야 한다. 부모가 자녀의 등 뒤에서 자녀를 축복하면, 자녀는 뒷심을 받아 전진한다.
- **❸**의 문장을 소리 내어 말한다. 말에 힘이 있는지 인식한다. 자기 신뢰가 없는 부모는 자녀를 믿지 못한다. 자녀가 하는 선택을

비판하면서 자신이 대신 선택하려고 한다. ❸의 문장을 말했을 때 힘이 없는 부모는 자신의 부모와의 관계를 살펴보길 바란다.

- ❹의 문장을 소리 내어 말한다. 자녀의 결정을 응원하려는 마음이 없는 부모는 자녀가 무엇을 좋아하고 잘하는지에 대해 관심을 갖기를 바란다. 부모와 자녀는 존재가 다르며 살아가는 세상도 다르다. 아이들은 자신이 살아야 하는 세상에 맞춰 성장한다.

- ❺의 문장을 소리 내어 말한다. 자녀를 붙잡고 싶은 부모는 '부모를 향한 사랑의 언어'를 통해 자신의 부모와의 관계를 살펴보길 바란다.

형제를 향한 사랑의 언어

❶ 질병이나 사고 등으로 일찍 죽은 동생(오빠, 형, 누나, 언니)에게: 먼저 갔어도 언제나 내 동생(오빠, 형, 누나, 언니)이야. 나는 여기서 조금 더 살다가 너에게 갈게.

❷ 어릴 적 돌봐준 누이나 형제에게: 저는 압니다. 당신이 제게 무엇을 선물했는지를. 저는 그것을 귀하게 받습니다. 고맙습니다.

❸ 불행하게 사는 동생(오빠, 형, 누나, 언니)에게: 동생(오빠, 형, 누나, 언니)의 운명을 존중합니다. 제가 다르게 살 수 없는 것처럼 동생(오빠, 형, 누나, 언니)도 다르게 살 수 없음을 압니다. 제가 잘 사는 것은 동생(오빠, 형, 누나, 언니) 덕분입니다.

- ❶의 이슈가 있는 사람은 죽은 형제를 상상하고 세우기 언어를 따라하길 바란다. '여기서 조금 더 살다가 너에게 갈게'라는 말은 자살을 예방하는 효과가 있다. 가족원이 애석하게 죽었

을 때, 애도를 제대로 하지 않으면 여러 가지 심리 현상이 일어난다. 그중 하나가 일찍 죽은 가족원을 따라 죽고 싶은 마음이다. 다른 하나는 자신이 죽으면 죽은 가족원이 살아 돌아올 것이라는 생각이다. 이것은 타인의 죄를 대신하여 벌을 받거나 속죄하고자 하는 무의식적인 욕구이기에 알아차리기 어렵다. ❶의 문장은 죽은 형제를 더 이상 이 세상으로 불러들이지 않도록 돕는다. 왜냐하면 자신이 죽으면 먼저 죽은 형제에게 갈 테니까.

• 경제적으로 많이 어려웠던 시절, 오빠나 남동생을 공부시키기 위해 희생한 딸이 많았다. 가장 역할을 하면서 동생을 공부시키고 뒷바라지하는 큰형도 많았다. 희생한 형제는 보상받고자 하는 기대를 가지며, 수혜를 입은 형제는 부채감이 있다. 이 문제로 형제간에 갈등이 일어난다면, ❷의 문장이 큰 도움이 된다.

• 형제가 결혼하여 가정을 꾸리게 되면, 형제관계는 결혼 전과 많이 달라진다. 재정적으로 힘들거나 결혼 생활이 어려워 의기소침한 형제와의 관계에서 ❸의 문장은 우애를 돈독하게 만든다.

반려자 · 부부 · 시댁 · 처가댁을 향한 사랑의 언어

❶ 반려자(배우자나 동반자 등 함께 사는 대등한 사람)에게: 당신의 사랑을 당신의 반려자로서 기꺼이 받습니다.

❷ 반려자가 자신의 마음에 들도록 변하기를 기대하는 경우: 여보, 이제 저는 당신에 대한 갈망을 포기합니다. 당신은 존재하는 그대로 제게 딱 맞는 배우자입니다.

❸ 가르치려는(지적질하는) 배우자에게: 가르치지 않아도 됩니다. 제게 필요한 모든 것은 저의 부모님에게서 받았습니다. 저는 당신의 반려자로 충분합니다. 저를 당신의 반려자로 바라봐주세요.

❹ 시댁(처가댁)의 일을 부인(남편)에게 떠넘기려는 남편(부인)에게: 여보, 당신의 짐은 당신이 지고, 제 짐은 제가 집니다.

- ❶의 문장은 부부관계나 연인관계뿐만 아니라 서열이 대등한 반려자 관계가 행복해질 수 있도록 돕는다. 반려자를 대등하게 존경하며 서로 주고받을 때, 둘의 관계는 더 큰 사랑으로 확장된다. 반려자와 갈등이 일어나면 서로 사랑을 거부하면서 미워한다. ❶의 문장은 ❷의 문제에도 적용할 수 있다. 최근 입양 가족, 재혼 가족, 독신 가족, 동성혼 가족 등이 이슈다. 어떤 방식으로 살든 누구도 제외하지 않으면서 존재 그대로를 존중할 때, 평화와 안녕을 찾을 수 있다.

- ❷의 문장은 부부 갈등의 배경을 알려준다. 배우자가 자신의 마음에 들도록 변하기를 기대하는 것은 배우자에게 자신이 상상하는 좋은 부모가 되어 달라는 것과 같다. 이렇게 배우자에 대한 갈망을 놓지 못하는 사람은 '부모를 향한 사랑의 언어'를 소리 내어 말해보자.

- ❸의 문장은 배우자가 속한 원가족을 존중하라는 뜻이다. 서

로 다른 부모와 문화 속에서 성장한 두 사람은 각자의 집단양심을 가지고 있다. 배우자를 가르치면서 자신의 말대로 하라는 것은 '나는 옳고 너는 틀리다' 또는 '네 원가족을 버리고 우리 원가족 편으로 들어오라'는 말과 같다. 지적하고 훈계할수록 상대는 말을 듣지 않는다. 있는 그대로의 존중은 서로의 다른 문화를 받아들이고 통합할 수 있도록 도우며, 두 사람의 환경에 맞는 새로운 집단양심을 개발하는 자원이 된다.

- ❹의 문장은 남편이 아버지의 병시중을 아내에게 강요한 부부의 사례에서 나온 세우기 언어다. 남편은 효자가 되기 위해 아내에게 아버지의 병시중을 떠넘겼다. 남편은 소위 리모컨 효도를 했다. '소처럼 일하는 며느리'라는 관용어가 있을 정도로 우리 사회는 며느리에게 과중한 노동을 강요했고, 이것을 당연하게 여기는 관습을 대물림하였다. 서로를 존중하는 문화를 만든다면 과거에서 내려온 악습을 바꿀 수 있다. 집단양심은 사회문화의 변화와 더불어 성장하고 발전한다.

이혼 · 재혼 · 외도 · 입양을 향한 사랑의 언어

❶ 이혼 부부(헤어진 연인)가 서로에게: 저는 당신을 사랑했습니다. 저는 당신께 기꺼이 드렸습니다. 당신도 저에게 많은 것을 주었습니다. 저는 그것을 귀하게 여깁니다. 우리 둘 사이에서 일어난 잘못된 일에 대해 제가 져야 할 책임은 제가 지고, 당신이 져야 할 책임은 당신이 집니다. 그동안 우리가 나눈 사랑은 영원합니다. 이제 당신과 저를 이끄는 운명을 받아들입니다. 당신을 편하게 떠나보냅니다.

❷ 재혼한 남편(부인)의 전 부인(남편)에게: 당신은 제 남편의 첫 번째 부인(남편)입니다. 저는 두 번째 부인(남편)입니다.

❸ 재혼한 남편(부인)에게 두 번째 부인(남편)이: 여보, 당신이 첫 번째 부인(남편)과 나눈 사랑을 존중합니다.

❹ 외도한 배우자가 상대에게: 잘못했습니다. 당신을 아프게 해서 얼굴을 들 수 없습니다. 결과는 제가 책임집니다. 당신이 제게 선물한 것을 사랑하고 존중합니다. 당신의 사랑은 컸습니다. 저의 사랑도 같았습니다. 우리의 사랑은 변하지 않습니다.

❺ 이혼하는 부부가 자녀에게: 나는 네 가슴 안에 있는 네 아버지(어머니)를 사랑한다. 나는 네가 아버지(어머니)처럼 되어도 좋다. 나와 네 어머니(아버지)의 이혼을 잘 견딜 거라고 기대한다. 우리가 떨어져 살아도 네 부모로서 언제나 가슴으로 연결되어 있다.

❻ 입양 자녀가 자신의 운명에게: 저는 당신에게서 오는 모든 것을 받습니다. 부모에게서 오는 생명을 잡아 갖습니다. 외경심으로 그렇게 합니다. 그리하여 생명이 저를 이끄는 대로 저는 함께 갑니다. 고맙습니다.

- ❶의 문장은 헤어진 부부나 연인의 아픔을 치유한다. 상실의 고통이 녹아 흘러가야 과거의 인연을 뒤에 두고, 새로운 인연을 만날 수 있다. 상실의 고통을 회피하는 사람은 서로 비난하거나 탓하면서 상황이 달라질 수 있었을 거라고 상상한다. 그러나 생명은 언제나 강물처럼 앞으로 흐른다.
- ❷와 ❸의 문장은 관계의 질서를 명료화한다. 두 번째 배우자가 첫 번째 배우자를 제외하면서 자신이 첫 번째 배우자 자리에 서면, 후대에서 제외된 존재와 동일시되는 자손이 생긴다.

- ❹의 문장은 외도를 반성하고 다시 함께 살기를 바라는 배우자가 상대에게 말한 것이다. 진심으로 사과하고 그 사건을 과거에 둘 때, 서로 새롭게 출발할 수 있다.

- ❺의 문장을 가슴으로 받아들인 자녀는 슬픔을 이겨내고 자기 삶에 집중한다. 중요한 것은 부모의 말과 행동이 일치해야 한다는 점이다. 그런데 '네 아버지(어머니)처럼 되어도 좋다'는 말에 거리낌을 갖는 경우가 있다. 그들은 자녀에게 아버지(어머니)처럼 살면 안 된다고 말한다. 이 말은 자녀에게 '네 절반은 나쁘다'라고 비판하는 것과 같다. 부부관계와 자녀관계는 전혀 다른 관계다. 부부는 헤어지면 남이 되지만 자녀와의 관계는 영원하다.

- ❻의 문장은 입양아뿐만 아니라 부모와 함께 살지 못한 조손 가정이나 위탁 가정 등에서 성장한 사람들이 자신의 운명을 받아들일 수 있도록 돕는다. 다른 사람들보다 혹독한 어린 시절을 살아낸 사람에게는 특별한 운명만큼이나 특별한 힘이 있다.

임신중절 및 출산을 향한 사랑의 언어

❶ 임신중절한 부부(연인)가 아기에게: 우리가 너를 죽였다. 그럼에도 너는 우리들의 사랑스러운 아기다.

❷ 임신중절한 부부(연인)가 서로에게: 여보, 우리가 우리들의 아이를 죽였습니다. 당신이 져야 할 책임은 당신이 지고, 내가 져야 할 책임은 내가 집니다.

❸ 출산 중 어머니를 여읜 자녀가 어머니에게: 엄마, 당신은 저를 낳으시다 돌아가셨습니다. 당신의 생명이 헛되지 않게 행복하게 살겠습니다.

- ❶의 문장은 임신중절 세션에서 발견한 세우기 언어다. 이 세션에서 부부는 임신중절한 아기를 없다고 여겼다. 부부는 임신중절한 아기를 자신의 자녀로 받아들이는 작업을 통해 성숙해진다. 두 명의 자녀가 있고, 임신중절한 자녀가 한 명이라면, 부부는 자녀가 셋임을 가슴으로 받아들여야 한다. 둘은 함께 살고 있고, 나머지 한 명은 가슴에서 산다고 생각해도 좋다.

- ❷의 문장은 생명에 대한 책임을 일깨우며 숙연하게 만든다. 여기서 부부가 책임을 진다는 것은 반반씩 책임지는 것이 아니라 사건 자체를 온전히 아픔으로 받아들이는 것이다. 아기와의 인연을 진실로 아파하는 부모는 내적으로 성숙해진다.

- ❸의 문장은 태어날 때 어머니를 여읜 사람들에게 효과적이다. 자신을 낳다 어머니가 돌아가시면, 어머니를 여읜 사람은 무의식적으로 죽고 싶어한다.

- ❹의 문장은 생존을 위해 4명의 남자와 결혼하여 성이 다른 4명의 아이를 출산한 어머니를 부끄럽게 여겼던 딸의 세션에서 나온 세우기 언어다. 우리가 생명을 선택하는 것 같지만, 자세히 보면 생명이 우리를 덮친다. 이렇게 보면 생명이 경외롭지 않은가.

자살 · 질병 · 죄의식 · 중독을 향한 사랑의 언어

❶ 자살한 가족원에게: 나는 네(당신) 결정을 존중합니다. 그래도 너(당신)는 영원히 내 형제(어머니, 아버지, 삼촌, 이모)입니다.

❷ 암이 온몸에 퍼져 죽음을 앞둔 배우자(가족)에게: 허락된 만큼 저는 당신과 함께 삽니다.

❸ 부모의 뇌졸증 같은 중증의 질병에 대한 자녀의 태도: 고맙습니다.

❹ 난치병으로 아픈 어머니를 대신하여 죽으려는 딸(아들)이 어머니에게: 어머니, 당신이 돌아가셔도 저는 생명에 기여하며 건강하고 행복하게 삽니다.

❺ 죄를 지었을 때: 저는 제가 지은 죄의 결과에 동의합니다. 그리고 그것으로부터 오는 힘으로 좋은 것을 하겠습니다. 그리하여 저는 성장합니다.

❻ 알코올의존증인 사람이 술에게: 당신을 사랑합니다. 이제 저는 당신을 잡았던 손을 놓습니다. 당신은 저에게서 자유롭습니다. 저는 당신에게 받은 힘으로 다르게 삽니다.

❼ 알코올의존증인 가족원을 탓하거나 보살피는 가족원의 태도: 이제 나는 술 문제를 당신께 두고 물러섭니다.

- ❶의 문장은 자살한 가족원을 제외하여 다세대 얽힘이 일어났을 때, 귀속감을 갖게 한다.
- ❷~❹의 문장은 투병 중에 있는 가족과의 관계를 치유한다.
- ❺의 문장은 국가 폭력이나 전쟁 등 특별한 상황에서 폭력을 휘두르거나 살인한 사람들이 가해자로서 자신이 행한 것을 비난 없이 직면하도록 돕는다. 가해자뿐만 아니라 그 일과 연관된 모든 사람은 깊은 슬픔을 느끼고, 그 연결감에 몸과 마음을

내맡긴다. 그러면 과거는 지나간다.

- **⑥**과 **⑦**의 문장은 무언가에 중독된 사람과 가족을 치유하는 데 도움이 된다.

인간관계를 향한 사랑의 언어

① 우리를 비난하는 사람에게: 당신의 비난으로 좋은 것을 이루면 저는 거기에 동의합니다.

② 신경 쓰이는 사람에게: 나는 당신에게 그렇게 중요한 사람이 아닙니다.

③ 불편한 사람에게: 내가 옳은 것처럼 당신도 옳습니다.

④ 상사가 마음에 들지 않을 때: 저는 제 자리에 맞습니다. 당신은 당신의 자리에 맞습니다.

- 상대방의 이름을 부르거나 얼굴을 상상하면서 **①~④**의 문장을 소리 내어 말한다. 어떤 감각이 올라오면 주의를 집중하여 마음을 정화한다.

02 치유를 위한 명상

가족세우기 명상은 세우기 형태장의 흐름 속에서 나온 것이기 때문에 이미지로 관상觀想할 수 있다. 명상에서 제시하는 과정을 상상하면서 천천히 소리 내어 읽으면, 어떤 감응이 일어날 것이다. 정화와 평화를 경험하길 바란다.

어머니(아버지)와 잘 지내기 위한 받아들임 명상

호흡을 알아차립니다. 숨을 들이쉴 때 몸에서 어떤 일이 일어나는지 알아차립니다. 숨을 내쉴 때 몸이 어떻게 변화하는지 알아차립니다. 들숨과 날숨 사이에 작은 공간을 알아차립니다. 그 작은 공간에서 어머니를 생각합니다. 한 호흡, 한 호흡, 숨이 깊어질 때마다 과거로 더 과거로 돌아가 결혼 전 젊은 어머니를 만납니다.

어머니는 그 시대를 살아가는 수많은 여성 중에 한 분이셨습니다. 평범한 여인으로서 평범한 아버지를 만났습니다. 평생 함께하기로 결정하셨고, 서로 아주 깊이 사랑하셨습니다. 생명이 두 분의 사랑을 덮치자 우리가 태어났습니다.

어머니는 점점 부르는 배를 보며 '무탈해야 될 텐데' 하는 염려와 기대로 우리를 기다렸습니다. 우리는 어머니와 힘을 모아 출산의 두려움을 뚫고 태어났습니다. 세상에 우리의 얼굴이 드러나자, 부모님은 '이 아이가 우리의 아이인가!' 하면서 감동하였습니다. 이름을 지으시고 출생 신고를 하면서, 세상에 '이 아이는 우리의 아이다'라고 알렸습니다.

어머니는 출산으로 자신의 몸도 온전하지 않은데 아기인 우리에게 젖을 물리고, 기저귀를 갈고 목욕을 시켰습니다. 때로는 밤낮이 바뀐 우리의 생활 때문에 밤을 꼬박 새우다시피 했습니다. 또 우리가 감기에 걸려 열이 펄펄 끓는 바람에 노심초사하기도 했습니다.

유아기를 지나 유년기, 청소년기, 성년기까지 오랜 세월을 두고 부모님이 하신 수고를 상상합니다. 우리 부모님은 수십 년 동안 우리가 잘 성장할 수 있도록 우리를 보호하였고 교육도 시키셨습니다. 우리는 생명과 관련된 많은 것을 받았기에 클 수 있었습니다. 숨을 들이쉬면서 어머니(아버지)의 헌신을 사랑으로 받아들입니다. 가슴으로 받아들입니다. 들숨, 날숨, 들숨, 날숨… 호흡과 함께 받아들입니다. 그리고 침묵합니다.

이 명상을 하면서 거부 반응을 일으킬 수도 있다. 부모는 자녀의 바람과 달리 완전하지 않다. 우리는 부모의 삶의 조건을 보지 못한 채, 부모가 다르게 살아야 한다고 생각하기도 한다. 그러나 '당신들이 그리 사셨기에, 지금의 제가 되었습니다'라는 진심 어린 고백으로 과거에 있었던 그대로를 받아들일 때, 우리는 내면의 특별한 힘을 만난다.

이제 어머니(아버지)를 존재하는 그대로 내 마음과 영혼에 받아들이자. 그리고 어머니(아버지) 앞에 경건하게 엎드린다. 이렇게 어머니(아버지)를 받아들이는 사람만이 어머니(아버지)와 함께 어머니(아버지)를 통해 내게 온 생명을 가질 수 있다. 이것은 행복과 성공을 갖는 방법이기도 하다.

부부·연인관계를 위한 홀로 있음 명상

호흡을 알아차립니다. 숨을 들이쉴 때 몸에서 어떤 일이 일어나는지 알아차립니다. 숨을 내쉴 때 몸이 어떻게 변화하는지 알아차립니다. 들숨과 날숨 사이에 작은 공간을 알아차립니다. 그 작은 공간에서 배우자 혹은 연인을 생각합니다.
배우자 혹은 연인과 나 사이에 있는 경계를 봅니다. 내가 배우자 혹은 연인에게 거는 기대와 갈망을 인식합니다. 내 기대가 대등한 부부·연인관계에 알맞는가 인식합니다. 그리고 모든 기대를 단념합니다. 지금 이 순간 어떠한가요. 단념이 잘 됩니까? 탓할 대상이 사라졌나요?

배우자 혹은 연인에게 거는 기대는 부모에게 받고 싶었지만 받지 못했던 갈망일 수 있다. 배우자 혹은 연인은 부모가 아니기에 우리가 원하는 근원적인 것을 줄 수 없다. 배우자 혹은 연인은 대등한 관계로서 줄 수 있는 것만 줄 수 있다. 관계의 질서를 깨달았는가. 내면에서 어떤 변화가 있는지 자각한다.

아랫배에 힘이 생기고 다리가 굳건해지는가. 단념은 우리가 땅에 발을 딛고 서게 한다. 땅속으로 뿌리를 내리게 한다. 튼튼해지고 풍부해진다.

배우자에게 거는 기대에 경계를 세운다. 또 배우자가 나에게 거는 기대에 경계를 세운다. 우리가 이 경계를 세우기에 우리가 성장하는 것을 자각한다. 그리하여 우리는 실망하고 이별한다. 상대는 자신에게 머물고 우리도 우리 자신에게 머문다. 단번에 둘은 더 안전함을 느낀다. 둘은 자신의 자리에서 기반을 잡고 확고하게 선다. 각자가 자기 자리에서 안전하기에 사랑의 빛을 주고받는다. 이것을 한 문장으로 말하면 '나는 여기, 당신은 거기, 우리는 하나이면서 둘'이다.

죄의식과 피해의식을 다스리기 위한 정화 명상

호흡을 알아차립니다. 숨을 들이쉴 때 몸에서 어떤 일이 일어나는지 알아차립니다. 숨을 내쉴 때 몸이 어떻게 변하는지 알아차립니다. 들숨과 날숨 사이에 안전한 공간을 알아차립니다. 그 공간에서 어린 시절로 갑니다. 우리가 지금 후회할 일들이 그때 있었습니다. 우리는 다른 사람들에게 잘못하였고, 그들은 그로 인하여 해를 입었습니다. 이제 우리는 그것을 보고 그 결과와 함께 잘못에 동의합니다.

그리고 해를 입은 사람을 봅니다. 그도 그의 운명에 넘겨져 있음을 봅니다. 우리의 잘못보다 더 큰 그의 운명을 봅니다. 그리고 우리가 가졌던 그의 운명적인 어떤 것을 그에게 넘겨줍니다. 그리하여 그도 그 운명을 자신의 운명으로 받아들이고 동의하면서 성장할 수 있음을 봅니다.

다른 사람에게 피해를 입었을 때도 똑같이 할 수 있습니다. 피해를 입은 우리도 가해자처럼 어떤 운명에 넘겨져 있음을 보고 거기에 동의합니다. 동의를 통해 우리의 내면이 정화되고, 우리는 그에게서 자유로워집니다. 우리의 마음이 넓어지고 평화로워집니다.

살다 보면 피해를 입거나 누군가에게 피해를 주는 일이 벌어진다. 그 사건의 충격이 마음속 깊은 곳에 도사리다가 불쑥불쑥 올라온다. 아주 오래전 일인데도 잊히지 않고, 죄책감이나 분노의 감정으로 나타난다. 이 명상은 이런 불편한 마음을 정화하는 데 유용하다.

참혹한 일을 겪은 우리를 위한 내맡김 명상

호흡을 알아차립니다. 숨을 들이쉴 때 몸에서 어떤 일이 일어나는지 알아차립니다. 숨을 내쉴 때 몸이 어떻게 변화하는지 알아차립니다. 들숨과 날숨 사이에서 생겨난 새로운 공간을 알아차립니다. 그 공간을 통해 우리의 힘을 넘어 한반도를 덮친 거대한 힘을 인식합니다.

큰 파도는 이 땅에서 일어났지만, 우리가 만든 것은 아닙니다. 통제할 수 없는 거대한 힘이 우리 모두에게 넘겨졌습니다. 삶의 터전을 강탈한 일제와 굶주리는 우리 할머니와 할아버지, 생명을 바친 독립운동가와 그들을 고문한 순사, 일본에 부역한 사람들과 징용당한 할아버지, 정신대에 잡혀간 할머니, 일본 기술자가 지은 학교에서 공부해야 했던 아이들과 일제가 약탈한 우리 문화재. 그리고 이 땅의 비극을 온전히 받아 안은 우리 모두가 이 거대한 힘에 넘겨졌습니다.

이제, 이 참혹한 파도에 스스로 안겨 흐릅니다. 이 큰 파도는 우리를 더 큰 생명의 움직임으로 데려갑니다. 전체를 이끄는 생명이 우리들의 손을 맞잡습니다. 그리하여 우리 모두는 각자의 자리에서 각자의 운명에 스스로 섭니다. 들숨과 날숨 사이에 화해가 흐르고 평온한 힘이 울립니다. 이제, 숨을 내쉴 때마다 한 걸음씩 조심스럽게 물러납니다. 숨을 내쉬면서 선조와 부모님의 시대에 등을 돌립니다. 몸의 방향이 180도 돌아가면, 새로운 세상의 빛이 우리를 마중나옵니다. 숨을 내쉬면서 지금 여기에 옵니다.

이 명상은 참혹하게 우리를 덮친 파도°를 정화하고, 과거에 일어난 사건을 과거에 두고 지금 여기에서 깨어 있는 인식으로 바라볼 수 있도록 돕는다. 우리가 어떤 느낌, 생각, 이미지, 신념, 관점

○ 개인이 어찌하지 못하는 큰 사고나 운명적 얽힘 등의 사건뿐만 아니라 메르스, 사스, 코로나19 같은 전염병과 민주화운동, 국민보도연맹사건, 여순사건, 제주4·3사건, 한국전쟁, 베트남전쟁, 일제강점기 등에 발생한 국가 폭력을 일컫는다.

없이 사건을 인식하고, 판단하거나 평가하지 않으면서 통찰할 수 있는 지혜를 기르는 것은 중요하다. 이 명상은 죽음이나 재난, 비극적인 역사적 사건과 연관된 이슈를 마주할 때 유용하다.

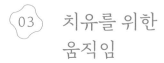

03 치유를 위한
움직임

'치유를 위한 움직임'은 관계에서 더 깊은 연결감을 가질 수 있도록 돕기 위한 세 가지 알아차림 포인트를 제시한다. 세 가지 알아차림 포인트는 세션뿐만 아니라 일상에서 적용할 수 있다. 특히 상담 전문가에게 유용한 팁일 뿐만 아니라, 인간관계의 어려움이나 삶의 애환이 있을 때 관계 속에서 자신이 어떻게 움직이는지를 알아차리는 데 도움이 된다. 세 가지 포인트를 적용하면 원하는 결과를 얻을 수 있다.

알아차림 기반 대역 서기

나는 많이 아팠다. 대부분 심인성心因性 질환이었고, 병원 치료는 큰 도움이 되지 않았다. 궁여지책으로 명상을 했다. 명상은 건강을 회복시키고 몸과 마음에 대한 알아차림 능력을 키워주었다. 치유를 위한 움직임은 오랫동안 명상 경험을 근간으로 대역을 서면서 개발하였다.

나는 세우기 장에서 다양한 대역을 서면서 어릴 적 트라우마를 자각했으며, 저절로 정화되는 경험을 했다. 특히 '알아차림 기반 대역 서기'는 분노와 살기, 슬픔과 억울한 감정 등의 느낌뿐만 아니라 피해의식과 죄의식, 결핍의식과 빈곤의식, 열등의식과 우월의식, 권위의식과 특권의식, 통제의식과 보호의식, 책임의식과 회피의식, 충성의식과 거부의식 등을 직면하고 이와 관련된 대물림을 깨닫게 했다.

내가 살인자 대역을 섰을 때, 나는 아주 깊은 곳에서 치밀어 오르는 분노를 관찰했다. 감정 전반을 덮친 분노는 내가 태어나기 이전부터 이미 존재한 것처럼 인식되었다. 이 익숙한 느낌 뒤에 죄의식과 공포스러운 이미지가 산다는 사실을 깨달았다. 나는 이 정도의 죄의식을 가질 만큼 나쁜 짓을 하지 않았다. 그런데 도대체 죄의식은 어디에서 오는 것일까. 이것은 원가족에게서 넘겨받은 느낌으로 정서 대물림을 통해 내 안에 있다는 것을 가족세우기를 하며 깨달았다.

또 피해자 대역을 섰을 때, 말로 표현할 수 없는 비탄과 공포감이 쌍둥이처럼 붙어서 분노와 슬픔을 받치고 있었다. 비극적인 영화를 볼 때 주인공보다 더 슬프게 울던 내 모습을 연상했다. 이 피해의식 또한 내 것이 아님을 자각할 수 있었다.

나는 알아차림과 함께 다양한 대역을 서면서, 어릴 때 느꼈던 막연한 두려움과 불안이나 자살 충동 등에 대한 명료함을 얻었다. 처음에는 내가 대역을 잘못 서는 것은 아닌가 생각했다.

하지만 장은 언제나 존재하던 그대로 존중하는 태도를 일깨우는 깨달음의 장으로 마무리되었고, 참여자들은 자신의 본성과 접촉하는 고양감에 기뻐했다.

알아차림으로 대역을 서는 것은 대물림되는 가족각본을 정화하는 수련법이다. 대역을 설 때 자각을 기반으로 움직이면, 의뢰인의 억눌린 감정과 고착된 생각을 변형하는 데 도움이 된다. 의뢰인 내면의 본성을 존재하는 그대로 존중하는 영적양심의 움직임에 의해 깨어나기 때문이다. 이 과정을 통해 참여한 모든 사람은 더 깊은 차원에서 공명할 수 있으며, 내면의 갈등에서 깨어나는 경험을 하게 된다.

변화 속에서 움직이는 관계와 신체의 변화를 알아차리는 훈련을 통해 우리는 깨닫고 통찰의 지혜를 얻게 된다. 이것은 몸 차원에서 일어나기 때문에 관계와 일상을 바꾸는 자원이 된다.

알아차림 기반 대역 서기의 세 가지 포인트

❶ 호흡 상태

❷ 긴장 상태

❸ 무게 분산 상태

대역을 설 때 몸의 감각과 움직임을 자각하는 방법은 세 가지다. 첫째는 호흡 상태다. 호흡이 어떻게 일어나는지 통제하지 않고 자연 호흡 그대로를 알아차린다. 둘째는 긴장 상태다. 몸의 어느 부위에서 긴장을 느끼는지 알아차린다. 긴장을 풀려고 노

력하는 것이 아니라 그냥 일어나는 현상 그대로를 알아차린다. 셋째는 무게 분산 상태다. 움직임이란 체중의 이동을 의미한다. 이때 몸무게의 이동과 분산에 깨어 있으면, 대역을 서면서 느껴지는 감각에 빠지지 않으면서 감각을 명료하게 자각할 수 있다.

자각을 기반으로 하는 움직임은 지지력을 받아서 움직이기 때문에 느리다. 이러한 움직임은 세우기 형태장이 깊게 흐르는데 기여한다. 이처럼 대역을 서는 사람들이 안정감을 가지고 움직인다면, 대역을 통한 내적 힘의 회복과 신경계의 이완 등의 성과를 거둘 것이다. 치유적 움직임을 충분히 훈련하면 스트레스 상황에서도 내면의 평화를 유지하고, 과거에 있었던 트라우마 사건은 수월하게 정화될 것이다. 또한 삶의 아픔과 상처는 성장의 자원이 되며 내면의 상은 변형된다.

알아차림 기반 대역 적용하기

내가 가족세우기에서 참여했을 때, 가장 기억에 남는 대역은 음독자살한 여성이었다. 항문에서부터 훑고 올라오는 구역질과 목구멍에서부터 내장으로 타들어가는 느낌은 공포 그 자체였다. 나는 대역을 서다가 잘못될까봐 염려하는 마음이 살짝 올라오는 것을 알아차렸다. 바닥을 박박 긁으며 온몸이 뒤틀렸지만, 몸의 감각과 공포심이 내 것이 아니라는 사실을 알고 있었다. 그래서 그 감각에 거리를 두면서 몸과 마음에서 일어나는 현상에 빠지지 않으려고 노력했다. 한참 바닥에서 뒹굴며 기었던 것 같다. 그러다 어느 순간 모든 것이 고요해지더니, 어떤 여자가 눈에 들어왔다. 음독자살한 여성의 어머니 대역이 세우기 장 안으로 들어온 것이었다. 이 사람도 나처럼 의뢰인의 개인사를 전혀 모르는 가족세우기 참여자였을 뿐인데, 나는 아주 깊은 연결감을 느꼈으며 그녀의 마음에서 깊은 안식을 찾았다.

내가 음독자살한 여자 대역을 설 무렵, 나는 위장병 때문에 누룽지탕으로 식사를 하며 지냈다. 그 대역을 서고 나서 이상하게도 물 말고 어떤 것도 먹을 수 없었다. 녹차도 마실 수 없었다. 단지 죽염을 넣은 맑은 물만 마실 수 있었다. 조금 불안했지만, 왠지 건강이 회복될 것 같은 느낌이 들었다. 매일 반복되던 속쓰림의 강도가 점점 약해지는 것을 알아차렸기 때문이다. 몸과 마음이 가뿐해지는 것을 느꼈다. 단식할 때와 다른 가벼운 느낌이 신기했다. 그렇게 3일이 지나자 배고픔이 느껴졌다. 위장병이 회복되었다는 확신이 들자, 단식 후에 보식하는 것처럼 회복식을 시작했다.

나는 자각을 기반으로 하는 움직임이 치유에 도움이 된다는 것을 가족세우기 대역을 서면서 알게 되었다. 어떤 대역이든지 대역을 서고 나면, 몸속 긴장이 풀리고 감사한 마음이 충만했기 때문이다. 어느새 신경계를 잡고 있던 긴장이 풀리고 생각이 정화되어 몸과 마음이 건강해졌다.

그런데 어떤 사람은 그렇지 않았다. 심지어 불편감을 호소하며 대역을 잘못 섰다거나 자신의 불편감이 대역 때문이라고 주장하기도 했다. 나는 이 부분에 주목했다. 어찌하여 이 사람은 나와 다른 경험을 했을까. 참으로 흥미로운 현상이었다.

차이는 단 하나였다. 이 사람은 대역을 설 때 저절로 일어나는 상호작용과 몸의 감각에 깨어 있으려 하지 않았으며, 감정이 자기 자신인 양 드라마틱하게 움직였다. 움직임은 과장되었으며 마치 대역과의 동일시를 즐기는 것처럼 보였다. 움직임의 속도가 빠르고 발보다는 손이 먼저 움직이면서 거칠게 행동하기 때문에 형태장에 공명하지 못했다. 이것은 그의 삶의 습관이었다. 이들은 대인관계도 이런 방식으로 했다. 내가 투사나 동일시를 알아차리고, 몸의 느낌과 생각의 탈동일시를 어떻게 하는지 방법을 알려주었다. 그들은 대역을 설 때 바로 적용하여 자신의 트라우마나 고통스러운 인생각본을 정화했다.

알아차림 기반 혼자 하는 가족세우기

나의 대표적인 트라우마는 어린 시절 '나를 빼고 찍은 가족사진' 때문에 생겼다. 어느 날 밖에 나갔다가 현관문을 열고 집에 들어섰을 때, 어머니가 화려한 테두리의 커다란 액자를 가슴에 안고 여기저기에 대보고 있었다. 어머니는 나를 보더니 환한 미소를 지으며 말했다. "가족사진을 찍었는데 어디에 걸면 좋을까?" 가족사진 안에는 아버지, 어머니, 두 남동생이 다정하게 서 있었다.

'내가 빠진 가족사진이라니!' 당시 나는 너무 놀라 얼어붙은 채 어떤 말도 하지 못했다. 그렇게 얼이 나간 채 멍하니 서 있다가 조용히 내 방으로 들어갔다. 가족사진은 현관문을 열 때마다 제일 먼저 보이는 곳에서 찬란하게 빛났다.

아버지 생신 때 외가 식구들이 왔다. 어머니는 가족사진이라며 자랑을 했다. 둘째 이모가 "가족이 다 있어야 가족사진이지. 딸이 없는데 무슨 가족사진이야! 아들만 가족이냐. 다시 찍어" 하며 큰소리를 쳤다. 이모가 뭐라 하는 통에 다른 식구들은 아무 말이 없이 굳은 표정으로 어머니를 쳐다보았다. 어머니는 외가 식구들의 시선이 무안했는지, 사진을 벽에서 떼어내 바닥에 내려놓았다. 우리 집에서 이 같은 사건은 계속 일어났다. 어머니와 나 사이에는 커다란 장벽이 있었다. 그 후로 돌아가시는 날까지 어머니와 자연스럽게 대화한 적이 거의 없었다.

나는 요즘도 여전히 '어머니 명상'을 한다. 내면에서 어머니 대역 여러 명을 세웠다. 한 대역이 "딸에게 미안해서 눈을 맞출 수 없습니다"라고 했다. 그러자 다른 대역이 "저도 딸이 무서워요. 뭔가 딸에게 잘못한 것 같아요"라고 말했다. 한 대역이 내 대역에게 다가가 눈을 맞추며 "저는 딸이 행복하게 잘 살길 바랍니다"라고 했다. 그 모습을 보면서 몸속 깊은 곳에 있었는지도 몰랐던 살얼음이 녹는 경험을 했다. 어머니 대역의 손이 보였다. 악마디가 진 두 손이 고단한 삶의 흔적을 이야기하는 듯했다. 세우기 방법이 익숙해지면, 명상이나 움직임을 통해 마음을 알아차리고 트라우마를 꺼내기가 어렵지 않다. 이제 나의 사례를 통해 명상적 움직임을 활용하여 혼자 하는 세우기를 실습해보겠다.

① 움직일 수 있는 고요한 공간에 홀로 선다. 공간은 깨끗하고 정돈되어 있으며 안전하다.

② 효율적인 움직임을 위해 선 상태에서 시작한다. 발바닥의 무게 분산 상태를 확인한다. 체중이 발바닥 전체에 분산되어 지면과 안전한 접촉이 일어나도록 인지한다.

③ 호흡을 통해 자기 연결을 한다. 고요한 내면에서 어떤 일이 일어나도 괜찮다고 생각한다.

④ 내면의 상을 통해 기억 속 트라우마 현장으로 들어간다. 실제로 들어가는 것처럼 몇 걸음 앞으로 걷는다. 이때 어떤 감정이나 감각이 올라오면 그 자리에서 잠시 멈추어 알아차린 상태에서 정신을 집중한다.

⑤ 올라왔던 마음과 긴장이 사라지고 고요해지면 다시 움직인다.

내면의 상을 통해 기억 속 가족사진 사건 현장인 거실로 들어간다. 기억 속 거실에서 어머니는 여전히 가족사진을 안고 사진이 잘 보이는 곳을 찾고 있거나, 마른걸레로 가족사진 액자를 정성껏 닦는다. 미약하지만 먹먹한 감각이 목에서 느껴진다. 이 불편감이 고통스럽거나 괴로운 정도는 아니다. 알아차림을 하면 바로 정화되기 때문이다.

과거에는 기억을 재생하려고 마음만 먹어도 몸 전체에서 격렬한 반응이 일어났다. 목이 메여 숨이 쉬어지지 않았고, 분노와 슬픔이 솟구쳤다. 답답하고 꽉 막힌 감각 때문에 숨이 막혔다. 그러나 감각을 알아차리는 순간, 답답한 감정들이 사라지거나 점점 작아지면서 흩어진다.

⑥ 감정, 감각, 느낌, 이미지, 생각, 기억 등 몸에서 어떤 감응이 일어나는지 알아차린다.

⑦ 몸에서 일어나는 감각 중 한 곳에 집중하면서 그것이 변화하도록 허용한다.

⑧ 느낌의 변화에 따라 심연에서부터 올라오는 힘을 받아들이며 천천히 부드럽게 움직인다.

⑨ 작은 움직임으로 느낌을 표현하면 감각이 녹아 흐르는 것을 경험할 수 있다.

목과 가슴에서 느껴지는 긴장과 고통스러운 감각에 집중하니 가슴이 저절로 수축됐다. 가슴에 집중해서 더 수축했더니 나중에는 가슴이 저절로 펴졌다. 가슴의 수축과 이완을 천천히 반복하면서 천천히 부드럽게 움직였다. 가슴의 움직임이 어깨로 확장되었다. 나중에는 골반까지 활성화되면서 체중을 천천히 이동할 수 있었다. 움직임을 알아차리면서 감정이 사라지는 것을 인지했다. 몸이 점점 이완되면서 신경계에 서식하는 트라우마의 크기와 질감 등 감각이 변형됨을 경험했다. 내가 처음에 섰던 그 자리로 발이 저절로 이동했다. 강렬했던 몸의 감각이 엷게 변하면서 사라지고, 몸과 마음이 편안해졌다. 비로소 나는 자유로움을 느꼈다.

⑩ 내면의 상에서 빠져나와 본래 섰던 자리에서 트라우마 현장을 본다.

⑪ 평화로운 마음으로 내면의 상이 어떻게 변화했는지 인지한다.

가족사진에는 제외되었던 모든 가족원이 함께 웃고 있다. 내면의 상이 수정되는 것은 세션에서의 화룡점정이다. 벽에 걸린 가족사진에는 부모님과 두 남동생뿐만 아니라 몇 달 살고 떠난 여동생과 자연 유산된 동생, 임신 중단으로 죽은 동생이 서열대로 함께 있다. 뒤에는 부계와 모계의 일가족, 내가 알고 있는 가족뿐만 아니라 모르는 가족, 어떤 사연으로 제외된 가족들이 가족 공동체로 귀속되어 있다. 또 전쟁 중에 큰아버지에 의해 죽은 사람, 내 조상에게 상해를 입은 사람까지 제외 없이 운명공동체의 일원으로 귀속된다.

내면의 가족사진에서 제외되거나 죽은 가족들, 형제들의 배우자, 다음 세대를 잇는 아이들이 함께 웃고 있다. 그리하여 지난 일들과 앞으로 다가올 일들이 현존하는 것을 인식한다. 치유를 위한 움직임은 이처럼 내면의 상을 정화하고 과거의 슬픔을 기쁨으로 바꾼다. 이제, 내 마음속 가족사진에는 제외된 가족원이 없다. 평온함만이 공명한다.

내가 나에게 화살을
쏘지 않는 시간

"엄마, 나는 아무것도 없는 집에 시집가서 그 집안을 일으켜 세울 거야."

"소도 언덕이 있어야 비비지. 아무것도 없는 집구석에 가서 얼마나 고생하려고 그래."

어릴 때 어머니와 나눈 대화였다. 내가 이 대화를 기억하는 이유는 당시 '내가 왜 이런 말을 하고 있지?'라는 의문이 들었기 때문이다. 나는 가난한 사람과 결혼할까봐 염려하면서 자수성가를 상상했다. 성인이 된 후에도 이와 비슷한 상상을 계속했으며, 오묘한 마음에 대해 호기심을 가졌다.

심리학을 공부하면서 내게 일어나는 현상을 '정서 대물림'이라고 칭한다는 사실을 알았다. 가족세우기를 통해 나는 가족공동체에서 누군가를 제외하면 후대에서 그와 동일시되는 자손이 생긴다는 사실을 알았다. 이때 제외된 조상과 동일시된 후손은 제외당한 조상의 정서를 똑같이 경험한다. 다세대가 얽히면서 생긴 가족각본은 족보처럼 내려온다.

"유 씨 집안은 딸이 귀해" "유 씨 집안 딸은 팔자가 세."

어릴 때 부모님에게 들었던 말이다. 부모님은 어떤 의식 없이 말했을지 모른다. 그때 나는 어렸지만, 그 말을 듣고 기분이 좋지 않았으며 잘못된 고정관념이라고 생각했다. 그리고 '왜 하나밖에 없는 딸에게 저주를 퍼부을까!' 하는 의문이 들었다.

정체를 알 수 없는 정서적 허기와 결핍감이 마음속 깊이 있었다. 몸이 냉해 손발이 찼다. 탱탱 붓는 몸을 볼 때마다 여러 가지가 중첩되어 얽혀 있다는 것을 어렴풋이 눈치챘다.

나는 가난한 사람과 결혼하진 않았지만, 우여곡절 속에서 가난하게 살았다. 사회생활이 녹록지 않았던 옛 여성들을 생각했다. 그 시대는 유 씨 집안 딸들뿐만 아니라 수많은 여성이 결혼이라는 제도 속으로 들어가 남편에게 의존해 생활해야 했다. 남편이 일찍 죽거나 다른 여자에게 가버리면, 그의 아내는 팔자가 센 여자로 불렸다. 파란만장한 세상에서 살아남은 여자 대부분이 팔자가 세다는 편견에 시달리는 사회 구조였다. 오히려 팔자 좋은 여자가 희귀했다. 나는 아마도 팔자가 센 수많은 어머니와 동일시되었나 보다. 나는 오랫동안 그분들을 애도하면서 내 안의 서러움과 슬픔을 흘려보냈다.

어쨌든 가난하게 산 것은 사실이고 자수성가를 해서 집안을 일으켜 세우진 못했다. 나는 돈벌이에 관심과 재능이 없었고, 줄곧 마음공부에 집중을 했다. 사람의 마음을 알아가는 과정은 참으로 흥미로웠다. 그렇게 20여 년의 세월이 훌쩍 지나갔다. 그동안의 고생은 모두 성장의 자원이었다. 덕분에 나는 집안을 일으키는 대신 가족세우기를 통해 누군가의 마음을 치유하는 사람이 되었다.

가족세우기는 선조의 아픔에서부터 현재 우리의 삶까지 다채로운 인생 문제를 작업한다. 과거에는 소개로 센터에 오는 분들이 많았는데, 요즘에는 인터넷 검색을 해서 오는 분들이 늘고 있다. 심리학 관련 책이 꾸준히 인기를 유지하고, 명상은 전 세계적으로 확산되고 있다. 마음공부에 대해서 다채롭게 관심을 갖는 시대가 온 듯하다.

아들을 잃고 처음 가족세우기를 접한 때가 기억난다. 힘든 시간이었지만 아들의 죽음을 받아들임으로써 자유로움을 되찾았다. 그리고 맏딸 역할, 누나 역할, 아내 역할, 며느리 역할, 엄마 역할, 현모양처 역할 등 수많은 역할에 얽매여 있었던 나를 놓아주었다. 지금 나는 내가 원하는 생각과 내가 걷는 길이 일치하는 삶을 산다. 무엇보다 자유롭고 즐겁다. 옥죄던 마음의 사슬들이 녹아 사라진 자리에는 자유만 남았다. 나는 가벼워졌다. 지금 나는 다른 사람의 비위를 맞추는 대신, 내 호흡에 따라 살고 있다.

트라우마는 치유할 수 있다. 고통받는 사람들이 행복을 되찾는 여정에 내가 작은 힘을 보태면 좋겠다. 우리 사회가 조금 덜 슬프고 덜 아프고 더 기쁘면 좋겠다.

찾아보기